ハレルヤ村の漁師たち

スリランカ・タミルの村　内戦と信仰のエスノグラフィー

初見かおり

HATSUMI Kaori

左右社

ハレルヤ村の漁師たち　スリランカ・タミルの村　内戦と信仰のエスノグラフィー

目次

天は地に満ちあふれ、
どんな平凡な茂みも、神を前に燃えている
ただ、これを目に止め（モーセのように）履物を脱ぐ者はわずかで、
残りは茂みのまわりに座し、ブラックベリーを摘んでいる

エリザベス・バレット・ブラウニング

Earth's crammed with heaven,
And every common bush afire with God;
But only he who sees, takes off his shoes,
The rest sit round it and pluck blackberries

Elizabeth Barrett Browning

第一部

ハレルヤ村との出会い

一、行き止まり――二〇〇六年夏

行き止まり――東京

――二〇〇六年七月十五日

自称「年老いたマルクス主義者」ロッテンマイヤー教授の研究室は、哲学書の要塞だ。入り口から窓際まで、床から天井まで、ドイツ語の書籍で埋まっている。本の隙間から、生い茂った葉を重そうにして、木々が夏の風に揺れ、蟬の声が部屋の隅まで響いている。

「経済的な面から言えば、あなたは希望もない。このような生活をずっと続けるとしたら、どうやって生きていくのか。例えば、家庭を持つとかなったら？」

私のスリランカ調査は、ロッテンマイヤー教授のこの言葉から始まる。ロッテンマイヤー教授とは、七年半前、私が進学のために上京し出会った。教授は、毎週月曜の夕方に大学院生のために開講していたゼミナールに、ドイツ語がよくできた学部一年生の私を招く。そのときから六年間、私がアメリカの大学に移るまで、毎週、月曜に机を挟んで向かい合った。私たちの関係は自然と、学問の師弟以上のものになる。

ロッテンマイヤー教授は、自分は私のファーター（父親）である、「少なくとも学問的にはそうだ」と言う。実際、父親と娘以上に心の思いを率直に話せる関係だ。

私は一年半前の二〇〇五年夏から、ロッテンマイヤー教授の大反対を押し切り、アメリカへ渡り、ニューヨークの大学院で人類学を専攻している。夏休みを利用して日本に帰ってくると、今度は、「内戦が続くスリランカを、博士論文調査の主題にします」と言う。教授は頭を抱える。

「マイン・トフター（私の娘）は、相変わらず無闇にあっちこっちを旅してまわり、金と時間の無駄遣いをしている。真剣に勉強することも、一カ所に落ち着くことも知らない。スリランカは、あなたにとって行き止まりとなる！　ザックガッセ（袋小路）！」

ロッテンマイヤー先生の話では、「スリランカ研究者では、将来食べていけない。誰もそんな小さな国に関心を示さない。隣国インドならば話は違うだろうが……」。定年を間近に控えたファーターの言うことは、きっと正しいに違いない。でも、私は今それどころではない。

私が九カ国語も勉強し、地球上を隅まで旅して回る理由は、探し物をしているからだ。生きている意味。この地上に生み出されたからには、自分には地上で果たす使命があると強く感じる。でも、その使命が何なのか未だわからない。太古の昔から存在し、未来に永遠にある、地上のすべての力を超えた宇宙を掌る力。その力との接点を求めて彷徨っている。アルケミストの世界。

そんな私は、ファーターの言葉どおり、何をやっても中途半端。そして、人生の意味の答えは学問の中に見つけられると考え、学問の世界を彷徨っている。

「例えば、家庭を持つとかなったら？」

ありえない。

スリランカ

私が初めてスリランカを訪れたのは、二〇〇二年。政府軍とタミル・イーラム解放の虎（ゲリラ軍）の間で二十年以上続いていた内戦が、一時的に停戦になった年だ。そして翌年、二〇〇三年の夏は、それまで戦場の一つであった北部のマナー県の小さなタミルの村で十日間、ある戦争避難民の一家の下で過ごした。当時、私はまったくタミル語がわからなかった。家族はインドの難民キャンプから村に戻ってきたばかりで、貧しく、毎日わずかな野菜とご飯と小麦の平たいパンが主食だった。そんな余計なものも、必要なものもないその村で、私は今まで出会ったことのない剝き出しの人間の強さ、美しさ、優しさに出会った。研究者として長年向き合っていくのであれば、私はそのような辺境の破壊された村で生きる人たちの生活をテーマとしたかった。そこで、ロッテンマイヤー教授の心配をよそに、私は自分のスリランカへの調査の旅を「巡礼」と呼び、日本を発った。

——七月二十一日、首都・コロンボ着

三年ぶりのバンダラナイケ国際空港はちょうど改築されたばかりで、新しくなった部分は、ラオスのビエンチャン空港を思い起こさせた。

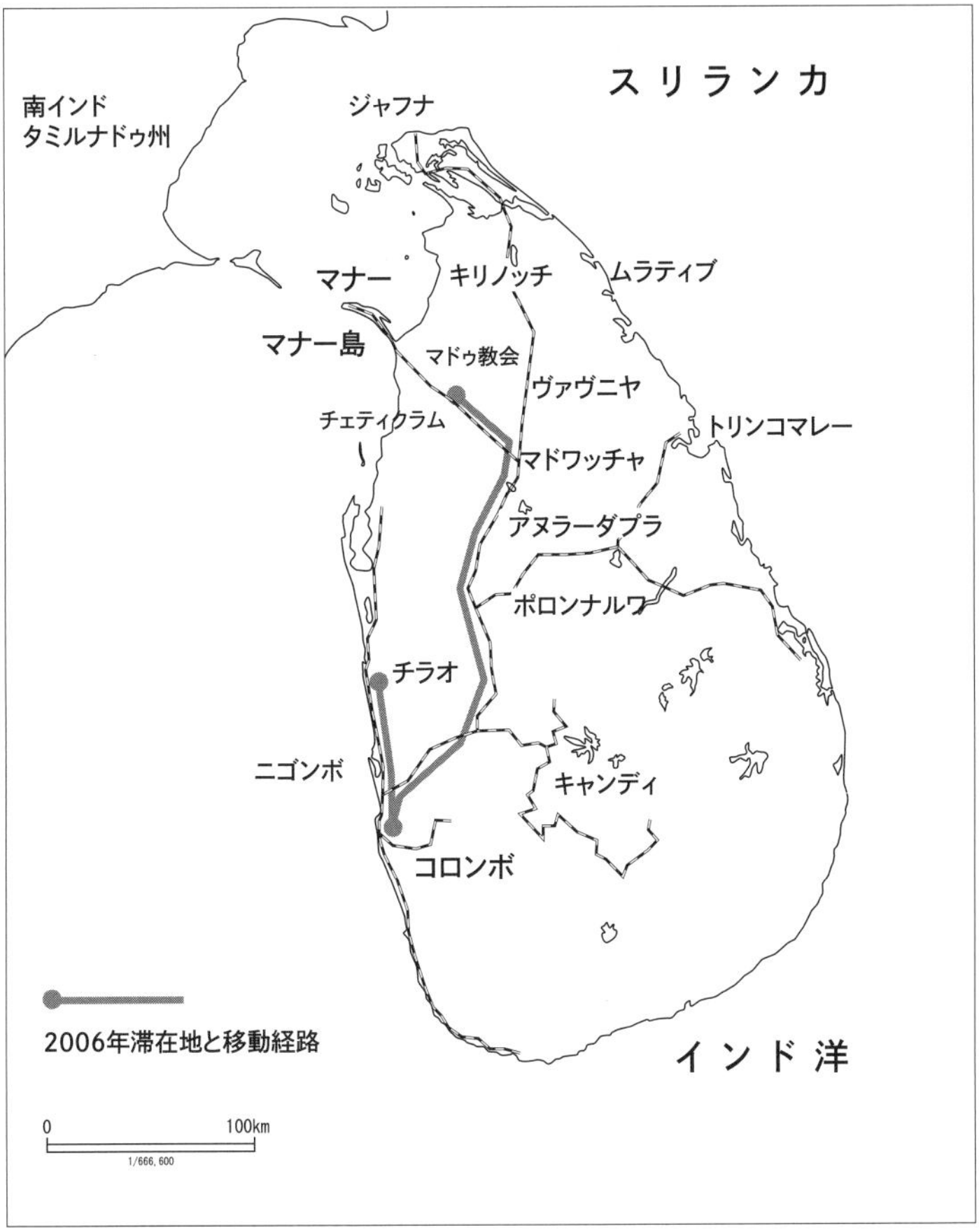

筆者が2006年に移動した場所とスリランカの主要都市

タクシーを見つけるまでに少し時間がかかった。以前の滞在のときからお世話になっているバンダラナーイケ夫人からは、空港タクシーには乗る前に値段を交渉し、一二〇〇ルピー（約千二百円、本書で描かれる期間中一ルピーはほぼ一円）まで値切ってから乗るようにと言われていた。しかし、その値段でコロンボ市内まで送ってくれるタクシーは見つからず、結局一五〇〇ルピーを払った。

タクシーの運転手によると、二年前であれば、一二〇〇ルピーまで交渉ができたが、ガソリン代が過去二年でリッター当たり、八九ルピーまで二倍に跳ね上がったため、空港から市内までは一五〇〇ルピーが通常の料金になったという。スリランカ人でも、今はこれが相場だと。

バンダラナーイケ夫妻の家は、コロンボ郊外にある。バンダラナーイケ氏は、退職前は、外交官としてパキスタン副大使、イラク大使を歴任した人物だ。私が到着すると、夫妻が出迎えてくれた。

「カオリ、午後二時、昼過ぎに到着すると思っていたから、お昼を準備して待っていたのよ」と夫人。再会できたことをうれしく思い、水を頂いて椅子に腰掛けた。夫妻と出会ったのは、夫人が宿泊施設として英語のガイドブック「ロンリープラネット」に掲載していた部屋を、たまたま私が見つけ、三年前に滞在先として選んだことがきっかけだった。

バンダラナーイケ氏は、私が戻ってきたことがうれしそうに、すぐに私の人生、アメリカの大学での勉強、博士論文研究について聞いてきた。私は、コロンビア大学で人類学を専攻し、スリランカをフィールドとして調査をする予定であること、特に北部に関心があると答えた。大使を歴任する以前は、県知事としてスリランカ北部に長期滞在していたバンダラナーイケ氏は、「それは面白い」と。三年前に訪ねたときに印象的だった、北部のカトリック聖地、マドゥ教会に関心があると私が言うと、氏は、「マドゥ教会のマリアン・カルト（聖母崇拝）は、パッティニ・カルト（ヒンズー教の女神・崇拝）との関連でとても興味深い」と言い、博論調査のために、コロンボにある大司教館を訪問し自己紹介をすること。そして、コロンボ市役所の近くにある博物館附属の図書館にも、関連資料があるから行ってくるようにと告げた。

夫妻はシンハラ人で仏教徒。スリランカは、七割近くがシンハラ人仏教徒の国だ。

夫妻の家は快適だ。バスルーム付きの部屋にベッドメイクされたベッドと机と椅子があり、しかも博識なバンダラナーイケ氏はまるで歩く図書館だ。氏の書斎も、東京のロッテンマイヤー教授の研究室のように、書籍が豊富に揃っている。氏は学生時代から、家庭教師の仕事で小遣いが手に入れば、すべて本の購入に費やしたという。そして、家庭教師として教えていた少女に恋をし、結婚したかったが双方の家族の反対でできなかった。でも、「結婚相手はバスと一緒。一台逃せば次のがやってくる」と。同じ話を前回の滞在のときも聞いた。

翌日はバンダラナーイケ氏の誕生日であったから、夫人は料理で大忙しだった。私も鰹のカツレツ作りを手伝った。シンハラ人の料理人とタミル人の使用人も一緒だった。午後、バンダラナーイケ氏の弟が誕生日のお祝いにと訪ねてきた。とても健康そうに見える氏の弟は、三歳年下で七十三歳。退職前は警察本部長だった。

「もし軍の検問所（チェックポイント）で何か問題があったら、警察本部長のサムラシンハ氏に電話するように」とバンダラナーイケ氏が言う。そして、次の日、そのサムラシンハ氏に電話をかけ、私のために北部マドゥ地域の治安について問い合わせてくれる。

「マドゥ周辺はゲリラ軍がまだ支配している地域。安全とは言えない。北部に行くのであれば、サムラシンハ氏が北部のコマンダーに話してくれるそうだ」と、バンダラナーイケ氏。

私は、軍にエスコートされて調査はできないので、「ぜひ、そうさせていただきます」と答えるが、ありえない話だと考える。政府軍であれゲリラ軍であれ、軍は信頼できない。自分で別の方法を探さなくてはならない。

「ス・リ・ラ・ン・カ」

――七月二十八日

北部ヴァヴニヤ県にいるニコラ・シスターに電話をする。ちょうど三年前にマドゥ教会を訪れたときに出会った修道女で、六十四歳になる。初めて会ったときは、マドゥ教会附属の宿泊施設の一室で三歳になる内戦避難民の女の子と一緒に二人で暮らしていた。その子はキャンプで生まれたが、母親の乳が出ず、困っていた。シスターが粉ミルクを手に入れ毎日与えていたため、女の子はシスターを「アンマー（お母さん）」と呼び、側を離れなくなった。仕方がないので、一緒に生活しているということだった。そんなシスターと女の子が暮らす部屋の中は、さまざまな国際ＮＧＯが残していったスリランカ北部の地図と避難民についての書類でいっぱいだった。

マドゥ教会はジャングルの中にある。一九九〇年から二〇〇〇年代初めにかけて、内戦により北部で多くの避難民が出た際、避難民キャンプと化し、国際赤十字や国境なき医師団などがマドゥ教会で救援活動を行っていた。二〇〇三年の時点では教会の敷地内に残る避難民はわずかで、国際機関も残っていなかった。ゲリラ軍が警備にあたっていた。

三年ぶりにシスターに電話をする。シスターは腕をけがして病院のあるヴァヴニヤの町に八日間滞在しなくてはならないとのことだった。突然電話をかけ、調査の手伝いをしてくださいとお願いするのが申し訳なかった。

「まだスリランカにいらしてよかったです」と、私はシスターに言った。

何気なく口から出たこの言葉が、いかにとんでもない言葉だったかをすぐに悟り後悔する。

「ス・リ・ラ・ン・カ……。この国以外に私がどこへ行けるというの？」とシスター。「ス・リ・ラ・ン・カを除いては、どこに行くこともできないわ」

「スリランカ」とは、シンハラ語の母体と言われるサンスクリット語で「聖なるランカー島」を意味する。これが国名となったのは一九七二年。それ以前は「セイロン」という名で呼ばれていた。タミル語でスリランカを指す言葉は「イランガイ」。タミル語はドラビディア語族に属する。逆に、シンハラ語は母体がサンスクリット語であるからアーリヤ語族。よって、タミル語とシンハラ語は異種の言語に分類される。現代のスリランカでは、言語だけでなく、これらの言語を話す人間も異種だとされている。アーリヤの血と、ドラビディアの血。

タミル人にとって、「スリランカ」という国名は痛みが伴う。

電話口で、ニコラ・シスターは、「ス・リ・ラ・ン・カ」とわざと不慣れなシンハラ語のアクセントを加えて発音した。スリランカ北部のタミル文化の首都ジャフナに生まれ、八〇年代のイギリス留学を除いてはスリランカに腰を据え、修道女として弱者と共に生きる道を選んできた彼女のこの声から、もはやこの国がタミル人にとって安心して暮らせる母国を意味しないことは明らかだった。

シスターは現在、マドゥ教会から三〇キロほど南にある、チェティクラムと呼ばれる町の修道院で暮らしているという。そこは、いわゆる「国境の町」で、そのチェティクラムの町からさらに南に降るとシンハラ人地域となる。政府軍が大きな基地を設け軍備を固めている地域だ。

私は、博士論文研究の内容をより具体的にするために、シスターと一緒にしばらく滞在したいので、可能かどうか聞いてみた。

「チェティクラムは安全ですか？」

シスターの答えは次のよう。

「もちろんです。神様が共にいてくださるから。神様だけが守ってくださることができます。神様だけが次に何が起こるのかをご存知ですから。コロンボにいるからって、あなたが安全だとは限りません。神様だけが私たちを守ってくださる。いつも祈っているのですから、安全です」

身の毛がよだつ思いが込み上げてくる。もう神頼みしかできないほどに事態は悪化しているのか。私が、内戦の続くスリランカで恐れを覚えたのは、このときが初めてだった。

テロリストと象と仏舎利塔

——八月三日
朝食の席に着くと、バンダラナーイケ夫人が私が起きてくるのを待っていたように話し始めた。朝のニュースで、前運輸大臣が北のポロンナルワ県（シンハラ人地域）を訪れた際に、僧侶たちから聞いた次の話が取り上げられていたという。
「テロリストが寺院の仏舎利塔（パゴダ）の屋根の飾りを奪いにきたとき、野生の象がジャングルの中から何頭も現れてテロリストと戦い、仏舎利塔を守ったのよ。大臣が自分の目で仏舎利塔を見ようと、夜十時頃寺に行くと、仏舎利塔が輝いていたって。大臣がそのとき撮った写真もテレビに写っていた」と。

ここで「テロリスト」とは、スリランカ北部と東部のタミル語が話される地域で独立運動を展開している「タミル・イーラム解放の虎」（LTTE）と呼ばれるゲリラ軍を指す。ゲリラ軍の主張は、シンハラ語、シンハラ人、仏教を事実上の国語、国民、国教とするような政策を続ける政府の下では、タミル民族は平和に生きていくことができない。そのため、タミル人は独立国家を立ち上げるべきであり、そのためには武力による独立解放前線しか選択肢がない。

また、夫人によると、次のニュースもテレビで報道していた。

「そのニュース番組に登場していた占い師によると、八月二十一日の二十二時二十三分にとても強力な人が生まれる。その人はおそらく宗教的リーダーとなるだろう」

インド洋の南に浮かぶアボカド型の島、スリランカは、多民族多言語多宗教国家。豊かな大地と気候に恵まれ、特に南では「口を開けていれば果物が落ちてくる」と言われるほどフルーツと香辛料と海の幸が豊富だ。英国の植民地時代、英国人統治者が紅茶プランテーションのための労働者を南部のシンハラ人の中から雇おうとすると、誰も過酷な労働には手を上げないほど豊かだった。仕方がなく英国は、対岸にある南インドから労働者（現実には奴隷労働）を輸入した。紅茶、香辛料、宝石、象牙、真珠などの輸出で大きく栄え、「インド洋の真珠」と呼ばれた。一九四八年の独立時は、同じく英国領だったシンガポールよりも豊かだったとも言われる。

スリランカ北部も河川と貯水池に恵まれ、内戦がすべてを破壊するまでは、あちこちで稲作が盛んだった。珊瑚礁に恵まれた豊かな北の海は、ナマコやイカやエビやタイ、ウニ、あらゆる種類の魚が溢れ、漁に最適な海だった。海軍が海の交通を制限するようになり、漁が以前のようにできなくなるまでは、南部の漁師たちは、南極の氷が溶ける時期になると北の海に魚を追って漁に来ていた。

二〇一一年の統計によると、スリランカの宗教分布で一番多いのが仏教徒で人口の七〇パーセント。仏教徒はシンハラ人。次に多いのがヒンズー教徒で一二・六パーセント。ヒンズー教徒はタミル人。そしてイスラム教徒でムスリムと呼ばれるタミル語を話す人たちが九・七パーセントいる。カトリック教徒は人口の六・二パーセントほどと少数。他にプロテスタントとペンテコステ派のキリスト教徒が一・四パーセント。カトリックも含め、キリスト教徒にはシンハラ人もタミル人もいる。

二〇〇二年二月の政府軍とゲリラ軍の間の停戦協定以後、戦いは停止されているが、水面下では双方で内戦再開に向けた再軍備が進む。二〇〇六年の夏の時点で、スリランカ北部を訪れる外国人旅行客はまずいない。外国人といったら各国やＮＧＯの旗を掲げ、エアコンの効いた三菱のパジェロに乗って猛スピードで走るＪＩＣＡなどの政府関係者や国際機関、ＮＧＯ団体に属する外国人だけだ。つまり、何か用事がある人たちしか、北部へ移動しない。

チェティクラムにいるニコラ・シスターが私にとっては唯一の北部に繋がる入り口であるから、私の用事は彼女に会い、北部のどこかで調査ができないかを見極めることだ。。シスターが不可能と言えば北部での調査は諦める。だから、シスターに会うためにチェティクラム修道院へ向かう。

北部・チェティクラムへ

コロンボにいた私のところに、腕がだいぶ良くなったからヴァヴニヤの町からチェティクラムに戻ったと、ニコラ・シスターから連絡があった。「北部はまだゲリラ軍が支配していている地域が多く、いつ戦いが再開してもおかしくないから危ない」と言うバンダラナーイケ夫妻の心配をよそに、私は北へ向かう。現地の人たちが利用する、エアコンのない、窓も入り口のドアも開きっぱなしの路線バスで、一人北へ向かう。目立たないように、現地の同年代の女性たちが着るチュディダールと呼ばれる服を着る。ベトナムのアオザイに大きなショールを巻いたような格好だ。あらゆるところに「シンハラ軍」と呼ばれる政府軍の検問所があり、そこをバスが通過するたびに持ち物と身分証明書の検査を受ける。女性の兵士による全身タッチもある。

南西部に位置するコロンボから、二〇〇キロ北東にあるアヌラーダプラまでバスで移動。シンハラ人が多数派を占める地域は、ここアヌラーダプラ県まで。この地域も古代仏教遺跡が多い。ここから北はタミル語が話される地域で、タミル人とムスリムが多数派だ。とはいっても、蜘蛛の巣状に政府軍の検閲が張られている。アヌラーダプラより先は、一人で移動するのが不安なため、アヌラーダプラ県出身の友人サムエルに三輪車（トゥクトゥク）で送ってもらう。

——八月六日

七〇キロの道のりを、彼の友人が運転する三輪車で北へ向かう。アヌラーダプラ県とマナー県を結ぶ国道十四号線。修道院のあるチェティクラムは、ちょうどアヌラーダプラ市とマナー市の中間に位置する。

四十年ほど前にバンダラナーイケ氏がマナー県の副知事として赴任したとき、この辺りは木々の生い茂ったジャングルで、野生の象に出くわすこともあった。象を驚かせてしまうと、運転している車まで踏み潰されてしまうので、エンジンを停止して静かに象の通過を待ったという。

そんな野生象が生育していたジャングルも、今は、ゲリラ軍がいつ出現しても、政府軍が発見できるようにとすべて木々が切り倒され、乾燥した大地が延々と続く。国道の左側の一部は国立公園に指定されているが、この地域で国立公園とは海軍基地を意味する。

私を修道院まで送ってくれるサムエルは、私と同年代のシンハラ人。三年前にコロンボで出会い、北部のマナー県にイエズス会修道士として当時赴任していた彼の叔父を訪ね、サムエルと私は同じ道を車で走ったことがある。

今回、軍の検問所で出会う兵士たちも、サムエルのように若いシンハラ人だ。

チェックポイントにて　（シンハラ語）

三輪車が停止線で止まると、機関銃を手に数人の兵士たちが近づいてくる。

「通過目的は？」

「チェティクラムの修道院まで。シスターに会いに」とサムエルが答える。

「身分証明書」

サムエルたちは、国民登録カードを提示。スリランカ国民が皆、常時携帯を義務付けられている、出生地が明記された写真入り身分証明書だ。シンハラ人であるかタミル人であるかは、出身地と苗字、署名がどちらの言語でされているかで判別できる。私はパスポートを求められるまで待ってから、提示。

「ジャパン。日本人。じゃあ、仏教徒？」と兵士。

「はい」と私。

「よし、通過許可。（ハリ、ハリ。ヤンナ、ヤンナ。）」

ほとんどの検問所でこんな風だった。当然、シンハラ人が一緒の方が通過しやすい。シンハラ語を話し、「シンハラ政府」にとって経済援助国ナンバーワンである日本から来た私の訪問を疑う様子はほとんどない。仏教徒であればなおさら良し。念仏がサンスクリット語で唱えられれば、仏教徒という証明だった。九カ国語を勉強していた私にとって、シンハラ語の会話を覚えることや、サンスクリット語で念仏を唱えることは容易だった。

ニコラ・シスターとの再会

三年ぶりにニコラ・シスターに会う。骨折した左腕は白い包帯で巻かれ、首に固定されている。

「この地域の人びとのために毎日祈っています」とシスター。聖母マリアから「毎日三回ロザリオの祈りをするように。祈りのみが、平和な暮らしを取り戻す唯一の方法です」と告げられたという。また、

「チラオに、ある女性がいます。読み書きもできない貧しい人。でも、彼女に癒しの媒体としての仕事が聖母から与えられています」

シスターによると、この若い女性の名前はトゥシャリ。コロンボから海岸沿いに七〇キロ北に位置するチラオの漁村に暮らす。ある日、彼女は聖母から人びとを癒す仕事をするようにと命じられる。

「聖母様、でも私は文字の読み書きもできず、暗唱できる祈りの文句すら知りません。癒しの力もありません」と彼女が言うと、聖母は、「人びとを癒すのは、あなたではなく、私です。あなたはただ、病む人の上に手を当てるだけでいいのです」と答えたという。

聖母はまた、彼女に、カジャンでできた彼女の小さな家を癒しの場所として建て直すように求めた。カジャンとは、乾燥させた椰子の葉を編んで屋根や壁の建築材としたもので、貧しい家庭ではこれが一般的な建築材だ。女性が「改築資金は一銭もありません」と答えると、聖母は「やってくる病んだ人びとの癒しの仕事から始めれば良い」と。

トゥシャリが癒しの仕事を始めると、毎日大勢の患者が押し寄せるようになった。また、治療のお礼にと寄付が始まる。数ヶ月後、「癒しの場」の改修工事が進むと、聖母が「二階部分を作り、祈りの部屋を設けるように」と。トゥシャリが、「その分の予算はありません」と答えると、「祈りの部屋を建てるのは、あなたではなく、私です」と聖母。次の日、夫がコロンボへ用事で行くと、見知らぬ人が彼に一〇万ルピー（十万円）を手渡す……。

シスターによると、この女性、トゥシャリが最近マドゥ教会に来ていた。七月二日のマドゥ教会の聖母祭に参加するためにチラオの町からやってきたという。

聖母祭の三日前までは、トゥシャリにはマドゥへ来る予定はなかった。停戦中とはいうものの、治安は明らかに悪化していたため、チラオのカトリックの人たちは皆、聖地への移動を諦めていた。でも、聖母祭の三日前、聖母が彼女にマドゥへ行くようにと命じ、トゥシャリは路線バスでやってきた。他にも、チラオからミニバスなどで聖母祭に参加しようと北へやってきた家族もいたが、途中のチェックポイントで、軍に、「通過した場合、ここより北で何が起きても、責任はすべてあなたたちが負うように」と言われ、引き返すことになったという。

　トゥシャリはタミル人。だがシンハラ語も話す。七〇年代、政治的な圧力でチラオの漁村では住民の民族がタミルからシンハラに書き換えられた。学校教育の言語もタミル語からシンハラ語に切り替えられた。その結果、身分証明書に記載の苗字もシンハラの苗字。

　シスターは、私を修道院まで送ってくれたサムエルに、私を連れてチラオまで戻り、私がチェティクラムに滞在することができるかどうか、今年だけでなく、今後の調査がこの地で無事にできるかどうか、トゥシャリに会って聖母に聞くようにと提案。しかし、チラオまでは片道四時間ほど、再び南に引き返す必要がある。往復八時間。シスターは諦める。

　シスターによると、トゥシャリを介して、聖母はシスターに「今年の十月か十一月、少なくとも年の終わりには、内戦の問題は解決するだろう。しかし、それには大きな破壊が伴うだろう。タミル・イーラム解放の虎の死んだ兵士を祀る「英雄の日」が十一月にあるため、破壊はさらに大きくなるだろう。しかし、紛争の問題は終わる」と話したという。

「私は聖母に聞きました。今のような状況が続くとしたら、一体、人びとはどうやって生きていけば良いのかと。彼らは内戦によってすべてを失い、もう失うものさえありません」。聖母の答えは、「ロザリオの祈りを一日三回行い、待っていなさい」だったという。

――八月七日

今、ベッドに座り日記を書いている。この部屋はニコラ・シスターが私のために与えてくれたチェティクラム修道院の一室。ここにしばらく滞在し、私は大学が夏休みの間に、今後の調査地を定めたい。

この修道院は、内戦によって破壊され、この部屋の屋根が張り直されたのはちょうど今朝だという。「停戦中」であるといっても、再軍備が着々と進んでいる現状から判断し、大工たちは家を新たに修復する工事をしたがらないという。建て直しても、どうせまた破壊されるだろうと。先月まで、修道院の中でチェティクラムの村人たちは寝泊まりしていた。私の部屋と、隣のホールがその場所だった。なぜ、村人たちが修道院で寝泊まりしていたかというと、「アーミー」と村人たちが呼ぶ政府軍が村を占拠しにやってきたからだ。村には、シンハラ政府軍以外に「ポリース」と呼ばれる警察も検問を張り巡らしている。ただし、警察は以前からこの町に寄生虫のように住み着いているため、村人たちは警察（すべてシンハラ人）をそれほど警戒していなかった。ただし、新しくやってきたアーミーは話が違う。アーミーは村へ来て以来、毎晩、夜中に家々を回って歩くようになった。シスターによると「村人たちは、とても怖がっている。特にレイプされるのを」

朝起きて、修道院の中に与えられている自分の部屋の床を掃く。木製の窓の扉を開けるのに随分時間がかかる。窓には、外からの侵入者を防ぐための鉄柵がない。

夜中に突然サイレンが鳴り出し、犬が辺り一面で吠え出したためによく眠れなかった。恐ろしかった。途中、やっと眠れたと思うと、しばらくして突然近くにある家の中から叫び声が聞こえ、また起きた。確かに聞こえた、と私は思った。恐怖からすぐこの地から立ち去りたくなる。修道院と孤児院の犬が交互に何度も鳴き出すため、そのたびに目が覚める。もう立ち去ろうと夜中は考えていたが、朝起きてみると、平穏な朝で、すべてが問題ないようだった。

その日は一日中、ニコラ・シスターが一九八八年にイギリスのレディング大学に提出した卒業論文を読んで過ごした。専攻は「地方の社会発展」。インドのガンジーが提唱した、ガンディアン・エコノミーの思想が積極的に地方農村に応用されつつあった七〇年代のスリランカで、実際に土地無し農民たちのために開拓村を作ったシスター自身の経験によるものだ。

ジェイムズ・パッティナーダン神父の訪問

——八月九日

朝、ジェイムズ・パッティナーダン神父が修道院を訪ねてきた。早朝に、北部ゲリラ軍支配地域に位置するムラティヴを出発し、コロンボへ行く途中、ニコラ・シスターに会いに寄ったという。ジェイムズ神父もニコラ・シスターも、一九七〇年代にここチェティクラムの地で奉仕していた。ジェイムズ神父は、一九七五年から七九年まで、シスターは七五年から八〇年までだ。ちょうどチェティクラムに教会が建てられるときだった。当時、この地域には南部の高地プランテーションで民族暴動の被害に遭い、避難してきた多くのタミル人たちがいた。二人は、彼らに牛乳生産や野菜栽培を教え、定住先として開拓村を作る仕事に追われていた。

シスターによると、一九七八年一月三日、朝四時に一人の警官とシンハラ人の男たちがジェイムズ神父を殺害しに司祭館にやってきたという。警官は当然シンハラ人だ。彼らは、タミル人避難民の開拓村の建設を率いていたジェイムズ神父が気に食わなかった。

シンハラ人グループは、神父の寝室に入ろうとしたが、鍵がかかっていたため入れず、屋根に登り、瓦を取り外して部屋の中へ向かって発砲した。ジェイムズ神父は、自分の身に迫る危険をその頃すでに悟っていたため、自分の寝室ではなく、司祭館の別の部屋で寝ていた。また、前日、「理由はわからない」が、シスターによると、彼女は神父の寝室の鍵を外から閉めたという。

侵入者たちは、発砲を続け、天井から神父の寝室の中へ降りてきた。しかし、神父はその部屋の中にいなかった。寝室の部屋が外から鍵で閉められていたため部屋の外に出ることもできず、彼らは寝室に閉じ込められるかたちとなった。隣の部屋にいたジェイムズ神父は、非常時のためにと携帯していたピストルから一発発砲した。「人を殺すためではなく、相手を警戒させるため」。すると、侵入者たちは神父のいる方向に発砲を始め、しばらくすると寝室のもう一方の出口から出て垣根に隠れた。

ジェイムズ神父と一緒に、その夜、一人の村の若者が司祭館で寝泊まりしていた。その若者は、銃声の中、近くの修道院まで走ってきてシスターたちを起こし、シスターたちを守るために修道院の外で寝泊まりしていた、村の若者たち（皆がタミル人）と一緒にジェイムズ神父を助けるために司祭館へ戻った。シンハラ人警官と一緒にいたシンハラ人の若者たちは、彼らに向かって発砲し、一人が怪我をした。それから、長いことシンハラ人グループはジェイムズ神父が司祭館から出てくるのを待っていたが、神父は司祭館を出なかった。夜明けが近づくと、シンハラ人グループは諦めて帰っていった。

翌日、カトリック教会は事件について警察に通報したが、警察は夕方までやってこなかった。そして、警察が来たときには、神父を殺すために送られてきたシンハラ人グループの姿はどこにもなかった。警察犬まで動員し、警察は大掛かりな捜査をしたという。

南部の高地プランテーションで、タミル人を敵としたシンハラ人の住民による反タミル民族暴動が悪化したのは一九七七年以降。ちょうどその年の選挙でタミル人政党が野党になると、同じタミル人の中でも、最も虐げられているプランテーション労働者のタミル人たちが民族憎悪の最初の標的となった。七〇年代末、チェティクラムには、タミル人避難民が合計千六家族いて、二十六の村に分かれ、ジェイムズ神父たちの支援を受けながら生活していた。

警察とシンハラ人グループによる暗殺未遂事件の後、ジェイムズ神父はチェティクラムから移動となり、一九八三年には安全のためにと国外へ送られた。シスターも一九八四年に国を去る。二人ともイギリスへ。ジェイムズ神父はロンドン・スクール・オヴ・エコノミックスで、ガンディアン・エコノミーについて修論をまとめたという。

その日、朝食を食べながらシスターは何度も神父に、私の博論研究のためにどのような援助ができるかと聞いた。ジェイムズ神父の答えは、一年半前の津波で、自分が所有していた本は一冊残らず失ったということだった。「残ったのは、この身体と、その日着ていた司祭服だけです。論文も関連資料も写真も、すべて波に飲み込まれてしまいました」。一年半前の二〇〇四年の十二月二十六日、スマトラ島沖地震と同時に発生し、インド洋沿岸を襲った大津波は、スリランカにも大きな被害をもたらした。ジェイムズ神父がいるムラティヴの町では三千五百人が津波で死んでいる。

スマトラ島沖地震・インド洋大津波

ニコラ・シスターが、六ヶ月前に、大津波からちょうど一年を記念してムラティヴで発行されたタミル語の冊子を持ってきた。その小さな冊子にあった一つの記事が私の目を引いた。私はその記事をフィールドノートに書き写した[註]。

県の全域がゲリラ軍支配下にあるムラティヴ県では、大津波が発生したちょうどその日、「シー・タイガー」と呼ばれるゲリラ軍の海軍部隊がムラティヴの海に停泊していた。シー・タイガーにも大きな津波による被害があったと言われる。ジェイムズ神父が主任司祭を務める教会の建物も津波で完全に破壊された。死者の名を刻んだ新しい教会が完成したのは、津波からちょうど一年後の二〇〇五年十二月二十六日。

同じタミル語の冊子には、ジェイムズ神父が書いた記事も載っていた。大津波が襲った十二月二十六日は、カトリック暦で聖家族の日に当たる。ヨセフ・マリア・イエスの聖家族を記念する日だ。ジェイムズ神父はその記事の中で、まず家族も家も仕事もすべて失い、大津波がどれほど人びとの心に大きな傷を残したかについて触れ、最後に、「慰めとなった出来事」として、次のように書いている。

「あの日は聖家族の祭日。そのため海岸沿いにある教会で行われるはずであったミサをすべてキャンセルし、海岸から一キロ離れた、聖家族の頭首・聖ヨセフのチャペルへ移動しミサを執り行った。音響設備の問題でミサが始まるのが遅れた。家族という大切なテーマだったので長い説教になったことと、家族一つひとつを自分と補助司祭たちで祝福したこと、そして突然、聖ヨセフ像を担いでチャペルの敷地内を一周することに決定したこと、これらのことが相まって、一千人以上の人びとが負傷することなしに助かった。これがわずかな慰めとなる出来事」

ジェイムズ神父が記事の説明を始めた。

「私は当時、ムラティヴ教会の司祭に就任し日が浅かったので、町の人たちはあの日のミサを教会で執り行わないという私の意見に大反対でした。「ファーザー、それは私たちの伝統に反しています。聖ヨセフのチャペルでミサを行ったことはありません」とか。でも、皆の反対を押し切って、私はなぜか、あの日のミサをすべて聖ヨセフのチャペルで行うと譲りませんでした。ジェネレータ（発電器）がうまく動かず、音響設備を設置するのに時間がかかり、さらに、長い説教の後、せっかくだから家族ごとに祝福することを思い立ち、司祭たちに言って全家族の上に手を置き祝福しました。それから、もう時間はだいぶ遅くなっていましたが、今度は聖ヨセフ像のプロセッション（行列）を思い立ちました。やっとミサが終わろうとしたとき、海の方から大勢の人が、「波！」「波！」「波！」と叫んでやってきたのです」「津波の後、大きな良質の木材が山のようにムラティヴの海に流れ着きました。コンテナ船か何かから流出したのかもしれません。私たちはその漂着した木材を使って多くの建物を再建しました」

ジェイムズ神父はまた、津波の後、ゲリラ軍の医療部隊がすぐやってきて医療活動に従事したこと、海外からきた医療救援部隊もムラティヴで支援活動を行ってくれたと話した。

朝食の席で

私たちの会話は先週ムラティヴで起こったフランスの国際NGOスタッフの殺害事件に移った。ジェイムズ神父によると、土曜の夜か日曜の朝に起きた出来事。ムラティヴの町から一二〇キロほど南に位置するトリンコマレー近郊の村々からゲリラ軍がその日撤退した。ゲリラ軍撤退後にやってきた政府軍が住民に向け無差別に発砲。殺されたNGO関係者の中に、一人外国国籍の青年がいた。ジェイムズ神父は、「外国（人）が関係していたから、ニュースにもなった。このような話はニュースにもならないのが現在の北部の状況だ」と。事件が起きたのは、八月四日深夜か五日未明。現場はトリンコマレー県のムットゥール村で、フランスの国際NGO「飢餓に対する行動（Action Contre La Faim, ACF）」の現地スタッフ十七名が遺体で発見された。

ジェイムズ神父の横で、神父の運転手が朝食をとっている。四十代後半の白髪が混ざった運転手は、「いいえ、後で頂きます」と答えたが、神父は横に座らせ、シスターたちに同じ食事を出させた。ニコラ・シスターもそれが当たり前のように、何も驚いた様子がなかったが、私には、神父が使用人である運転手と並んで食事をすることが新鮮だった。ガンディアン主義を長年貫いてきた二人には当たり前の習慣だったのだろう。

マザーテレサ修道院にて

ジェイムズ神父は朝食が済むとコロンボへと出発していった。ニコラ・シスターは、フランスから帰国中の姪の家族と一緒にマドゥ教会まで彼らの車で行き、チェッティクラムまで戻ってきた。姪一家がジャフナへ帰る途中に、シスターは、腕の治療のためにヴァヴニヤにある診療院まで姪に送ってもらうことに決めた。せっかく足（車）があるのだからと、私も一緒にヴァヴニヤの診療院まで連れていく。

修道院から診療院までは東に二〇キロ。途中の景色は、何年も放置され耕されることなく、草が私の背の高さまで生い茂っている田畑、あちこちに点在する避難民キャンプ、そしてそれらのキャンプのまわりに張り廻らされるように広がる政府軍のキャンプ。

私は、最近政府軍とゲリラ軍の双方が頻繁に利用するようになった「クレイモー」と呼ばれる最新地雷兵器がいつ爆破するかわからないと不安だった。でも、シスターの姪家族は車の中で陽気だった。そして、診療院の前で私たちを降ろすと、ジャフナへ帰っていった。

そこはアーユルヴェーダの処方をしてくれる診療院で、シンハラ人の医者が運営している。アーユルヴェーダと呼ばれるのは、南アジアの伝統医療で、この診療院では自然の草木から搾取したオイルを使い骨折や捻挫などの治療をしてくれる。医師があいにく不在であったため、私たちはチェティクラムに引き戻すことにした。帰るためのバスは昼過ぎまで来ない。時間は十一時を過ぎたばかり。

シスターは近くにあるマザーテレサの修道院まで歩いて私を連れていく。修道院の隣には政府軍キャンプがある。世界中にあるマザーテレサ修道院と同じく、ここも、家族と社会から見捨てられた人たちのための施設。五人のインド人シスターたちが運営している。大きなホールに木製のベッドが並び、高齢者が多い。質素だが清潔に維持されている。

入り口の門番の男性も、この施設に暮らす「見捨てられた人」の一人だ。シスターたちのために、門番の仕事をしていることを誇りに感じているようで、清潔な服装でシャツのボタンをしっかり留め、私たちが門に近づくと、ニコラ・シスターが修道女であることに敬意を示し、門を開けてくれる。

スリランカでは、修道女は白衣の修道着を着てスカーフを被っているのが普通だが、マザーテレサ修道会のシスターたちは、マザーテレサのように青いボーダーの付いたサリーを着ている。ニコラ・シスターも、肌色の質素な綿のサリーを着ている。頭には何も被らない。これは、シスターがまだ若かった七〇年代に、当時アジアや南米の若いカトリック聖職者の間で盛んだった「解放の神学」（中南米から発した弱者・被抑圧者の解放のための神学）の影響を受けたことと、ガンディーの思想の影響による。「修道着を着ていれば、特別扱いを受ける。このように質素な綿のサリーを着ていれば、普通の人と同じ扱いを受ける」。ニコラ・シスターの世界観は、一般のカトリック修道女たちの世界観とは異なる。

　修道院の玄関のベルを鳴らすと、中から五十代のインド人シスターが出てきた。バスを待つ間、居場所を提供してくれる。ニコラ・シスターは、今朝行ってきたマドゥ教会にある自分の部屋から、私のために本を持ち帰ったという。それから、マドゥのジャングルの中に教会ができた経緯を、ポルトガル時代、十七世紀のオランダによる迫害の時代から話してくれる。

　次第に話は聖母に移る。シスターによると、イエスの母であるマリアは、神がイエスの母親として選んだ人。だから強力な人。この聖母がいるマドゥ教会の土は聖なる土で、古くから毒蛇に噛まれた傷を癒す力がある。

「今でも、人はマドゥに土を集めにやってくる。そのための特別なスタンドが建っているのを見たことありませんか？」

　シスターはまた、ヒンズー教徒も含め、キリスト教徒でなくても、スリランカではカトリックの聖人アントニウスへの信仰が篤いという。聖人アントニウスは、なくしたものを見つけてくれる聖人だという。

「ところで」と、シスター。「今日は聖人ラウレンティウスの祝日。正午きっかりに土を掘って、その中に炭を見つけられれば、その炭で多くの病を癒すことができます。私は毎年掘っています」

時間はすでに十二時十五分をまわっている。私たちは急いで庭へ行き、庭の世話係の老人に地面を掘り返すように言う。シスターによると、聖人ラウレンティウスは、鉄板の上で炭火で焼き殺され殉教した。殺される直前、彼は教会のすべての財産を貧しい人びとに分け与え、貧しい人びとを集め、彼らこそが自分の全財産だと宣言した。そして、聖人ラウレンティウスは、身体を半面焼かれた後、「こっち側はよく焼けました。さあ、ひっくり返して反対側も焼いてください」と言ったという。

私がシスターから三世紀のローマの話を聞いている間、庭師は土を掘り続け、しばらくして炭を掘り出した。シスターは、その炭を庭師に返し、自分は去年のものがまだあるからと言った。私が欲しければ、自分の持っているものを分けてあげると。

またシスターは、朝行ったマドゥ教会で、チラオの町で聖母の力で人びとを癒しているトゥシャリに行き合った。彼女の祈りをテープレコーダーに録音しようとしたが、レコーダーが壊れていて録音できなかった。私からレコーダーを借りていけばよかったと言うので、私は自分のテープレコーダーをシスターのために置いていくことにした。

ヴァンカーレ村の一家虐殺事件

——八月十日

チェッティクラムに到着して四日目。ニコラ・シスターがこんな話をした。最近の出来事だという。

ある兵士が「家族構成は？」と母親に聞き、彼女は「夫と、九歳の娘と、七歳の息子です」と答えた。

その晩、四人の政府軍兵士がヴァンカーレ村にある彼女の家の中へ入り、彼女をレイプし、天井から吊り下げ、夫も天井から吊し、娘をレイプし、天井から吊るし、息子の腹を切り内臓をかき出し、吊るした。

兵士たちが母親をレイプしているときに、彼女は兵士たちに噛み付いた。翌日、兵士たちは近くの病院へ行き、シンハラ人医師の治療を受けた。

そのシンハラ人医師は、その日、近隣の村で家族全員が殺されたニュースを聞き、治療した兵士たちの傷から、兵士たちが事件に関係しているのではないかと考える。その医師は女性。彼女は、事件が起きた家に行き、死体を自分の目で確認した。そして、その場に居合わせた村の司祭に、自分が治療した兵士たちについて話した。翌日、そのシンハラ人医師は村を去り、南部の自分の村へと帰っていった。

シスターは、殺害された家族四人が天井から吊り下げられた無残な姿が、カラー写真で掲載されたマナー教区の新聞を手に話している。事件が起きてから二ヶ月も経っていない。私には写真を見る勇気がない。チラッと見たときに、家族四人が天井から吊るされ、一番小さな男の子の体から内臓が飛び出しているのが目に入った。見たくないから、私は、新聞を支えているシスターの手を見つめ話を聞く。話がシンハラ人の女医のところにくると、「シンハラ人ですか?　女医ですか?」と私はあえて聞き返す。兵士たちの野蛮で残酷な行為とは対照的に、少なくともこのシンハラ人の女医は、良心から行動した人だ。その彼女の行為に、一点の光でも見いだせたかのように、私は、「シンハラ人、女性」と繰り返す。

「そうよ。兵士たちの体の傷跡が殺された母親の歯形ではないかと、それを確認するためにドクターは殺害現場に行った。そしたら、やはり母親の歯形だと確認できたから、司祭にそれを報告し、南に帰った」とシスター。彼女にも、南に子どもがいたのかもしれない。

　村々を占領しているシンハラ人兵士たち。隣り合わせで暮らす村人たち。「こんなものたち（シンハラ兵士たち）と隣り合わせで生きていけるわけがない。未亡人と子どもしか残っていない村もある」。

癒しの聖母

――八月十一日

「もちろん、今、私たちには彼女がいますから」と、ロレーン・シスター。数年前までパキスタンの修道院で働いていた、六十代の小柄でエネルギッシュなシスター。隣接する孤児院で小中学校に通う女子生徒たちと寝泊まりしている。

「誰のことですか」と聞き返す途中で、私はそれがチラオの漁村で聖母の力で人びとを癒す仕事をしているトゥシャリのことだとわかった。彼女は今、八月十五日の聖母祭を祝うために再びマドゥ教会を訪れている（マドゥ教会には七月と八月に聖母祭が二つある）。

　隣接する孤児院には、親がいるが、家から学校まで遠いため、チェティクラム小学校に隣接する孤児院で暮らす少女たちもいる。女子生徒のみが暮らす。

　寮母であり、小学校の先生でもあるロレーン・シスターは、ニコラ・シスターと私が朝食をとっている食堂へ、寮から一人の女の子を連れてきた。ニコラ・シスターへ向かって、「シスター、昨日からこの子のことで頭がいっぱいなのですが、今朝は彼女を起こさなかったのです。なぜって、こんなに元気がないからです」

確かに、その十六歳になる女の子は顔色が悪く元気がない。

「でも、さっき自分から起きてきたんです。ここのところ、血を吐いているんです」

その女の子は、ニコラ・シスターの後ろに立つと、小さな力ない声でシスターの質問に答えた。「彼女は、結核を患っているかもしれません」とニコラ・シスター。私もそう直感する。すると、ロレーン・シスターは、

「でも、シスター、私たちは彼女たちにとても栄養のある食事を与えているんです。シスター、わかってください。私はこの子を起こさなかったんです。ここ数日、朝ごはんも食べていないし、朝起きるのがとてもキツそうだからです」

ニコラ・シスターは、その子をマドゥ教会へ連れていくようにとロレーン・シスターに言った。「マドゥへ行けば、少なくとも病気の原因はわかるでしょうから」と。「もちろん、今、私たちには彼女がいますから」と、ロレーン・シスター。マドゥ教会にはまた、聖母祭のために医師が在中している。

ロレーン・シスターは、昼過ぎ三時半のバスで、その子を連れてマドゥへ向かった。マドゥで一泊して帰ってくる予定だ。ロレーン・シスターが不在の寮・孤児院には、約三十人の子どもたちが一晩、寮母のシスター抜きで過ごすことになる。いたずら好きでひょうきんな彼女たちが、今晩どのように過ごすのか想像がつく。

チェッティクラム修道院の日課（これまで観察できたところ）
朝四時　ロレーン・シスターが鐘を鳴らす

朝五時　二度目の鐘
朝五時十五分　シスターたちがチャペルで祈り始める
　　子どもたちが庭を箒で掃く音がする
朝六時十五分　チャペルでの祈りが終わる
朝七時頃　シスターたちが学校へ教えに行く
　　ロレーン・シスターは寮の子どもたちに英語の授業をする
十三時半～十四時半　シスターたちが学校から戻ってくる、昼食
午後七時　チャペルでの祈りが始まる
午後八時　夕食

夕食の後、シスターたちがホールに集まりテレビでタミル語ニュースを見る。寮の子どもたちもホールに来て床に座り、一緒にニュースを見る。今週のニュースはずっと、先日トリンコマレー県のムットゥール村で起きた、フランスの国際ＮＧＯの現地スタッフ十七名殺害事件についてだ。ムットゥールが位置するトリンコマレー県は、チェティクラムのあるヴァヴニヤ県のように、シンハラ人が多数派を占める地域と隣接する地域だ。四月に入り、ムットゥールでは、政府軍による空と海からの攻撃が再開され、死者が出ている。

アーユルヴェーダ診療院

午後、ニコラ・シスターの腕の治療にヴァヴニヤのアーユルヴェーダ診療院まで行く。前回不在だったシンハラ人医師は、今日は診療院にいた。スリランカではアーユルヴェーダを「シッダー医学」と呼ぶ。治療室の中は、手足を骨折した人びとで溢れている。若いタミル人の看護師が患者に手当てをしていて、その隣で、周囲と同じ腰巻き姿の、歳は四十半ば、がっしりとした小柄で四角い体格の男性が、床に座り込んで患者の足をマッサージしている。ニコラ・シスターが、「彼がドクター」と。患者たちの真ん中で床に胡座をかき、患者の視線と同じ高さから腰巻き姿で治療にあたるシンハラ人医師の姿に私は驚く。

ニコラ・シスターは、タミル語で私に何かを説明し、それを私が理解できないでいると、看護師が私にシンハラ語ができるかと質問し、医師はシンハラ語で私に話しかけ、それからシスターとタミル語で話し始めた。私が医師に、「どこでアーユルヴェーダの治療法を学んだのですか？」とシンハラ語で聞くと、「家で。父親の下で修行しました」。自分は十代目だという。彼の父親が九代目、祖父が八代目……。

「彼は、素朴な良い人です。患者が接しやすい人」とシスター。それから、シンハラ人医師は、私にマナーへ行くのですかと質問し、私が「いいえ」と答えると、「バヤイダ？（怖いのですか？）」と聞いた。私は答えられず、「日本政府が渡航禁止地域に指定していますから」と言った。彼以外、病院スタッフはすべてタミル人。北部で私が出会ったシンハラ人は、警官と軍を除いては彼だけだった。シンハラ人である医師に「あなたもマナーに行くとしたら怖いですか？」と聞きたかったが、聞けなかった。

バスでチェティクラムの修道院に戻り、ヒラリー・シスターに、シンハラ人医師の父親を知っていますかと聞くと、「もちろんよ」と。

「治療代は誰でも五〇ルピー（五十円）だけ。治療の種類や薬の量にかかわらず、絶対にそれ以上請求しない。以前は学校の先生だったけれども、先生の仕事を辞め、伝統医療の医師になった。やってきた患者が貧しく生活に困っているとわかると、治療中に話しかけて、今日はご飯を食べたかい？　何を食べたかい？　今日はどうやって来た？　どうやって帰る？　と聞く。そして、一銭も治療代として受け取らず、往復のバス代を与えて帰す」

　さらに、シンハラ人医師の母親については、

「母親も同じ。病院に隣接する家の敷地内に、患者たちが利用できるトイレを作り、患者がトイレを利用しにやってくると、治療室へ帰る前にご飯を食べさせて、それから治療室へ送る。誰も彼女の前をご飯をもらわずに通過できない」と、年老いたシンハラ人女性が座って手招きする様子を実演してみせる。

　ヴァヴニヤ県は、人口のほぼすべてがタミル語を話すタミル人とムスリムだ。伝統的にシンハラ人はごく少数。そんなタミル語地域で、このシンハラ伝統医療を続けてきたシンハラ人医師の家族に対するタミル人たちの尊敬は篤い。遠くからバスで何時間もかけてわざわざ彼のところへやってくる患者も多いという。ニコラ・シスターも、あえてこの診療院まで来ている。医師は小さな軽自動車を持っていて、時間が許せば遠方治療にも出かけるという。

「ボーイズ」

――八月十二日

午後二時、昨日マドゥ教会へ行ったロレーン・シスターと少女が戻ってくるのを朝から待っているが、まだ戻ってこない。心配して待っていると、たった今、政府軍とゲリラ軍の双方がマドゥのチェックポイントを封鎖したという。国道十四号線から内陸へ一キロほどは政府軍支配地域だが、そこから先はマドゥ教会も含めゲリラ軍支配地域だ。ニコラ・シスターによると、「ボーイズ」（ゲリラ軍）がジャフナにある政府軍基地を攻撃したため、コロンボとジャフナを繋ぐ空路と陸路が封鎖されたという。

「ボーイズ」とは、英語で「青年たち」の意。一九七〇年代後半、タミル人の若者たちによりタミル人独立を掲げる武装組織が複数結成された。当時、これらのグループに属するのは若者たちだったため「ボーイズ」と呼ばれた。今でもシスターたちは「ボーイズ」という言葉を使ってゲリラ軍を呼ぶ。ゲリラ軍として残存しているタミル・イーラム解放の虎（ＬＴＴＥ）は、他のタミル人武装組織をすべて武力で倒し、生き残った。タミル・イーラム解放の虎によってこれまで殺された人の数は、シンハラ人よりもタミル人が多いとも言われる。一九九一年五月には、インド・タミルナドゥ州の州都マドラスで、タミル・イーラム解放の虎は、当時インド首相であったラジフ・ガンジーの暗殺に成功している。

ヒラリー・シスターの顔を見つめていると、日本のヤクザの組長のような印象を受ける。七十四歳の細身で目が大きなシスターだ。コロンボ生まれのタミル人で、南部の修道院でも奉仕した経験があるヒラリー・シスターはシンハラ語が流暢に話せる。何も知らない軍の兵士が彼女と会話すると、シンハラ人修道女に間違えるはずだ。

ヒラリー・シスターは、私の部屋の修理中の窓を指して、「ああ、この窓が政府軍が去った後に残った唯一の窓。その他の窓はすべて取り外され、持ち去られた。高級な木でできた窓だったから、政府軍兵士たちが南部にある自分たちの家に取り付けるために、南へ運んでいった」と。

ヒラリー・シスターによると、修道院で料理人としてここ数ヶ月働いている、スンドゥという名の女の子は、身分証明書である国民登録カードがない。理由は、「この子はムットゥール出身だから」。

スンドゥの両親はまだムットゥールにいて、爆撃の後、行方がわかっていない。身分証明書がないため、スンドゥは修道院から一歩も外へ出ることができない。軍の検問でタミル人らしき人は必ず身分証明書の提示を求められるからだ。

スンドゥに国民登録カードがない正確な理由はわからない。ただ、ゲリラ軍は、徴兵したタミル人の若者たちに、まず、国が発行する国民登録カードの破棄を強要する。この行為は、ゲリラ軍への忠誠を意味するとゲリラ軍は言うが、徴兵された若者たちが再び社会に復帰できないよう、逃げることができないよう、ゲリラ軍は彼らの国民登録カードを燃やしてしまう。当然、政府軍は、国民登録カードを携帯していないタミル人をすべてゲリラ軍兵士とみなす。

ヒラリー・シスターは、これまで十四年間ずっと政府軍支配地域とゲリラ軍支配地域に挟まれたここ「国境の町」チェティクラムで奉仕してきた。「一度も怖いと感じたことはない」と断言する。つい最近も、チェティクラム教会で司祭と暮らす若者が、道路沿いの祭壇にロウソクを添えに行った際に、近くの防空壕から出てきた軍の兵士たちに顔と背中をボコボコに殴られた。夜間のレイプを恐れ、村の女たちは修道院に集まってきて寝る。それなのに、ヒラリー・シスターは怖くないという。

「でも、コロンボのご家族は心配でしょうね」と聞くと、「もう、彼らとのビジネスはとっくに終わっています。家族や親戚には、もうあなたたちに心配されたり、あなたたちの心配をしたりといったビジネスには終止符を打ちましたと言ってあります。一度結婚したら、もう引き戻しはありえない。わかりますか？」

つまり、一度イエス様に身を捧げた自分は、イエス様にお嫁に行ったのと同じ扱いになるということらしい。

——八月十三日

テレビのニュースによると、今日チェティクラムでクレイモー地雷が二個見つかったという。ゲリラ軍は依然としてマドゥのチェックポイントを閉鎖中で、マドゥに残されている巡礼者たちは教会に残ったままだという。

マドゥの聖母祭

——八月十五日

朝、聖母祭のために二〇〇キロ南のチラオから、バンやミニバスでやってきた人びとの声や物音で目が覚める。彼らは昨日から修道院と教会の敷地内で寝泊まりしている。皆、シンハラ人の身分証明書を所持しているが、親の世代まではタミル人だ。女性たちは私の部屋に隣接するホールで寝た。私は疲れていたため、朝六時まで寝ていた。

朝七時半にミサがあり、皆が参加した。ミサではマドゥの聖母に捧げる歌が歌われた。三年前にマドゥ教会で同じ歌を聞いたときの記憶が鮮明に蘇ってくる。初めてニコラ・シスターと出会った場所だ。修道院のチャペルの聖母像が司祭によって高く掲げられ、祈りが捧げられる。

ミサの後、驚いたことに、シスターたちは私を連れてマドゥ教会へ行こうと言い出した。教会はゲリラ軍支配地域にある。「行けるところまで行ってみよう」と。彼女たちもマドゥ聖母に会いに行きたい。とりわけ、この聖母祭の日に聖母に尊敬の意を表しに行きたい。私だけ置いてはいけないから、連れていく。

私もシスターたちと一緒に、チラオからやってきた巡礼者のバンに乗車する。途中、ヴァヴニヤへ続く道との三叉路に軍のチェックポイントがある。チェックポイントの手前で、横に乗っていたヒラリー・シスターが私の上半身を自分の膝の上に倒すと、「膝の上で寝ていなさい」と。それまで車内の会話はタミル語だったが、チェックポイントに差し掛かると巡礼者たちはシンハラ語に切り替える。「どこへ行くんだ」と政府軍兵士。「マドゥ教会まで」と巡礼者たち。軍によると、ゲリラ軍側のチェックポイントは依然として封鎖されたままで、教会までは行けないだろうという。後部座席で高齢のヒラリー・シスターの膝の上に隠れている私は、車内点検に入ってきた兵士には見えなかったようだ。

マドゥ教会へと続く三叉路に差し掛かると、ここは大きなチェックポイントで軍も警察も大勢いる。数は多くないが、他にも周辺の村々からやってきたカトリック信者たちがいる。警察によると、マナー司教がマドゥ教会から聖母像を持って、ゲリラ軍のチェックポイントを通過してこちら側へやってくる予定だという。聖母祭のミサは、ゲリラ軍と政府軍の二つのチェックポイントの中間地点で執り行われる。そこで巡礼者たちにマドゥ教会の聖母像のお披露目がある。

政府軍側のチェックポイントでは、ボディチェックと身分証明書のチェックがある。シスターたちは私を「シスターになるために修道院で修行中」と説明。一人ずつ行われる身分証明書の検査を待っていると、一人のシンハラ人警官が近寄ってきて、「軍のチェックポイントを通過したかったら急ぐように。たった今、十時半にここを封鎖するようにと命令があった」と。時間はすでに十時三十七分。チェックポイントは封鎖された。つまり、私たちのグループはミサが執り行われる予定の中間地点にはたどり着けない。

これを聞いたニコラ・シスターは警官に腹を立て、「突然そのように言うのはおかしい。さっき、すでに身分証明書のチェックに並んでいる人たちは通過できると説明したばかりじゃないですか」と反論。近くにいたヒラリー・シスターが、「ニコラ、彼らと議論しても無駄よ」と。でも、ニコラ・シスターは諦めない。ゲリラ軍チェックポイント側から、こちら側の様子を伺いに来た司祭に状況を説明し、「政府軍のチェックポイントがある三叉路までマナー司教に聖母像を持ってくるようにお願いしてください。こちら側にもまだ二百人ほどの巡礼者がいますから」と。

何が起こるのかわからないままに長い間待っていると、突然、周囲に歓喜の声が上がる。見ると、マナー司教が聖母マリア像を手に白いバンに乗ってやってきた。ジープに乗せられたマリア像と一緒に、赤い小さな帽子を被った白髪の白人男性がいる。彼はローマ法皇からスリランカに派遣されている法皇代理だという。

突然、周囲の人びとが身を乗り出して聖母像に触れようとする。大声で泣きながら、「アンマー、アンマ！（お母様、お母様！）」と。青と金色の衣装を身につけた聖母像は浄瑠璃人形のように美しく、私のすぐ近くまで運ばれてきた。距離が近すぎると感じ、後ろに人がいなければ後退りするほどだった。一斉に泣き出した辺りの人びとの真ん中で、一人無感覚ではいられなくなるほどの不思議な力に包まれた瞬間だった。

少し離れて周囲を見渡すと、驚いたことに、警察の長官が制帽を手に、巡礼者たちに混ざって聖母の前に立ち敬礼している。警察や軍が脱帽したのを見たのは初めてだ。彼もカトリックなんだ。聖母の前ではシンハラ人もタミル人も軍も民間人もなく、ただの人間なんだと理解する。

三叉路で聖母のお披露目はわずか十五分ほどだった。それから聖母と法皇代理とマナー司教は急いでマドゥ教会のあるゲリラ軍側へ戻っていく。私たちも急いでチェティクラムに帰る。帰り、私は巡礼者のバンに乗せてもらう。しばらくすると、一台のバイクが砂埃を巻いて私たちを追い抜いていく。見ると、ヒラリー・シスターが白い修道服とケープを風に靡かせ、バイクの後ろに座っている。通り過ぎるとき、イェーイとポーズをし、真っ白い歯を光らせた。

――八月十七日、コロンボへ

朝、チェティクラムをロレーン・シスターと一緒に出発。ニコラ・シスターは、私が一人でチェックポイントを通過し南へ帰ることをとても心配していたが、腕が治っていなかったために一緒に来られなかった。代わりにロレーン・シスターが、国道十四号線沿いにあるマドワッチまで一緒に来てくれた。マドワッチはシンハラ人が多数派のスリランカの南部への入り口だ。ニコラ・シスターに別れを告げた後、私は心の中で、シスターと彼女と一緒の人びとのために祈った。

マドワッチのチェックポイントでは、女性警官が私の全身を細かく調べ、その調べ方から、自分はとても疑われているのだろうと感じた。ロレーン・シスターは何の検査も受けずに通過できたのに、私は全身触られた。ロレーン・シスターに別れを告げる。

マドワッチからアヌラーダプラ行きのバスの中で、十日前に同じ場所を、サムエルたちと一緒に通過したときとはまったく別の感情が込み上げてきた。十日前は、マドワッチ周辺の村々に住む人たちは、とても貧しく、危険で不安な場所に住んでいる人たちだと思った。しかし、今度は、一人でバスに揺られながら違うことを感じていた。この辺りの村人たちは貧しく仕事がなくても、不安な生活を送ってはいない。少なくとも、軍や警察を恐れて暮らす必要がない。チェティクラムでは、人びとは、いつ自分が軍や警察に連行されるかわからない恐怖に耐えながら暮らしていた。夜中にやってきて、今度レイプされるのは自分かもしれないとおびえていた。村人たちにとって、軍と警察はすべて異邦人だった。逆に、マドワッチとアヌラーダプラの村々では、軍と警察は彼らにとって「身内」だった。彼らのように貧しい村出身のシンハラ人であるだけでなく、彼らを守ってくれる側の軍隊と警察だった。

一番弱い立場にあり、苦しい生活を強いられている北の人びとの中で調査をし、彼らの記録を残したい。また来年、北に戻ってきたい。南に下りながらこのときそう感じた。

［註］ムラティヴを襲った津波についてのジェイムズ神父の記事は次のようなものだった。

スリランカ北東部ムラティヴの町。男性が泣いている。「タンビ（若者）よ、どうして泣いているのかい？　何か隠しているのかい？」と、町を訪れた老人が聞く。「いいえ。隠すことも、忘れることもできません。もしあの日、ミサがあの小さなチャペルで執り行われていなかったら、今日、私も家族も生きていません。もっと多くの町の人たちが海に飲み込まれてしまっていたでしょう。あの神父様は、まるで神様のように現れて、私たちを守ってくださいました」

「タンビよ、私もその話は聞きました」「そうです。もし神父様があの日、ミサをいつものように聖ペテロ教会で執り行われていたら、神父様も、私たちも、今日ここにはいません。まるで預言者のようでした。あの日のミサに限って、他のどの場所もお選びにならず、神父様は聖ヨセフ・チャペルで行われ、それだから今、私たちはこうして生きています」

友人がバイクでやってきた。その小さなチャペルを見てみたいという老人に、青年は「私はこれから、急いで出かけなくてはなりません。彼にバイクで送らせます」と言う。「ちょっと止まって。この方を乗せて、ガソリンスタンドまで送ってやって」

老人はバイクの後ろに乗りる。「タンビ、ゆっくり走ってくれたまえ」「ちゃんと送りますから、ご心配なく」

途中、老人が言う、「バイクのキーホルダーに、海で家族と一緒に映っている写真が付けてある」

「はい。家族は皆、津波で死んでしまいました。だから、こうしてみんなをポケットの中に持ち歩いているんです」

「悲しいことを思い出させてしまったね」と老人。

「大丈夫ですよ、気にしないで下さい。なぜ、ガソリンスタンドへ？」

「スタンドの近くにあるチャペルにいた人たちが、あの日津波から助かったという話を聞いてさ」

「本当の話ですよ。さあ、チャペルに着きました。降りられますか？」

老人はチャペルを見に行き、それからガソリンスタンドへ。スタンドの主人に、聖ペテロ教会への道を聞く。「どちらの聖ペテロ教会ですか？」

「二つあるのかい？」

「古いのは海岸沿いに、新しいのは病院の近くにあります」

「津波で破壊された方の教会を見たいのだが」　ちょうどガソリンを入れに客がやってくる。スタンドの主人に頼まれ、その客は老人を後ろに乗せ、津波で破壊された教会のあるムラティヴの海岸へ。

　老人はバイクの男性に、「今日、ここへ来たのは、津波による被害を見るためです」

「そうですか、では、全部見ていってください。さあ、ここが津波で破壊された教会です」

　老人が男性に聞く、

「タンビ、忙しいかい？」

「いいえ、どうしてですか？　他に見たいものはありますか？」

「少し一緒にいてくれんかね。一緒に話してくれんかね」

「いいですよ。砂浜に座って話しましょう」

　二人とも海を見るようにして座る。

「タンビ、海が教会を飲み込んだって、本当かい？」

「皆がそう言っています」

「きっとそうだろう。そうじゃなかったら、教会がこのように跡形もなく破壊されてしまうこともないだろうから。これから質問することで、どうか傷つかないでくれ。津波が襲ってきたとき、君はどこにいたのかい？」

　男性は、静まりかえり、泣き出す。

「あの朝、自分は家族と一緒にミサに出席しました。でも、娘は家に残りました」

「なぜ娘さんはミサに行かなかったのかい？」

「ちょうど初潮を迎えたので、祝いの式を三日後に予定していたんです。娘もその祝いの式を楽しみにしていました。でも、あの恐ろしい人殺しの波が、娘を海水で洗い、死体で私の腕の中に戻ってきたんです。シルクのサリーに包まれて、宝石で飾られるはずだった彼女（タミルの伝統的な初潮の祝い方）は、トラクターに積まれ、他の多くの遺体の行列に加えられてしまった。その朝、ムリヤワッラ村は喪に伏していました。タミル国家（イーラム）全体が喪に伏していました。すべての遺体は砂に埋められ、娘もマンムライ村に埋葬されました。

　娘の死を忘れることはできません。でも、娘は神様と一緒にいると信じています。その希望が、私たちの家族をこうして生かしています」

　老人も泣きだした。

「泣かないでください。私の世代は、以前は旗を掲げ、誇りを持って生きていました。でも、今はこうしてキャンプ生活で、旗を掲げてやってくる車を待っているんです。……おじいさん、他に何かありますか？」

「どうして、またここに教会を再建しているのかい？」

「ムラティヴの人たちは、新たに建設中の教会の壁に津波で死んだ村人全員の名前を刻み、記念碑として残したいんです。カトリック教徒に限らず、ヒンズー教の人も一緒に、この地で津波によって死んだ人全員の名前を記憶に残すためにです」

「素晴らしいアイデアだね。誰がその仕事をしているのかな？」

「誰って、神父様以外に誰がいますか？　津波による死をまぬがれた何千人もの人たちに支援金を与え、助けてくださった。そして今、神父様は、私たちが津波で亡くなった人たちを決して忘れることがないようにと、この教会を祈念碑として建て直してくださっている」

「神父のお名前は？」

「ジェイムズ・パッティナーダン」

「以前にも、その神父の名前を聞いたことがある」

「外国から人がムラティヴに来ると、かならずこの教会に神父を訪ねてきます」と男性は言い、遠くに神父の姿を見つけ、

「あ、見てください。神父様がこちらにいらっしゃいます。話をしているときにちょうど現れるのですから、神父様は長生きされます。あの赤いトラックが見えますか？　今、ちょうど降りられました。あの方がジェイムズ神父です」

二、最大の問い——二〇〇七年夏

海辺の集落／ジェイムズ神父との再会・血の涙を流すマリア像／チラオ、トゥシャリの家にて／インドの難民キャンプにて／チェティクラム修道院再訪／「信仰のないあなたに、理解できますか？」／ペーサーレの地引網／政府軍兵士の死／沈黙の町／マナー島へ避難／軍の復讐／トータヴェリ殉教跡地／二つに分断された県／ハレルヤ村再訪／「平和以外は何もいりません」／ヴィンセント・パトリック神父／チェティクラム修道院に戻る

海辺の集落

一年後の夏、私は夏休みを利用して再びスリランカに戻る。今回の滞在の目的は、北部をもう一度訪ね、来年以降に行う予定の長期のフィールド調査のためのフィールドを定め、研究計画を立てること。来年以降は、少なくとも十五ヶ月間はスリランカに滞在してフィールド調査を行う予定だ。

その長期調査のために、私は必死で調査地を探している。調査地をスリランカの南部の村に定めれば、すぐにでも研究の計画を立てることができると頭でわかっていても、心が許さない。だから私は、あえて、内戦の傷に苦しむ北部へ向かう。

――二〇〇七年六月四日

午後四時、空港に近いニゴンボの滞在先から、バスでチラオ駅に到着。ニコラ・シスターに指示されたように、セッラーンという名の青年の携帯に電話するが、つながらなかったので家の方の電話にかけてみる。「迎えを送ったから、バス停で待つように」とニコラ・シスター。ここでしばらく立っていようと考えていると、赤いTシャツを着た青年が近づいてきて「カオリ・シスター？」と。どうやら彼はだいぶ長い間待っていてくれたようで、近くに停めてあった真っ赤な大型ローリーを指さして、「ディス・イズ・マイ・ヴィークル、これが俺の車」という。ローリーは私を助手席に乗せると、一気にチラオの町を走り抜け、橋を渡り、海辺の集落へ。ローリーから見える景色は、視界が開けているので、絶景。目の前に海辺の人びとの生活が、一つの絵巻のように次々と広がっていく。すると不思議と心と体の緊張がほどけていく。内戦が続くスリランカで、このチラオの海辺の集落はまるで天空の城のよう。平和な集落に見える。

ローリーのスピードが突然弱まり、二階建ての白い細い家の前で止まった。「ここが俺の家。あれが母さん」と青年。家の前には三人の中年の女性が立っている。二階建ての家の横の小さな脇道の奥に彼らの家がある。中からヒラリー・シスターが出てきて迎えてくれた。一年ぶりに見る私を腕の中に抱いて、嬉しそうなシスター。ニコラ・シスターはちょうどシャワーを浴び終えたところだった。セッラーンの母親は小さく愛嬌のある顔をした優しそうな人。対照的に、息子のセッラーンは背が高く、父親は彼よりもさらに横にひと回り大きい。

——六月五日

午後五時、ニコラ・シスターが河口まで、村の漁師に頼み私を連れていってくれる。ちょうど三十年前、シスターはこの村で、三ヶ月間修道女になるための研修を受けた。私たちを案内してくれた漁師は、当時はまだ子どもだったが、そのときのシスターを覚えている。滞在先の家を出て、村の中央通りに面する教会を通り過ぎると、家並みがどんどん細くなり川に着いた。そこには船着き場があって、小さなボートが五〜六隻並んでいる。私たちもボートに乗り込む。

ボートから見える光景は、スピードの速いせいか、絵巻を再び開いていくような美しい景色だ。川に沿って河口に進むと、ついに家屋が見えなくなり墓地になった。墓地には木製の白い十字架が何百本も並んで立っている。墓地の向こうは海だ。

案内役の漁師が船で川から海へ出る方法や、エンジンについて説明してくれる。二人乗りの二十五馬力のエンジンで、ゲリラ軍のものと同じ馬力だという。漁の時間は二つに分かれていて、深夜二時から朝八時までのグループと、夕方五時から夜十時までのグループがある。ちょうど時間が夕方五時だったので、何十隻ものボートが海に出るところだった。速いスピードで次々と川の上流からやってきて、河口まで来るとスピードを落とし、巧みに波に乗りながら海へと出ていく。小さなカラフルなボートが何隻も一斉に海へ漕ぎ出していく光景は美しい。

筆者が2007年に移動した場所とスリランカの主要都市

ジェイムズ神父との再会・血の涙を流すマリア像

——六月六日

朝、ニコラ・シスターとチラオからコロンボへ。コロンボにある聖家族修道院にジェイムズ神父を訪ねることが目的だ。チラオからバスで四、五時間。修道院の敷地内に入ると消毒の匂いがした。ジェイムズ神父は、最近亡くなったある神父の部屋を今回の滞在の間利用しているということで、亡くなった神父の所持品に囲まれ、あまり居心地が良さそうではなかった。心臓の治療のために、コロンボに救急車で運び込まれたという。北のムラティヴ県にある教区から、同じく現在ゲリラ軍が占拠しているキリノッチ（ゲリラ軍国家「イーラム」の首都）の病院へ運ばれ、キリノッチ病院からマナー病院へ運ばれ、マナー病院からヴァヴニヤ病院へ、それからアヌラーダプラ病院、コロンボの病院と、スリランカ北部にある病院を巡り巡って、最終的になんとコロンボにジェイムズ神父は運ばれてきた。

シスターが心配そうに、「心臓病はもう長年の病気。どう、大丈夫かしら？」とたずねると、神父は「まあ、何とか」と。シスターは、今度は鞄から、ジャフナの漁村の聖母像が血の涙を流している写真を取り出し、「見て、聖母様も泣いている。戦争の状況は悪化している」と言った。

私がその血の涙を流す聖母像の写真を不思議そうに見ていると、ジェイムズ神父は私に、「ニコラや私が長年奉仕してきた人びとについて、あなたは博士論文を書くと聞きました。そのための調査に来ていると。人類学でしたね。でも、信仰のないあなたに、それは可能なことですか？」と聞く。

質問の率直さに驚き、答えに困っている私に、神父は続けて、「ただ、私の関心から聞いてみただけです。あなたの目に、血の涙を流すマリア像がどのように映るのかを」

私は写真のマリア像を見る。セメントでできているのであろう美しい細めの白い顔に、ペンキで色がつけられている。ベールを被り、青色の服を着て、砂糖菓子のようだ。ところどころペンキが剥がれ、セメントも一緒に剥がれているため、作られてから少し時間が経っているのかもしれない。過去に爆撃で傷ついたのかもしれない。一方の目から血の涙が流れている。それを誰かが写真に撮り、シスターの手に渡ったのだと思う。私には涙がペンキに見える。人の血にも見える。

ジェイムズ神父との再会が終わると、その日ニコラ・シスターと私はまたチラオの海辺の村に戻った。

チラオ、トゥシャリの家にて

——六月七日

昨日の夜に続き、今夜もトゥシャリの家で祈りの集いが進行中だ。トゥシャリとは、このチラオの海辺の村で聖母の媒体者として最近、尊敬を集めるようになった女性。昨年、チェティクラム修道院のシスターたちが結核の疑いのある少女を、ちょうどマドゥ教会に来ていた彼女のところへ連れていった。

すでに時間は深夜二時をまわっている。今夜は彼女がなかなか現れないので、二、三人いた男性たちはどうやら帰ってしまったよう。一階は女性たちでいっぱいで、家の外でも溢れた人たちが列をつくって待っている。村の住民でない、近隣の町からわざわざ来ている人も多い。予定より四時間ほど遅れ、トゥシャリが二階から降りてきた。

通りの向こう側では、漁師たちが魚を取る網を編んでいる。道路にはローリーが行き交っている。トゥシャリの家の中では、信者たちが床に座り聖母に賛美の連禱をささげている。私と一緒に来たローリーの運転手の青年の妹は、ここ二時間私の隣で眠ったままで、トゥシャリと聖母との交信が始まっても起きない。停電しているため、隣の台所のみにジェネレーターで灯りがつけられている。

信者たちの祈りの後に、トゥシャリが一人で歌う。何語で歌っているのかわからない。聞いたことのない言葉だ。歌が終わると、今度は、トゥシャリは早口で聖母の代弁をする。代弁は二回に分かれていて、それぞれ五～七分。その後で、個々の患者の施術が始まる。

順番がやってくると、ニコラ・シスターは聖書の中に挟んであった封筒から白黒の証明写真を何枚か取り出して、一枚一枚トゥシャリに見せながら次のような質問をする。

「この人はまだ生きていますか？」「この人は、今どこにいますか？」「生きて戻ってきますか？」

今回、チラオに来る前に、北の人びとからトゥシャリを通して聖母に聞いて欲しいと頼まれたのだという。行方がわからない人たちの安否確認。

「何度も拷問にかけられ、殺されました。遺体は切り裂かれて捨てられました」

トゥシャリの口からは、そのような回答が次々と出てくる。拷問を受けて殺されたというのは、数ヶ月前から行方不明になっているマナー教区の若い司祭だ。

シスターは、トゥシャリの応答の一つひとつにゆっくり反応している時間はない。「あぁ、かわいそうに」と言いながら、シスターはまた次の写真を見せる。それから次の写真、また次の写真。若者たちの写真がほとんどだ。

私たちの後ろにも、多くの患者たちが列をつくって待っている。シスターは、持ってきた案件をすべて聖母に尋ねることを諦め、次の人に順番を譲った。

ニコラ・シスターが、ここチラオの海辺の村に、スリランカに戻ったばかりの私を連れてきた理由は、トゥシャリを通して聖母に、私が今後、北部の戦地で調査ができるかどうか、私を北部へ連れていくことが安全かどうかを聞くためだった。昨年の夏以来、水面下で内戦は確実に再開されている。シスターとしては、聖母からはっきりとした指示を受けてから、数年後も視野に入れ判断したい。私に、聖母に直接、トゥシャリを通して聞くように言うので、私はタミル語に自信がないからと断る。すると、「彼女は日本語もきっとわかります」と言う。確かに、普段はまったく英語が一言も話せない彼女が、ついさっき英語でバーガーの親子と会話をしていた（バーガーの人たちは、スリランカ人だが、西洋の植民者たちにルーツがあるコミュニティで、英語やポルトガル語を母語として話す）。

私が躊躇っていると、シスターが代わりに聞く。私の今後のスリランカ調査について、トゥシャリが聖母から得た回答は、「心配いりません。今後、スリランカ北部で調査ができるでしょう。そして、無事に調査を終えることができるでしょう。彼女の身に悲劇が起こることはないでしょう」

シスターは、安心したようだった。

翌日、シスターは、北部の情勢が悪いため、私をまず南インドに送ることに決めた。スリランカ北部から難民として数十万もの人がインドへ渡り、インドの難民キャンプで暮らしているからだ。私も同意する。私の行き先は、南インド・タミルナドゥ州のティルチナパリにある修道院だ。その修道院があるティルチナパリには、スリランカ難民の支援活動を活発に行うイエズス会の大学がある。ニコラ・シスターは、さっそくティルチナパリにある修道院に電話をかけ、私を送るから面倒を見てくれるようにとお願いする。私が、どうしてここまで親切にしてくださるのですか、と聞くと、「去年の夏、あなたから電話がかかってくる前日、夢で、修道女になる修行をしている一人の若い女性が迷子になっているのを見ました。とても困っていて、私は彼女を助けてあげました。そして目が覚め、その朝、あなたから電話がありました。すぐに、神様が私にあなたの面倒を見なさいと言っているとわかりました。だから、あなたのために自分ができることはします」

――六月十日

月曜（六月四日）にスリランカに到着し、同じ週の日曜（六月十日）にインドへ。私がスリランカを去る日の朝、トゥシャリの祈りの集いに参加する。インドに突然移動されることになったこと、ここ数日、トゥシャリの家で展開される奇妙な治療に驚き、彼女に近づくのを恐れている私に、彼女は優しくゆっくりとタミル語で次のように話した。「心配いりません。日本のあなたの家の入口には花壇があり、庭に面した窓にはカーテンが引かれている」。すると、日本の実家の庭先の風景が頭の中に浮かんでくる。確かに花壇があり、大きな窓があり、その窓にはカーテンがかけられ、家の中にはきっと自分の母親がいる。「何も心配いりません。神はすべてをお見通しですから」

トゥシャリはそれから私に小さな祈りの本を二冊手渡し、聖母への祈りを教えてくれた。「聖母が毎日あなたに祈るようにと言っている」と彼女は付け加えた。

単純な自給自足の生活、チラオの海辺の村では、そんな長閑な生活が展開されているように見える。しかしコロンボの魚市場の売れ行きにより村人たちの生計は大きく変動する。ローリーで早朝、コロンボ魚市場にここから魚を出荷するとき、一番上には最上の魚を乗せない。途中の検問で、警察と軍に一番上の魚は没収されてしまう。そのすぐ下に最上の魚を乗せる。コロンボの市場で商人たちがその日の魚の値段を判定するときに、魚の質が決め手となるからだ。北部の漁業が内戦により大打撃を受けているが、南部では内戦による直接的ダメージはない。しかし、ガソリン価格が高騰しているため収入の大部分が燃料費に消える。

朝、村を去るとき、私がニコラ・シスターに、「ここは良い村ですね」と言うと、シスターは、「この村の人びとは自由に移動ができる。いつでも漁に出て、軍や警察に怯えて暮らさなくてよい。ここより北ではまったく状況が違う」と呟いた。そして、バスの中で、シスターは、三十年前に同じ村で働いたときに印象に残った言葉として、ある漁師の言葉を引用した。当時、日本政府の援助などで、漁業の産業化が展開していた。従来の木製の帆船ではなく、ファイバーグラスのボート、それからアウトボードエンジンが導入された。漁獲量の増加が、これらを導入する理由にされた。それを聞いたある漁師が「そんなものは必要ない」と。「この村では、網を投げれば十分に魚が獲れる。その日に必要な魚は手に入る。それを売って、必要なものを買う。それで生活は十分に成り立っている。どうして必要以上に魚を獲らなければならないのか」。「確かに以前は自給自足の村経済だった」とシスター。

インドの難民キャンプにて

夕方、私の乗った飛行機は、インド・タミルナドゥ州のティルチナパリ空港に到着。飛行機から降り、入国審査の列を探しているうちに、次から次へ、右からも左からも人びとが私を追い抜いて進むため、結局、入国審査の一番後ろに回ってしまう。インドでは列に並ぶというコンセプトがないと悟る。

ティルチナパリの町。気温は四十度を超えていて、暑い。ニコラ・シスターからもらった修道院の住所は、空港から一時間ほど。その住所が書かれた紙を手に、バスを探す。バスに乗り込むと、突然、車掌が私の耳のすぐ後ろで笛を吹く。驚いて振り向くと、どうやら私は男性の席の側に立っていたらしく、女性の席となっているバスの右半分へ移動するようにと言われる。インドのバスの座席は、女性用と男性用に分けられていると知る。それから、運転手の近くの前方の席に腰掛けると、運転手の隣にある荷物の席に腰掛けていたお婆さんが、突然私の上着の胸元を引っ張り上げる。どうやら、私が着ていたスリランカのブラウスは、胸元が開きすぎているようだ。

　修道院にやっと到着し、シスターたちに挨拶し、与えられた部屋で休む。修道院はタミルナドゥ州にあるが、修道女たちは皆、隣接するケララ州出身のシスターたちで、タミル語も話すが、マラヤーラム語が母語で、英語もヒンディー語も話す。

　翌日、じっとしていても仕方がないので、修道院からバスでティルチナパリの町へ行き、イエズス会の聖ヨセフ大学を訪ねる。たまたま玄関のホールに副学長が座り、涼んでいた。インドでは、カトリック司祭たちは私服を着ていて、スリランカのように白い司祭服を普段は着ていない。だから私は彼が司祭だとわからないまま、「スリランカから来ました。スリランカ難民の人たちが暮らすキャンプを訪ねたいのですが」とタミル語で話す。副学長は私を見上げ、「スリランカ人ではなさそうですね」と。それから私は、自分がインドにたどり着いた経緯を話し、研究のためにどうしてもスリランカ難民の人たちとコンタクトを取りたいとお願いする。副学長は、すぐに私をイエズス会難民支援団体の司祭へ繋いでくれた。

　翌日、私はシスターたちに感謝を告げて修道院を去り、スリランカ難民の女子生徒たちが集団生活を営むセンターへ移動した。ティルチナパリの町の郊外にある。そこで出会ったのが、彼女たちの裁縫の先生で、寮母のタミルニ。私と同年代。生まれはスリランカのムラティヴ、育ちはインドの難民キャンプ。私は、数日間そのセンターで集団生活に加わった後、タミルニの両親が暮らすキャンプのあるディンディガルへ移動する。

　タミルニが育ったそのキャンプは、水も電気もトイレもなく、仕事も日雇い労働のみ。当然、誰にも市民権さえない。彼女の両親は、道路工事の石積みの仕事を炎天下、四十度を超える暑さの中でしている。そんな両親について、タミルニは、「私たち（子どもたち）のためにすべてを犠牲にした二人。スリランカでは二人とも学校の先生をしていた。私は、何としてもこのキャンプ生活から両親を解放してあげたい。そのためには、自分が犠牲になる準備がある」と言った。

　タミルニの言う犠牲とは、相手を選ばず、海外に住むタミル人であれば誰でもいいから結婚すること。自分が海外へ行き、働き、そのお金でまず両親を日雇いの道路工事の仕事から解放してあげること。それから弟たちの生活を支えること。これら以上に人生で優先すべきことはないと。

「本当に相手が誰でも結婚するのか」と疑う私に、「誰でも構わない。ここから出られれば」と、キャンプを指して言い切る。

　そんな彼女のところに、結婚エージェンシーを通して結婚相手の候補の連絡が入る。しかし、毎回、相手から断られる。それでもタミルニは諦めない。

　その日も、結婚相手候補に送る写真を撮りに行くと写真屋へ向かう。「ちょっと待っていて」と、私を店の待合室で待たせ、撮影室へ入っていく彼女。私は彼女の首に、自分が着けていた金のネックレスを付ける。自分よりもタミルニの方が、ネックレスが必要だ。撮影の後、私にそれを返そうとする彼女に「いらないから持ってて」と私は言う。

　キャンプを一歩出れば、ディンディガルの町ではインド人たちが普通のモダンな生活をしている。彼らにはテレビもある。そんな、町の店の中に並ぶテレビには現代社会が映っている。ノートパソコン、デジタル機器、モダンなキッチン、最新のファッション、化粧品、ジュエリー。難民キャンプにはないものばかりだ。でも、市民権がないスリランカ難民たちは、キャンプの外で暮らすことができないでいる。キャンプへの出入りは、常に監視されている。

　それまでスリランカを調査で回っていた私にとっても、今回のインドの難民キャンプ生活は最も厳しいものだった。水がない。井戸を掘ることは、定住を促すことになるとして禁じられているからだ。シャワーが浴びられない。あるのは、タミルニの母親が朝、どこかからもらってきて、私のために取り分けてくれている洗面器一杯の水のみ。それで顔を洗い、歯を磨き、手を洗い、体を洗う。トイレは、共有トイレもないので、キャンプの隅で済ませる。辛うじて、カジャンで垣根が設けられている。

　そんなキャンプには、スリランカ北部のあらゆる地域から逃げてきた難民が暮らす。タミルニの家族のようにヒンズー教徒もいれば、カトリック教徒、イスラム教徒もいる。もうこのようなキャンプ生活が二十年近くも続いている。それでも皆が、母国、母村、立ち退き、これらの記憶の中に生きている。

　タミルニが裁縫センターに戻らなければならないので、私もキャンプを後にした。

チェティクラム修道院再訪

——七月十八日

私は一ヶ月ほどインドで過ごし、スリランカに戻った。

チラオの海辺の村までニコラ・シスターが迎えに来てくれた。「どうして、こんなにすぐにインドから戻ってきたのですか」と不思議そうに、困ったようにシスターが聞く。「インドの難民キャンプでの調査は難しいからです」と答えると、シスターは、納得できないように、「どうして、こんなにすぐにインドから戻ってきたのですか」と、同じ質問を繰り返す。

停戦中とはいうものの、実際にはあちこちで戦いが続いていて、戦況が日々悪化している北部に、今年は私を連れていかなくてもよいとシスターは考えていたのかもしれない。

チラオの町のバス停で、二人でマナー行きのバスを待つ間、エビの入ったダール豆の揚げ物を買う。日本の海老煎餅を思い出す。

四時間後、シスターと私が乗ったバスがチェティクラムに近づくと、突然大粒の雨が降り出した。チェティクラムの町に着くと、雨は本降りで数百メートルしか離れていない修道院まで三輪車タクシーで行かなければならなかった。私は、少しでも雨に濡れないようにとショールを頭から被っていた。たとえ軍と警察がバスから降りてきた人たちを眺めていたとしても、修道女一人と女性が一人一緒に降りたということしか見えなかったはずだ。雨はそれほど激しかった。

修道院長のジャシンダ・シスターが私を見るなり言った、「あなたの到着は雨をもたらした」。ヒラリー・シスター、ロレーン・シスター、ジェニタ・シスターと、昨年と同じメンバーの修道女たちが皆で迎えてくれた。

――七月十九日

午前中、ニコラ・シスターがロザリオの祈りを教えてくれた。他の修道女たちが「シスター、彼女を改宗させる気ですか？」「いつ洗礼ですか？」と、冗談を言い、笑って通り過ぎていく。

今日はヒヨコが何羽も卵から孵り、それをヒラリー・シスターが嬉しそうに観察している。「新しいヒヨコが六羽も！　他の二羽ももう生まれそうよ！」

午後、このチェティクラムの教会で司祭の料理人を以前していたアントーニおばさんから私に電話があった。今、ムルンカン村にいるという。ムルンカン村はチェティクラムからマナー島へ向かって北西に四〇キロ。会いに来るようにとアントーニおばさんが言うので、ニコラ・シスターに聞いてみる。すると、「私があなたを責任持って世話することになったのですから、私を抜きでアントーニおばさんのところに滞在することはありえません。そもそも、ムルンカンは今、安全じゃありません。いつ戦いが起きても不思議ではありません。両方の軍があの村に残っているのですから」。

「信仰のないあなたに、理解できますか？」

マナー・カトリック教区の月刊誌『マナー』の今月号に、写真入りで、ある青年の死からちょうど一年を記念し、家族が次の投稿をしていた。その記事が目に止まったのは、写っていた白黒写真の青年がまだ若く、彼と自分の歳があまり変わらなかったからだ。彼の出身村のアダンパンも、ここチェティクラムからそう遠くない。現在はゲリラ軍支配地域だ。記事を英語に訳しながら、ニコラ・シスターは、「この青年のように、仕事や学校や買い物へ行くと家を出たまま行方不明になる青年少女はこの辺りではたくさんいる。この青年の場合は、死の知らせが届いたから、家族はこの記事を投稿したのだろう」と話す。

一回忌
写真
出生　一九七八年十二月十六日
死亡　二〇〇六年六月八日
氏名　セルヴィン・レックス
出身村　アダンパン

「母さん、行ってきます」と、出かけていったあの日以来、きっと戻ってくるとあなたを待ちながら一年が過ぎました。でも、まだ姿が見えないと苦しんでいます。愛に満ちた子で、いつも家族に愛を分け与えてくれました。この大きな世界で恵みをたくさん受け、きっと偉大な人物になると期待していました。稲妻も雷も、何の予告もなしに届いた知らせ！　苦しみから、私たちは土の上を這い、転げ回り、叫びました。神のご意志であるとすれば、誰もそれを変えることはできません。神の足元で、あなたはこれからずっと生きるのだから、尽きることのない悲しみの中にあっても、私たちは神に祈りを捧げましょう。

あなたの出発を悲しむ父さん、母さん、姉さん、親戚一同より

私は、こんな不思議な手紙を読んだのは初めてだ。どうして最愛の息子を失った深い悲しみの中にありながら、家族は神に祈りを捧げることができるのか？　なぜ、「神のご意志であれば」と、そんな風に考えられるのか？　私には理解する術もない。

それまでのスリランカやインドでの経験は、異文化に出会っても、相手の身になって考えれば理解できなくもないことばかりだった。「結婚相手が誰でもいい。どんな人でも外国に住んでいるタミル人であれば結婚する」というインドのタミルニの考えも、彼女の置かれている身になって考えれば理解できなくもない。でも、この記事に書かれている内容はまったく異なる次元のものだった。コロンボでジェイムズ神父が口にした、「信仰のないあなたに、理解できますか？」という質問が、神父の優しい笑顔と血の涙を流す聖母像と一緒に私に舞い戻ってくる。

午後、昨日のように雨が降る。昨年とは異なり、シスターたちは私も朝夕のチャペルでの祈りに加えてくれる。その日の朗読は、ルカによる福音書から。

あなたは、兄弟の目にあるおが屑は見えるのに、なぜ自分の目の中の丸太に気づかないのか。自分の目にある丸太を見ないで、兄弟に向かって、「さあ、あなたの目にあるおが屑を取らせてください」と、どうして言えるだろうか。

偽善者よ、まず自分の目から丸太を取り除け。そうすれば、はっきり見えるようになって、兄

弟の目にあるおが屑を取り除くことができる。

ルカによる福音書　六章四十一～四十二節

目の中の丸太。そんなに大きなものが目の中に入っていれば、まったく何も見えない。「信仰のないあなたに、理解できますか?」とジェイムズ神父。その丸太がなくなれば、聖母の血の涙も、一回忌の家族の投稿も理解できるようになるのだろうか?

ペーサーレの地引網

——七月二十三日

ニコラ・シスターと私は、チェティクラムの教会に隣接する司祭館に、セレスティン神父を訪ねた。五十代前半のセレスティン神父は、口数が少なく自ら話しかけてくるような人ではない。チェティクラムの町に残っているわずかな青年たちを軍の暴力から守るための防波堤のような立場にあり、常に軍から司祭館の強制捜査などといった嫌がらせを受けている。昨晩も、司祭館を捜索しようとやってきた軍に、「許可証をまず出せ」と言い、一歩も譲らず石のように入り口に座り続けたという。

私が、訪問が単なる形式的な挨拶に終わるのかと思っていると、ニコラ・シスターに求められるままに、セレスティン神父はマナー島の出身村ペーサーレについて話し始めた。なんと、司祭でありながら、まるで漁村の郷土史学者のように博識だ。神学生だったとき、姉と妹の結婚資金のために神学校を休学し、漁師の仕事を手伝っていた期間があるという。南アジアではダウリーと呼ばれる、結婚の際に嫁の家から婿の家に巨額の資金が移動される慣習がある。紙幣と金（ゴールド）と車やバイクなどの物品が含まれる。セレスティン神父は一人息子であったため、司祭になることを家族に反対された。そこで、姉と妹の結婚資金には協力するという条件で、親に司祭になることを認めてもらった。

セレスティン神父によると、ペーサーレは、ここチェティクラムから六〇キロほど北西にあるマナー島にある町だ。マナー島は、スリランカからインドへ向かって伸びる、全長三〇キロほどの小さな島だ。

セレスティン神父によると、ペーサーレの名前の由来は二つあり、一つは「ペール（名前）」と「アーライ（広い道）」。インドからマナー島に来た人たちにとって、ペーサーレの町に入ることは、「名前のある街に入ること」、つまり、大きな町に入ることを意味した。もう一つ名前の由来とされているのは、「ペリヤ（大きな）」と「チャーライ（鰯）」。

ペーサーレの浜は、年間を通して魚が近くの珊瑚礁に卵を産むため、漁業にとても適している。教会は海からわずか三六〇メートルしか離れていないが、良質の井戸水に恵まれている。村全体に良質の井戸水がある。約二千家族が暮らしている。ひと家族五人とすると、人口一万人。村人は全員漁師で信仰の篤いカトリック教徒。「教会のためならば、皆何でもする」

漁師たちは、漁に出る前に必ず教会の前にボートでやってきて、時計回りに三度回る。これをやらないで漁に出る船はない。サムマーディと呼ばれるのが村のリーダー格。二千家族が暮らすペーサーレに現在、このサムマーディが八人いる。それぞれインド人のマンダーディを雇っている。マンダーディと呼ばれるインド人は、漁のキャプテンとして、漁に出るタイミングを皆に告げる。そして、他にも十六人ほどインド人労働者を雇っている。インド人は、皆ヒンズー教徒。

村のリーダー格のサムマーディの娘たちの結婚式は盛大に行われ、八日間続く。彼らは村人から尊敬されていて、教会に大金を寄付する。地引網の網を所有しているのも彼ら。他にも、労働者や土地、最近だったら魚を凍らせるクーラーや運搬に使う大型タンクローリーを所有している。

「カラワライ」と呼ばれる地引網は、「カライ（浜辺）」と「ワライ（網）」を合わせて、そう呼ばれる。カラワライが伝統的な漁の方法。

そう言うと、セレスティン神父は紙に絵を描き説明を始めた。「こっちが浜、ここから先が海」と、まずは横線を一本。そして、「地引網がこう張られる」と、海に大きな網を張る。「この紙だと、はみ出してしまう」と、私のノートのスペースが、海の中に張り出された大網を描くには小さすぎるという。「網を支える縄を引っ張る労働者が八人。右側に八人」と、インド人労働者たちの絵を浜に描く。海と人間との大きな綱引きのような図だ。

「地元の漁師たちは、二人ずつペアで泳ぎながら海に網を張る」と、今度は二人組の漁師たちが海の中で地引網を取り囲むようにして網を張る絵を加える。「一つの網で一トンの魚が獲れる。鰯とか」

「網の目の粗さは魚の大きさによって異なる。サムマーディ（地引網の所有者）は浜で座って見ている。大漁のときには三十台のローリーでコロンボまで運んだこともある。地引網の網はとても高額」

「テッパムと呼ばれるのが伝統的な筏のような小さなボートで丸太を繋ぎ合わせてできている。十馬力、十五馬力、または二十五馬力の船外機エンジンを利用している。夕方四時に漁に出て、朝五時頃戻ってくる。朝三時頃から網を引き上げる」

「パーイ・ワッラムと呼ばれるのが少し大きい帆船で、帆を張って風を操って漁をする。この伝統帆船も、十馬力、十五馬力、または二十五馬力の船外機エンジンを今は使っている」

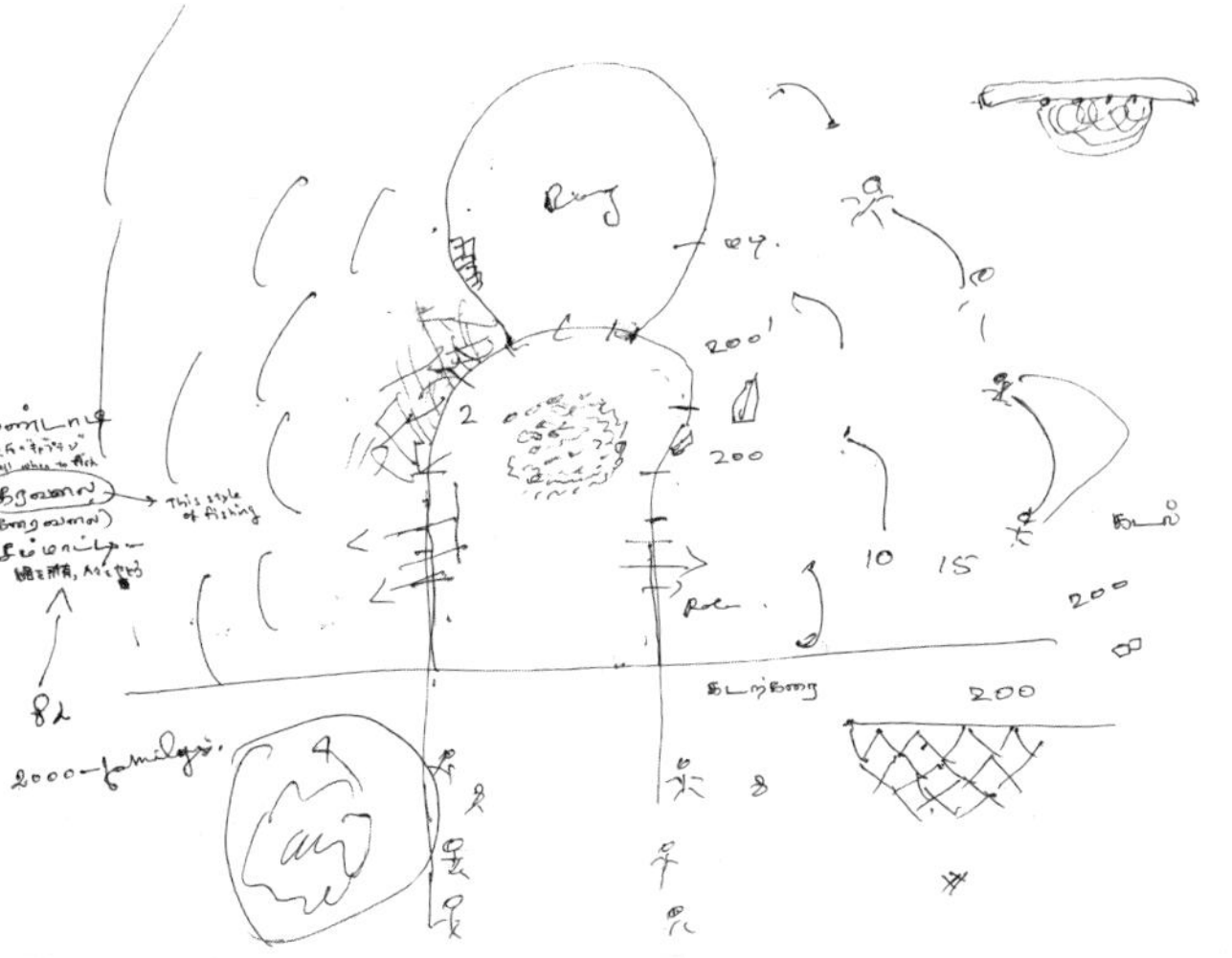

セレスティン神父が書いたペーサーレ村の地引網の図

「エビの漁はトロール船による引網漁」。それから神父は、テッパム、パーイ・ワッラム(帆船)、トロール船とそれぞれ絵を描いて説明する。

「地引網と並んでペーサーレで有名な伝統が、イースターの前に行われる人形劇」と、神父。故郷の伝統の話になると、目が輝く。聞いている私の関心に応答しているのかもしれない。「ウダック・パースと呼ばれる、パッション劇」。パッションとは、キリストの受難を指す。復活祭前の四旬節に行われてきた。キリストの誕生から十字架にかけられるまでの劇を、八フィート(二メートル半)の巨大な木製の人形を操って演じるという。

セレスティン神父は、先ほどの地引網漁を描いた紙をひっくり返し、今度は巨大な人形を描く。「人形を支えるために、一人の漁師が腹にベルトを巻き、人形を支える大きな木をベルトに差し込んで持ち上げる」と、大きな人形の下に、半分の大きさの人の絵を描く。人形の胴体には藁が巻かれ、人形の両腕は金属の棒で下から上げ下げして操作する。三人で一つの人形を操る。馬も、天使もいる。天使は天井から紐で吊るす。「人形劇は、内戦によって開催できたりできなかったり。最近では、二〇〇三年四月が最後」

　私が地引網と人形劇の壮大さに感動して聴き入っていると、セレスティン神父の話は内戦に移る。これらの漁が自由にできなくなったのが一九七七年からだという。一九七七年の選挙の際に、タミル政党が野党になったときから、民族問題が深刻化。一九八一年、一九八四年は特に状況が悪化した。一九八四年にはチェティクラムで五十人のタミル人住民が殺され、マナーでも政府軍によって住民二百人が殺された。その際は、セレスティン神父の家族もペーサーレの町人全員とインドへ避難。インドのマンダパン難民キャンプに収容された。

　セレスティン神父によると、インドに難民としてペーサーレの人びとが渡ったのは一度ではない。

「インドのキャンプから戻った後も、一九九〇年、一九九一年頃、インドから来た平和維持軍がスリランカ北部に駐在していた時期に状況が悪化、再びインドへ。そんなことの繰り返し」。

　話が終わり修道院に戻ろうとすると、突然雨が激しく降ってきた。仕方がないので、シスターと私は司祭館で待つことにした。司祭館の台所には料理人の女性と彼女の十三歳になる娘がいた。その娘は、これまで八年間呪いにかけられ苦しんでいるという。二人とも痩せていて、笑顔がまったくない。ヴァヴニヤにあるキャンプから来ているという。カレッジ・オヴ・エジュケーション（師範学校）の建物の隣にあるキャンプだという。シスターによると、そのカレッジのキャンパスは難民キャンプと化していて、北部のいろいろな地域から逃げてきた村人たちで溢れている。

母親の本来の村はジャフナにある。しかし、内戦のために家族はこれまで何度も村と避難した先のキャンプを追われ、「ヴァヴニヤのキャンプは十個目のキャンプで、十回目のキャンプ生活」という。ゲリラ軍側にいたときに、別の娘がゲリラ軍に入隊し、そのため手厚い支援が受けられた。しかし、その娘が戦いで負傷し「こっち側」つまり、政府軍側に移ってきたという。

母親によると、一緒に司祭館にいる呪いに苦しめられている娘は、セレスティン神父から治療を受けているのだという。セレスティン神父は、悪霊を人から追い出すことができる。

政府軍兵士の死

——七月二十四日

修道院のダイニングで、ちょうど明日が聖人ヤコブ（英語ではセント・ジェイムズ）の記念日だからと、ジェイムズ神父に手紙を書き終え、ニコラ・シスターと話しているときだった。私は窓に背を向けて座り、シスターは私の隣に向き合うように座っていた。突然、大きな爆風と音が窓から部屋の中に飛び込んできた。私は無意識にダイニング・テーブルの下に入った。料理人のジャヤンタという若い女性も、猛スピードで台所から走ってきて、シスターの横にしゃがみ込んだ。シスターだけは椅子に冷静に座っていて、私に机の下から出るように言う。

それから私たちは急いでチャペルの中に移り、聖母の前に座った。無言のままだった。恐怖から、手足が震える。もし身体から抜け出してしまうことができるのなら、自分はそうしたいと思う。それか、急いで透明人間になりたいと思う。恐怖で震える身体。でも、そこから出ることはできない。

シスターが静かに聖母を前に祈っている。隣の寮からは、子どもたちのいつもの話し声が聞こえてくるような気もする。悲鳴や大声はどこからも聞こえてこない。

しばらくすると、修道院の後ろに住む夫婦が、腰をかがめて隠れるように修道院に走ってきた。「シスター、シスター」と、囁き声で彼らが呼ぶ声がする。でも、シスターと料理人のジャヤンタには聞こえない。二人とも耳が遠いからだ。ジャヤンタは小さなときに爆撃で耳が聞こえにくくなったままだ。

「シスター、シスター」と、その奥さんは、少し大きめの声で呼んだ。私はチャペルを出て玄関の方へ行ってみるが、誰も見えないから引き返す。すると、チャペルの窓越しに、さっきの夫妻の姿が見える。シスターは立ち上がり、彼らを玄関から中に入れ、廊下のレセプションの椅子に座らせる。きっと夫妻は他の多くの村人たちのようにヒンズー教徒だ。

「土、土」と、一緒にチャペルにいたジャヤンタが、床の上に散乱した土埃を指さして、「ロケット弾。近くで爆発した」。私は、爆弾が近くで爆発したとは信じられず、ジャヤンタが大袈裟だと思った。

「近くで?」「うん。近くで」

しばらくすると、ロレーン・シスターが廊下でニコラ・シスターと後ろの家の夫婦と話している声がした。ひそひそ声なので何を話しているかまでは聞こえなかった。ロレーン・シスターが来ていると言うと、ジャヤンタは「何を話しているか行って聞いてみる」と出ていく。私はダイニングに戻り、そこに置いてきたサンダルを履く。急いでチャペルに避難したので、サンダルを履き忘れていた。

チャペルに戻る。そこで皆を待つことにする。もう左手の震えは収まった。でも、心臓の鼓動は依然として大きく速い。少し待っていると、ニコラ・シスターとロレーン・シスターが入ってきた。「ロレーン・シスターはちょうど現場に居合わせたそうよ」と、ニコラ・シスター。それからロレーン・シスターが現場の様子を話し始めた。

「ちょうど、そこの国道に面した小さな店で店員と話しているときでした。必要なオイルの名前が思い出せなくて、時間がかかっていました。政府軍のバスが数台通り過ぎて行った後、兵士の輸送にも使われる黄色いバスがやってきました。すると、突然音がして、でも、大きな音じゃなくて、爆竹の音に近い音。それから、バスは一〇〇メートルほど進みました。いつも猛スピードで走っているバスだから、急には止まれなかったみたいです。そして停止。あたり一面静まり返り、無線で話を始めた警官たちを除いては皆、誰一人、口を開きませんでした（警官たちは、政府軍兵士たちのように国道傍に防空壕を作り、見張りの仕事をしている。チェティクラムでは数十メートル置きに警察の防空壕が設けられている）。

ロレーン・シスターは続けて、「後ろから、バスがもう二台やってきました。そして、やっぱり近くに来てスピードを落とした。私は修道院に戻るために道を渡った。すると、一台の装甲戦闘車が近づいてきた。いつも兵士が二人運転席に座っているタンカーです。私はちょうど傘を手に持っていたので、その傘を振ってタンカーを停止させせました」

「あぁ」と、ニコラ・シスターが頭を抱える。なんでそんな無茶な行為をするのかと言いたいようだ。

「タンカーが停止した後、兵士に、何が起きたかわからないけれども、何か爆発したわ、と話して現場を去った。この修道服を着ていても、軍に疑われないというわけでもないですから。現場からすぐに立ち去るのが無難と考えました」

パキスタンから帰国して半年になるロレーン・シスター。小柄なシスターが白衣と白いケープを付け、黒い大きな傘を振って装甲戦闘車を停止させる姿が異様だった。彼女もコロンボ出身のタミル人で、シンハラ語を母語のように話す。きっと、政府軍兵士たちにシンハラ語で、自分の息子に話しかけるように話したはずだ。

「ロケット弾でも他の爆弾でも、近くで爆発するときは遠くで聞こえるような音は聞こえない」と、ジャヤンタ。今回の爆破音が爆竹の音のようだったというロレーン・シスターの証言は本当だと。でも、現場から二〇〇メートルほどの修道院では鼓膜が痛むような大きな音だった。ロレーン・シスターの話から、バスの中でなんらかの爆発事故が起きたのだろうと私たちは考えた。

だいぶ時間が経ってから、他のシスターたちが勤務先の小学校から帰ってきた。小学校は教会の通りを挟んで反対側、現場からさらに近距離に位置する。

「シスター、ずっと心配していたんですよ！」と、修道院に戻ってくるなり、若い三十代のジェニタ・シスターはロレーン・シスターに言った。笑顔でできているような顔をしているジェニタ・シスターが、今日は真面目で心配そうな顔をしている。ロレーン・シスターは、「シスター、私はあの現場に居合わせました。爆竹の音のような音がしただけです。それからバスがスピードを落とし、停止。大きな沈黙」と、現場の様子を簡単に説明する。

「いいえ、シスター。死者十六名、爆弾は自転車に仕掛けられていたと聞きました」とジェニタ・シスター。

ロレーン・シスターは驚いて、「自転車？　私はあの場にいました。通りには他に人はいませんでした。自転車もありませんでした。もしかしたら二人、道路沿いにいたかもしれません。確かではありません。でも自転車はありませんでした。あの場にいたんですよ、シスター」

「シスター、救急車」と、やっと救急車の音が聞こえたようで、料理人のジャヤンタが言う。音が聞こえてくる方角から、救急車は北西のマナー側からも、東のヴァヴニヤ側からも来ているとわかる。

「なんで救急車が必要ですか？　現場はチェティクラム病院の真ん前ですよね？」とジャヤンタ。

「死者十六名ですよ」と、ヒラリー・シスター。「近くにあった店はすべて爆風で崩壊しています」

「でも、シスター、通りに自転車なんてありませんでした」

ロレーン・シスターは顔を上げ、驚き困惑した様子で繰り返す。シスターたちは何が起こったのかについて話し続け、それからラジオのニュースで放送があった。

死者十名　全員スリランカ軍兵士
負傷者十四名　兵士八名、市民六名

それから私たちはアイスクリームを食べ、修道院長を務めるジャシンダ・シスターがヴァヴニヤから寮の子どもたち数名と戻ってくるのを待った。爆破事件が起きたのは午後一時半。修道院長のジャシンダ・シスターが子どもたちと戻ってきたのは四時十五分だった。戻ってきたジャシンダ・シスターの一言目は、「みんなどこへ行ったの？　通りには誰一人いない。この町全体が静まり返っている」。

沈黙の町

――七月二十五日

朝から、チェティクラムの町は静まり返っている。

今日は聖人ヤコブ、セント・ジェイムズの日。そして、今日はまた、世界中のタミル人が「黒の七月」と呼ぶ記念日だ。二十四年前の一九八三年のこの週に、スリランカでは何千ものタミル人がシンハラ人住民によって虐殺された。昨日の爆破事件はこの「黒の七月」、ブラック・ジュライ記念日の前日に起きた。誰も無関係であるとは考えない。今日はチェティクラムでも外出禁止令が出されているため、すべての店が閉められバスの台数もわずかだ。コロンボ・マナー間のバスが数台運行しているのみ。

ロレーン・シスターが砂糖を買いに出ていく。ヒラリー・シスターが買いに行ったのだが、店が閉まっていて買えなかったために戻ってきたからだ。ロレーン・シスターは店の後ろにまわり、こっそり買ってきた。

静まり返ったチェティクラムの町で、外を歩くことができるのはヒラリー・シスターやロレーン・シスターのような高齢のシスターだけ。コロンボで生まれた彼女たちは、シンハラ人の間でシンハラ語を話して育ち、タミル人ではあるが若いシンハラ人兵士に孫にするように話しかける。そして、高齢だからレイプされるといった恐怖もない。

「料理人」として修道院に置いてもらっているジャヤンタはまったく違う状況にある。彼女はまだ二十代。最近、村が空爆に遭い、ヴァヴニヤのキャンプに避難してきたが、身分証明書がないためキャンプで生活できない。彼女の両親が娘の行き場がないと困っているところへ、ニコラ・シスターがキャンプ訪問にやってきた。ニコラ・シスターは定期的にキャンプを回り、未亡人とひとり親世帯を支援している。そのシスターに、ジャヤンタの両親が泣きついた。ニコラ・シスターは、貧しく困っている人から頼まれたら誰であっても断らない。断れない。だから、仕方なく修道院へジャヤンタを連れてきた。

ヒラリー・シスターによると、「ニコラはいつも勝手に、こうやって人を連れてくる。今度の「料理人」も身分証明書がない。だから買い出しにも行けない。修道院から一歩も出られない。それにジャヤンタは少し脳に障害を負っているから、結局料理は私たちがする」

ニコラ・シスターは、他のシスターたちから苦情を言われることを十分承知で、いつも誰かを修道院に匿っている。私も、そんな匿われている女性たちの一人だ。

私は先週の火曜、十七日にチェティクラムに来て以来、修道院と、隣接する司祭館の敷地から一歩も外へ出ていない。修道院に閉じこもっているうちに一週間が過ぎ、二十四日火曜に政府軍のバス爆破事件が起きた。爆破に使われたクレイモー地雷は、米軍が開発した最新の地雷兵器でリモート操作が可能だ。スリランカ北部で人びとはこれを「クレイモー」と呼び、誰もが知っている名前だ。

ヒラリー・シスターとロレーン・シスターの昼食の席の話では、地雷が爆発した後、バスの中で兵士たちが「母さん！　母さん！　アンメー、アンメー」とシンハラ語で合唱していた。爆発の後、町が静まり返ったのは、皆が兵士たちによる無差別な発砲を恐れたため。「通常であれば、政府軍兵士が殺されれば、その恐怖から他の兵士たちが無差別にカラシニコフで発砲を始める。これはもう、恐怖からの生物的連鎖反応。北部では皆がこれを経験しているから、誰も家を出ない。物音を立てない。今回、これがなかったのが不思議だ」。「政府軍兵士が殺されれば、軍は必ず仕返しをする。軍による仕返しは何十倍、何百倍の規模になる。市民が犠牲になる」

マナー島へ避難

――七月二十六日

この日、ニコラ・シスターは密輸業者のように、こっそりと私をチェティクラムの修道院からマナー島のパッシムにある修道院へ移動することを試み、成功した。朝、まだ私がベッドで寝ているとき、寮の子どもたちが庭掃きをしている音がした。寝坊をしてしまった。シスターたちはすでにチャペルで祈りを始めているはずだ。シャワーを浴び終えると、窓の方から誰かが私の名前を呼ぶ声がする。「さよなら、バーイ。今日、あなたが去る日よね」と。ヒラリー・シスターだ。どうやら、シスターたちは、これ以上私をこの町に置いておくのは危険だと判断したようだ。

午前中、料理人のジャヤンタと一緒に過ごす。彼女は、私が二日間ほとんど台所に顔を出さなかったため、怒っていると考えたようだ。十一時半になると、二人の若い女性が修道院にやってきて、玄関のレセプションの近くで誰かを待っているようだった。二人とも大きな黒いスポーツバックを提げていた。

十二時十五分、ニコラ・シスターと私は修道院を出発。レセプションで待っていた二人の女性たちも一緒だ。私は自分の荷物をすべて持って出た。次に何が起こるかわからないからだ。修道院の庭の裏口からこっそりと敷地の外へ出る。草の生い茂った何年も耕されていない畑の中を歩いて国道十四号線の近くに着いた。ちょうどヒンズー寺院の隣で、マナー行きのバス停から一〇〇メートルほど離れたところだ。黒いスポーツバッグを重たそうに提げている二人の若い女性たちに、シスターは私を指差して、「みて、この人は何ヶ月もスリランカとインドを回っているのに、小さなカバン（綿のエコバッグ）の中に入れられる量の荷物しか持っていない。なのに、あなたたちはこんなに荷物を持って」と言った。二人ともチェティクラム出身で、マナー島へ仕事に帰るのだが、これまで帰る手段がなかった。シスターがマナーに行くという話を聞き、シスターと一緒であれば安全だろうと判断し、同乗することになったという。

バスを待っていると、国道沿いの防空壕の中から五十代の禿頭の警官が出てくる。私は、それは軍の防空壕だと思っていたが、警察のものらしい。「警察。襲ってくる心配はない」と、ニコラ・シスター。「警察はこの町にずっと以前から駐在している。今度新たにやってきた軍のように、完全に外の人間じゃない。勝手に家の中に入ってきて、殴ったり殺したりしてこない」

私たちは、そのままコロンボ発マナー行きのバスを待つ。あたり一面が凍りついたように静かだ。まるで、夜のうちに冷え込んで薄く張った氷に、すべてが張り付いているかのようだ。少しでも余分な体重をかければ、割れて全体にヒビが入ってしまう。緊張が張り詰めていて、今にもパリッとどこかでそれが割れる音がしそうだった。

無音、静止、無風。そんな風景の中、マナーの方向から一人の老人が足を引きずって歩いてくる。背の高い、白髪頭の八十歳近い男性だ。ゆっくりと、でも確かに動いている。彼が唯一、凍りついたチェティクラムで動いているものだった。半袖のシャツに腰巻姿。シャツのボタンは一つしか止められていない。

私たちの近くまできて、その老人は止まった。そこにあった道路脇のヒンズー神殿の前で靴を脱ぎ、右腕を三回上下に動かした。上は額、下は胸を触った。でも、老人の体はコロンボの方向を向いていて、神殿の方には向いていなかった。私たちは老人を凝視した。警官も向こう側から老人を見つめていた。それから、老人は神殿の中をひとまわりして、帰っていった。私たちの立っていた場所から、その神殿が近かったため、私は老人が私たちを追い払うのではないかと心配だった。

しばらくすると、老人はまた同じ場所に戻ってきた。そして警官と話をし、消えていった。しばらくすると再び現れ、今度は大きな長い緑のバナナの葉を旗のように掲げて歩いてくる。ニコラ・シスターが老人に葉を何に使うのかと聞くと、老人はニヤッと笑い、噛みタバコで真っ赤に染まった歯が、彼の口から顔を出した。私は怖くなった。

バスがやっと到着したのは午後一時近くになってから。途中で、先ほどの警官が防空壕から出てきて、国道沿いに立った。ニコラ・シスターは通りを渡り、警官のところに行き、シンハラ語で、マナー行きのバスが来るか聞く。警官は親切にシスターに答え、それから私たちにも親切だった。私たちと同じ年頃の娘が南にいるのかもしれない。バスがやっと見えてくると、その警官が遠くで待つ私たちにシンハラ語で声をかけてくれる。「バス、来ましたよ」。私たちは大急ぎで国道まで走る。

バスの中は私服を着たスリランカ軍兵士ばかりだった。南部から北部へ仕事に戻るこのシンハラ人の若者集団は、年配のシスターを見ても手をかさない。通路から身動き一つしない。当然、席も譲らない。若いタミル人の二人の女性たちは前方のドアから乗車できず、後部ドアに回る。シンハラ人兵士たちに二人は取り囲まれるかたちとなった。シスターがバスの前方通路からわざと大声で彼女たちを呼ぶ。「乗ることができましたか?」「荷物は乗せられましたか?」「はい。シスター、私たちは後ろから乗りました」。「シスター、大丈夫です」と彼女たちも大声で答え、あえて「シスター」を強調する。

バスが動き出す。途中、巨大な貯水池(ジャイアント・タンク)と呼ばれる灌漑ダムがある。この巨大貯水池周辺は、内戦が北部の農業を破壊するまでは、スリランカ屈指の稲作地帯だった。しかし今は、水田はすべて放棄され何年も耕された様子がない。刈り取られないまま野生化した稲が信じられないほど高く伸びている。その高く伸びた稲の先には、ほんのわずかな実しか付いていない。

以前、ジャイアント・タンクの西側を線路が走っていた。英国植民政府がインドへの紅茶、香辛料の輸送のために建設した線路だ。内戦によって線路が放棄される一九九〇年まで、コロンボからマナー島のタライマナーまで人は電車で移動し、そこから対岸のインドのラーメーシュワランまで船で渡ることができた。今は、ジャイアント・タンクの線路跡の下に、政府軍が防空壕を数十メートル間隔で設け、その中に兵士たちが潜んでいる。

無事にマナー島パッシムにある修道院に到着する。夕方の祈りの場で、ニコラ・シスターがその日の祈りを捧げた。まずは無事にチェティクラムから移動できたことを神に感謝。シスターにとっては、これは単なる偶然ではなく、他力。聖母とイエス様のおかげ。

「主よ、どうか爆弾が投下されている村々で、何度も村を追われ生活に困っている人びとをお助けください。この戦争がすぐに終わりますように。そして、二度と戦争が起こりませんように。あなたを除いて、誰も平和をもたらすことはできません。だから、私はあなたにお祈りします。

聖母様、あなたのためにお祈りします。マドゥ地域が政府軍によって占領されることがありませんように。マドゥの聖母教会が、貧しく苦しむ人びとの避難所であり続けることができますように。いかなる軍隊も教会を占領することがありませんように」

軍の復讐

——七月二十七日

「南極の氷が溶けると、この地域に魚がやってきます」と話すのは、ペーサーレ漁業組合長のペイリスさん。ニコラ・シスターと私は、マナー島の漁業について知るために、ペーサーレにペイリスさんを訪ねた。「マナー県には合計三十二の漁業組合があり、七千人のメンバーがいます。メンバーのうち、千二百四十人はペーサーレの漁師です」

　マナー県では漁村は、マナー島と対岸の本土側の海岸沿いに集中している。一番大きな漁村がペーサーレ。マナー島のちょうど真ん中の一〇マイル地点に位置する。二番目に大きな漁村は、本土側にあるヴァンカーレ村。ペーサーレには現在、四十四隻のトロール船と九つの地引網、二百六十隻のファイバーグラス・ボート、八十隻の伝統的な小舟（テッパム）があるという。

「昨年の夏にペーサーレで起きたこと」と、次にペイリスさんは海軍に海が占領されているペーサーレの現状について話した。

「二〇〇六年六月十七日、朝七時の出来事です。その日は、数人の漁師が漁に出ていました。当然、漁に出る前に警察の検閲所で、身分証明書と海軍が発行する漁の許可証を提示していました。沖に出ると、彼らは十一隻のゲリラ軍のボートを発見。漁師たちは急いで戻ってきて警察に報告。警察は海軍に報告しました。すぐに、海で海軍と「虎」の間で戦いが始まり、その結果、海軍兵士が二十三人死にました」

　ペイリスさんによると、戦いの後、海軍兵士の死を受け、ペーサーレの海岸で、ゲリラ軍のボートについて通報した七人の漁師が海軍によって処刑される。ゲリラ軍の存在を通報した彼らが、なぜか処罰される。一人はペルンカリパトゥ出身、他はすべてムスリム。生活苦から、その日漁に出なければ食い繋ぐことができなかった人たちだった。

一方その日、町の教会には、宗教に関係なく、老若男女、町中の人びとが逃げ込んでいた。海軍を恐れ、教会の扉を中から閉めていた。すると、海軍は教会の入り口の扉の下の隙間から発砲を開始。人が溢れる教会の中、逃げるスペースもなく、多くの人が負傷。一人の兵士は教会の窓から手榴弾を投げ込み、それが破裂し一人が死亡。

それからスリランカ海軍は、ペーサーレ海岸に停泊していた三十八隻の漁船、十一機のエンジン、合計一千七十万円ほどの網とロープに放火し全焼。これだけで被害総額は一億八千九百万円。さらに、ペーサーレの海岸で「ヴァンカーレ・パードゥ」と呼ばれる、この時期、ヴァンカーレの漁師たちが漁に出るために利用している浜へ行き、五隻の漁船と五十二機のエンジンに放火。こちらの被害総額は五千二百六十万円ほど。ペイリスさんは漁業組合長として被害総額を算出し記録しているから、金額に間違いはないという。

「教会に発砲され、手榴弾が投下され、ボート、エンジン、網などすべて焼かれる。このようなことの繰り返しの中、私たちは生きてきた」

ペイリスさんの話を聞きながら、私は数日前にチェティクラムで起きたクレイモー地雷による政府軍バス爆破事件を思い出した。あのとき、シスターたちが「政府軍兵士が殺されれば、軍は必ず仕返しをする。軍による仕返しは何十倍、何百倍の規模になる。市民が犠牲になる」と話していたことを思い出した。この軍の復讐を恐れ、ニコラ・シスターは私をこっそりとチェティクラムからマナー島へ避難させたのだろう。

「一昨年の十二月にはこんなこともあった」と、ペイリスさんは次の話を付け加えた。二〇〇五年十二月二十二日、ペーサーレでクレイモーが爆破。二十五～三十人のスリランカ兵が死亡。その復讐として、軍はペーサーレの公営住宅百棟に放火。カジャンで建てられた家々であったため、あっという間に燃え尽くした。逃げ遅れた漁師の夫婦と、一人の母親と幼児が焼死した。


　ペイリスさんのもとからパッシムにある修道院にニコラ・シスターと戻る。シスターたちが話している。「マナーの町へ行くときは、いつも不安。何かが起きたら、すぐ無差別に発砲してくる」と一人のシスター。「人は皆、自分のいのちを守る責任がある。他の誰も代わりに守ることはできない」とニコラ・シスター。そういう彼女は、私の身の安全を「神から任せられ」いつも心配し見守っている。

「ナーナータン村で、この前、夜中にロケット弾攻撃があった。そのとき、ある家では、夫が飛び起きて家を逃げ出したまま朝五時まで戻ってこなかったんだって！」と、もう一人のシスター。こちらは笑い話。家族を残して自分の身を守るため逃げ出した無責任な父親の話だ。

　チャペルでニコラ・シスターが祈っている。夕べの祈りの会で、声を出して祈っている。

「神よ、どうか今夜、死の危険に晒されている人びとをお守りください。死と、行方不明と、拷問と、殺害から、どうぞ彼らをお守りください。とりわけ、連れ去られた人、行方不明者、拘束された人、無理やり徴兵された者たちを」

　ニコラ・シスターの中では、すべてが善と悪の戦いだ。善はイエスのみ。悪は政府軍やゲリラ軍を利用して貧しい人びとを苦しめ死に至らせる。

トータヴェリ殉教跡地

――七月二十八日

朝六時半からのミサの後、ザビエル神父と少し話をする時間があった。三十年近く民族紛争の中をマナーで生き抜いてきた人物だ。一九九〇年十月、ゲリラ軍は、マナー島を含むスリランカ北部全域に住むすべてのイスラム教徒に北部からの強制撤去を命じる。インドに近いマナー島では、遠い祖先がインドから渡ってきた村がほとんどだ。南インドの主に沿岸部に祖先の村があり、彼らの祖先がカトリックに改宗したのは十五世紀、イスラム教の布教はそれより四世紀も前から始まった。元は皆、ヒンズー教徒だ。一九九〇年の時点で、マナー島では、ムスリムは人口の三分の一を占めていた。

ザビエル神父は「ムスリム住民の強制退去は、大きな過ちだ」と、ムスリムの側に立ち最後までゲリラ軍と交渉した。「この島で、ムスリムの人たちとタミル人は、カトリックもヒンズーも、何百年も一緒に暮らしてきた。互いが生活の一部となっている。そのムスリムの兄弟たちに、ゲリラ軍は二十四時間以内に島から出て行けと命じた。この島だけじゃない。ジャフナ、ムラティヴ、ヴァンニ、北部のすべての市町村から出て行けと。ゲリラ軍が犯した大きな過ちだった」

当時マナー島を占領していたゲリラ軍は、ザビエル神父など地元の有力者たちの意向を聞き入れず、「上から命じられたから」と、イスラム教徒の強制退去を執行。ムスリム住民は行き先もないまま、島を去るための移動手段も与えられないままカラシニコフを向けられ、「直ちに去らなければ撃ち殺す」と言われたという。ザビエル神父たちは慌てて船を手配し、それで何度も北と南を往復して、マナー島のムスリム住民を南へ運んだという。歩いて南に渡った家族も多い。途中、マドゥ教会が、北部のあらゆる市町村からやってきたムスリム住民の一時避難所となった。

　ムスリム住民の話の後、私はザビエル司祭に、自分が今年、夏休みを利用して調査に来ていること、来年再びこの地に戻って、一年半ほど長期間滞在して調査をしたいと話す。すると神父は、「来年、あなたが調査に来るまでに戦況が悪化し、マナー島まで広がったとしても、ここに今いる人びとはここに残るのです。四万人から五万人の人がこの島に住んでいます。彼らは、他に行くところがありません」と。

　また、ザビエル神父の考えでは、私は、マナー島にあるトータヴェリを調査地とするのが良い。トータヴェリは、マナー島のちょうど真ん中にあり、一五四四年に、当時スリランカ北部を治めていたジャフナのヒンズー教の王によって、六百人ものカトリック教徒が殺された殉教跡地。アジアの殉教史の中でも最初に登場する有名な話で、秀吉によって長崎の西坂でキリシタンが処刑されるよりも半世紀も前の話。

　ザビエル神父は、「トータヴェリには、対岸のゲリラ軍地域から避難してきたペルンカリパトゥ村の人びとが住んでいます。彼らの避難生活が長期化し、ペーサーレのキャンプでは収容できないほど数が増えていること、そういった理由から、司教が教会の土地であるトータヴェリに彼らのキャンプを移すことにしました。あそこだったら、ペルンカリパトゥ村の住民しかいないし、他のキャンプのように海軍基地に隣接しているわけでもない。他よりは安全じゃないかな」と。「なるほど」と、ニコラ・シスター。

「トータヴェリは、ペーサーレやタールヴパードゥといった大きな漁村に近く、マナーの町からも遠くない。マナーの町にはカレッジや病院もある」。それから二人は、「ヴィー・ピーもいますから」と。

私に何か起きたときに対応してくれる、信頼できる人物「ヴィー・ピー」が近くにいるという。

　このザビエル神父との話し合いから、ニコラ・シスターは、トータヴェリに最近設けられたキャンプ、「ハレルヤ村」を私の調査地の候補の一つとした。候補といっても、他に有力な選択肢があるわけでもなかった。

二つに分断された県

『二〇〇七年十二月末現在のマナー県の人口統計』（マナー県庁・二〇〇八年）によると、二〇〇七年十二月末時点で、他県から避難しマナー県内のキャンプにいる人たちを含め、マナー県には約十万三千七百人が住んでいる。そのうち、マナー県出身者が八万九千人、県外からの避難民が一万四千人ほどいる。二〇〇七年十二月末時点の、マナー県出身者の総人口は十八万五千人（推定）。そのうち、マナー県在住の県民は約半数の九万人。三割（約五万六千人）がスリランカ国内の他県に避難民として暮らし、そのほとんどはゲリラ軍支配下のヴァヴニヤ県の一部、キリノッチ県、ムラティヴ県に取り残されている。県民の五人に一人の四万人は、難民としてインドのスリランカ難民キャンプで暮らす。

　県の面積は約二千平方キロメートル。大阪府ほどの大きさで、二〇〇七年の時点では、県土の半分がまだ「未開地域」、つまり、依然としてゲリラ軍が支配している地域で、残り半分がすでに政府軍の手に落ちた「開放地域」と行政用語で呼ばれる。未開地域は、マナー島対岸のマドゥ教会のある本土側の地域で、キリノッチ県（ゲリラ軍司令部が置かれている）とムラティヴ県、ヴァヴニヤ県と接する地域だ。

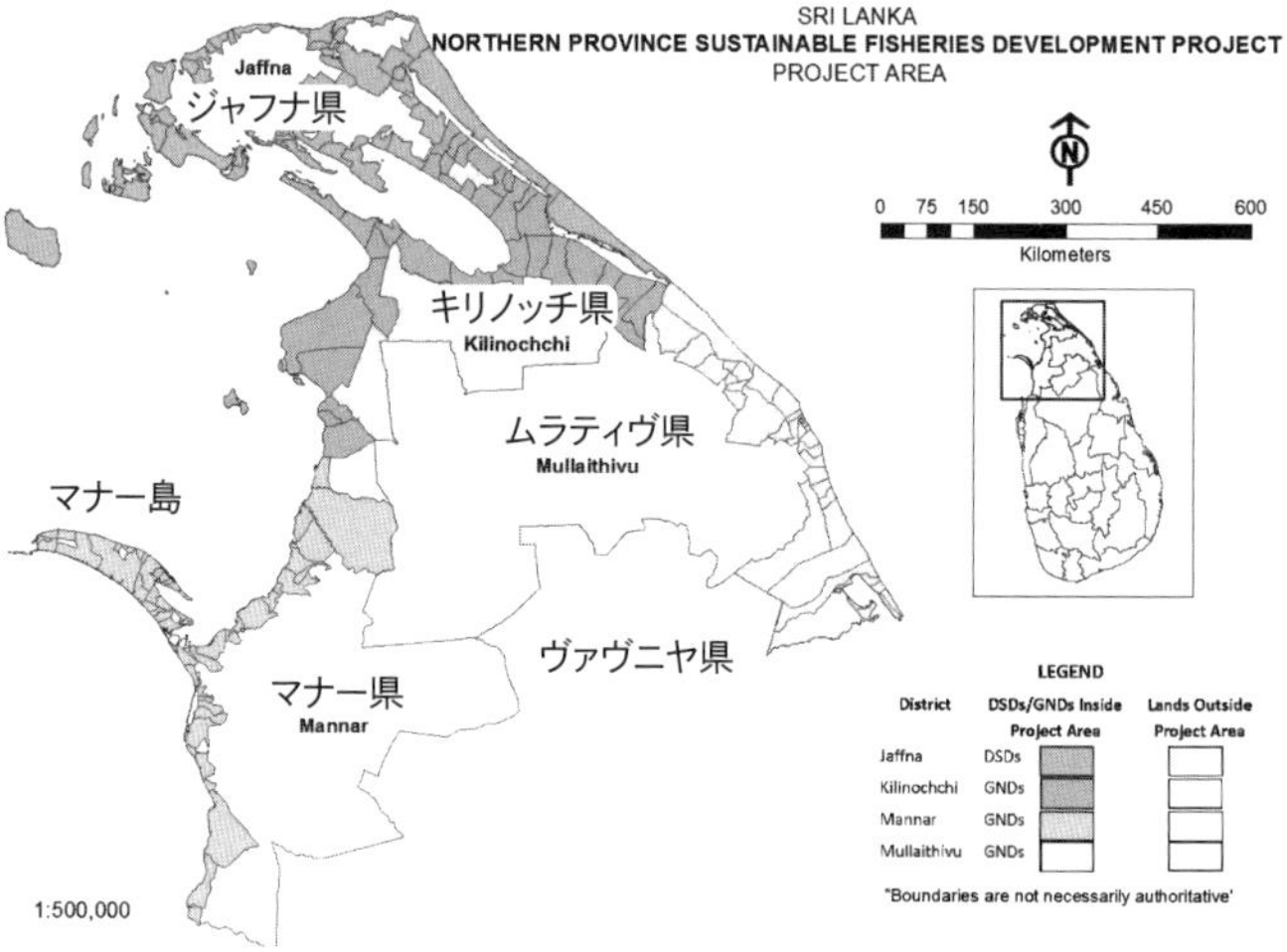

スリランカ北部の沿岸部
（アジア開発銀行「Sri Lanka: Northern Province Sustainable Fisheries Development Project」最終報告書より作成）

マナー島は開放地域に入る。ゲリラ軍が支配する未開地域に残っている県民は、皆、マナー島に避難したい。政府軍占領地域に住みたいからではなく、ゲリラ軍の徴兵と政府軍の攻撃を恐れるからだ。ゲリラ軍は政府軍側へ人びとが逃げることを禁止していて、とりわけ青少年の子どもがいる家族は、ゲリラ軍支配地域から避難したいができないのが現状だ。政府軍側とゲリラ軍側を自由に行き来できるのは、年老いて戦力とならない老人のみ。未開地域では、最低一家族一人は兵士としてゲリラ軍に徴兵される。ゲリラ軍は徴兵逃れの目的での人の移動をとりわけ厳しく取り締まっている。生活苦から、ゲリラ軍に参加しなければ食べていけない家族がほとんどだ。

ハレルヤ村再訪

――七月三十一日

この日、ニコラ・シスターと私は、トータヴェリ殉教跡地にあるキャンプ、「ハレルヤ村」を訪ねた。私が初めてこのキャンプの村人たちに出会ったのは、二〇〇三年。当時キャンプは建設中だった。マナー島を初めて訪ねたとき、途中でバスを乗り換えた場所だった。数人のペルンカリパトゥ村の若者たちがバス停にいて、ペーサーレの避難民キャンプで四年間ほど暮らしているが、人数が増え、キャンプに人が溢れているため、マナー司教が教会の土地にヴァンニ（ゲリラ軍支配地域）のペルンカリパトゥ村から避難している人たちの避難先を移す計画だと話していた。その若者たちの中に、一人英語を話す青年がいた。彼は、一九九九年にペルンカリパトゥ村で「本当に起きたこと」について、そのとき私に話をしてくれた。村人全員がペルンカリパトゥ村を捨て逃げることになった出来事だ。

「虎のメンバーたちが村の教会の中に入ってきて、聖櫃（タバーナクル）を床に投げ捨てた。実際にあの日に起きたことだ」と。

「？」私には意味がわからなかった。だから事の重大さも理解できない。

「聖櫃とは？」

「ご聖体（ホスティア）が収められた容器」

「聖体とは？」

「このくらいの小さなパン。タミル語でアッパムと呼ぶ」と、青年は片手の親指と人差し指を合わせて輪を作ってみせる。何のことだろう。

「キリストの肉」

「？」

「虎の兵士の一人が、ホスティアを床に投げ捨て、「お前たちは、こんなものを信じているのか」と言った」

そのとき、ペルンカリパトゥ出身のその青年は、聖餐式（キリストの肉であるパンと、血であるブドウ酒が信者に分け与えられる儀式）についてまったく無知な私を前に、この外人は、キリストの体であるパンが入った聖櫃が、ゲリラ軍によって教会の床に投げ捨てられたことの重大さについて理解できるはずがない、と思ったに違いなかった。

当時、青年たちが私に伝えたかったのは、何百年にもわたりカトリックの信仰を貫いてきた村人たちにとって、聖体ほど大切なものはないということ。村人たちは、自分の命を犠牲にしてもそれを守るほどだ。それを「虎」が床に投げ捨て、「お前たちはこんなものを信じているのか」と嘲笑った。この村人たちに、四年間のペーサーレでのキャンプ生活の後、生活再建の場として、カトリック殉教の地トータヴェリが与えられた。そのキャンプが、ハレルヤ村だ。

「平和以外は何もいりません」

七月三十一日の午後、マナー島のサレジオ会の修道士でニコラ・シスターの古くからの友人の修道士が、車でニコラ・シスターと私をハレルヤ村まで送ってくれた。修道女になるために研修中の少女がたまたまハレルヤ村出身であったため、まず彼女の家を訪ねる。すると、その少女の祖父が援助を求めてきた。娘の一人が身体が不自由なため、お金の援助が必要だと言う。私の回答を待たず、シスターは、その祖父に、「ファーザーにお願いしてみてください。彼女のような人を支援している修道会の施設がマナーの町の近くにあるので、そこに聞いてもらってください」と答えた。私が外国人なので、当然私が何かの援助団体からやってきたと考えたのだろう。

　その老人とまったく異なる言葉を口にしたのは、キャンプの婦人会の会長のニャーナム。「私たちは何の援助も必要ありません。一ルピーも要りません。平和以外は」。平和さえ取り戻すことができれば、自分たちには村を再建するための力が十分にあると。


　修道女になるために学んでいる少女の家を出て、次にシスターと私はヴェラという名前の未亡人の家を訪問した。シスターがマドゥ教会にいた一九九八年に、ペルンカルパトゥ村から避難していたその未亡人と当時八歳の息子を、シスターは長年支援してきたという。シシリアという名前の高齢の母親が一緒だ。十八歳になる息子は、現在カタールに出稼ぎに行っているという。シスターを通してもらったひとり親サポート資金を一生懸命貯金し、そのお金で息子をカタールに送ったという。

　しばらく話していると、ひとり親の会と婦人会のリーダーのニャーナムがヴェラの家にやってきた。五十歳になるニャーナムは小柄で少し白髪混じりの頭に、美しい小さな顔と静かな微笑みをいつも浮かべている。機転が利き、何を質問してもすぐ答えが返ってくる。言葉に重みがある。ニャーナムによると、現在キャンプには三百五十家族が暮らす。そのうち三十家族がひとり親世帯。

「男たちは海に漁に出る。でも、彼らの身に何が起こるかわからない。戻ってくれば、戻ってくる。戻ってこなければ、戻ってこない」

「私たちは、虎と政府軍の間に板挟みに遭っている。だから、どちらに頼ることもできない。一方は徴兵。もう一方は連行」

「移動の自由がない」

そこまでニャーナムが話すと、今度はヴェラもジェスチャーを交えて続ける。

「一九九九年六月に母村ペルンカリパトゥから避難した。村人が一斉に避難することはできなかった。政府軍のロケット弾攻撃が続いていて、その時村を占拠していた「虎」は、村人たちに内陸部へ移動するようにと命令。それを私たちが拒否すると、村人たちが避難していた教会に爆弾を打ち込んだ」

どうやら、誰かが村の教会を爆撃し、それを機に村人たちは村を去ることになったようだ。

「つい三日前、ペルンカリパトゥ出身の虎の兵士が海軍に処刑され、キャンプで鐘を鳴らして弔った」

話は次第に、ハレルヤ村に移動する前のペーサーレでのキャンプ生活に移る。長期化し、とにかく大変だったという。

「ペーサーレのキャンプで四年ほど暮らした。避難民で溢れていて、ひと家族、四畳ほどのスペースが生活空間で、小さな台所が外に設けられていた。椰子の葉でできた簡易住居だった。マナー県の本土側のいろいろな村から逃げてきた人が混ざって住んでいた」

「何といっても仕事がなかったから皆が苦労した。最初の一年半は配給制で食糧支援があり、米と小麦粉とダール豆と砂糖が配られていた。十分な量ではなかった。ひとり親にとっては、なおさら大変だった。ペーサーレの町の人の家で料理や掃除といった家事の仕事を手伝ったり、海から上がった網から魚を取って仕分けしたり、周辺の藪から薪を取ってきて、それを売り生活した。男たちは、ペーサーレの漁師たちの日雇いとして働いた」

「問題は海軍。去年、漁師たちが海軍に浜に並べられペーサーレの海岸で処刑されたとき、ペルンカリパトゥの漁師も殺されたうちの一人だった」

そう、そういうこともあったと頷くニャーナム。一緒にヴェラの隣で床に座り聞いている母親のシシリア婆さんは、歯のない口を動かしながら、ユーモア豊かに手振り身振りでヴェラたちの話に合わせて当時の苦労を実演してみせる。

「村の誰かが死んだときは漁に出ない。すると、まず間違いなく海に仕掛けた網はインド人漁師たちに奪われる。マナーの漁師たちが海軍の規制を受け漁に出られないときでも、インドから漁師たちがトロール船でやってきて、マナーの漁師たちの魚まで網ごと奪っていく」

「ゲリラ軍による徴兵の問題。ひと家族から一人は最低連れていかれる」

「米、玉ねぎ、ダール豆、石鹸など、生活必需品の値段が跳ね上がっていて手が届かない」

「空腹の問題」

「多くの若者がアル中。深刻な問題！」

それから、少し誇らしげに、「ハレルヤ村は自分たちで開拓した。以前はジャングルだった。男たちが漁に出ている間、女たちがジャングルを切り開いた。毎日ペーサーレからトータヴェリまで通った。母子家庭にとっては大変な仕事だった」

ニャーナムによると、キャンプには現在千五百人（三百五十家族）が住み、小中学校に通う子どもたちが六百人。マナーの町の「聖サビエル高校」に通う生徒が二十人いる。男子校。うち五人はキャンプから通い、残りは高校の寮に入っている。タバコ一本十三円。日本みたいに箱ごとではなく、一本ずつ売っている。それでも、高額なタバコを買える村人は少ないから、安い巻きタバコを吸うのが普通。

高校に息子を送るにはある程度の経済力がないと無理。家族一人につき月額最低一万二千円の収入がなければ、子どもを高校へ行かせる金銭的余裕はない。

高校に村から通う五人の名前は、「ニクソン、スターリン、ラージ、ベニル、ヴィクター」。アメリカの大統領の名前が多いのは、立派になって欲しいという願いから。クリントンもいる。

ヴィンセント・パトリック神父

——八月五日

「ヴィー・ピー」と村人たちから親しみ深く呼ばれているのはヴィンセント・パトリック神父。名前の頭文字をとって「ヴィー・ピー」。六十代半ばのヴィー・ピー神父はヘナで白髪を染めているため栗色の髪の毛が本来の黒と混ざっている。若い頃はがっちりしていたようだが、糖尿病を患ってから好物の砂糖を取っておらず、今は痩せていて、見かけは日本の社会科の教科書に載っているフランシスコ・ザビエルのよう。少し困ったような笑顔を出逢う人皆に見せ、いつも先を急いでいる。

　私が初めてヴィー・ピー神父に出会ったこの日、神父は偶然ハレルヤ村を訪ねてきた。「ヴィー・ピーの白いバンが見えると、村の男たちは皆、家の中に避難する」と言われるほど、村の男たちからは恐れられ、女たちからは激愛されている。昨年から近くでアルコール依存症・薬物中毒者のための療養施設を運営している。修道会ではなく、教区に属する司祭たちは通常五年ごとに移動となる。ヴィー・ピー神父は、ハレルヤ村の村人たちがまだ母村ペルンカリパトゥにいた一九九四年から五年間、ペルンカリパトゥの司祭だった。

　私が「司祭様、どうかペルンカリパトゥの人たちの直面してきた問題についてお話を聞かせてください」と、ニコラ・シスターから借りたテープ・レコーダーを取り出すと、「ちょっと今、急いでいます」と。でも、村人たちが「ヴィー・ピーはいつも急いでいるから、インタビューの機会は逃さない方がいい」と言うので、無理にお願いする。少し改まって、私は、録音機を向け、「ペルンカリパトゥの村人たちはこれまでどんな問題に直面してきましたか？」と聞く。彼はインタビューをされることに慣れた様子で、応じる。

「私の名前はヴィンセント・パトリック。これまでペルンカルパトゥの人びとと一緒に何年か仕事をしてきました。ペルンカリパトゥで私が直面した問題は、どうやって二つに分断された村を一つにまとめるか。村人たちは二つのグループに完全に分断されていましたし、村には二つの教会がありました。そして、それぞれ教会を中心にまったく別に組織され、二つの村が一つの村の中にあるような状況でした。この問題の深刻さについて、私は前任者たちから話を聞いていましたから……」

何と、ヴィー・ピー神父からすると、内戦よりも大きな問題が村にはあった。

「私は、前任者たちのように、村人たちの言いなりになることは、最初からしませんでした。日曜になれば二つの教会でミサをしなければならない。すべて二回する必要がある。こっちの教会でミサ、それからあっちの教会でミサ。でも、二つの教会は数百メートルしか離れていない。だから、私は「自分は日曜は一回しかミサをしない」と最初に宣言しました。これに、村人たちは猛反対。殴られそうになったこともあります。百年ほど前に起きた小さないざこざを発端に、村は二分されたのですが、それ以降、何十年も互いに話をしていない、互いの教会には入らない、結婚相手をもう一方のグループから選ばないなど、いろいろと「伝統」がありましたから」

ヴィー・ピー神父は粘り強く主張を貫き、最終的には村人たちが折れ、神父に従うようになったという。「今週こっちの教会でミサがあったら、次の週はあっちの教会。今年のイースターがこっちの教会で執り行われたら、次の年はあっちの教会。そんな具合に」

一九九九年に、ペルンカリパトゥの村人たちが村からマナー島に逃げてきたとき、ヴィー・ピー神父はちょうどペーサーレ教会の司祭に移動となっていた。だから、「避難民となって、彼らはまた自分のところにやってきた」と言う。

そこまで話していると、車のエンジンの音が聞こえた。キャンプ入り口の井戸のところで神父と私は話していたが、エンジンの音がする方向へ振り向くと、アル中センターで神父と一緒に働く男性たちが神父を呼んでいる。「捕らえました」と。

誰か、アル中患者を捕まえに今日はハレルヤ村に来たようだ。「よし。では帰ろう」と、ヴィー・ピー神父は白いバンの助手席に飛び乗り去っていく。バンは最近ペーサーレの町の人たちがアル中センターに寄付したのだという。

ハレルヤ村の村人たちにとっては、ヴィー・ピー神父は、分断された村を一つにまとめてくれたファーザーでもあり、自分たちが一番大変だったペーサーレでのキャンプ生活の間、世話してくれたファーザーでもある。アル中センターは去年スタートしたばかりだという。

「自分の家がある人には、失った人の苦しみはわからない」とニャーナムが言う。ハレルヤ村の女性たちのリーダー格の彼女に、もう一度言ってくださいとお願いすると、「自分の家がある人には、失った人の苦しみはわからない」と、忘れないように私のフィールド・ノートにタミル語で書いてくれる。

「一つのロケット弾、一体いくらする？　毎日投下されている。そして、その下で人びとは一日二〇〇ルピーさえ稼ぐのが難しい状況にある」

ハレルヤ村の漁師たちは、現在日雇いで漁に出ている。賃金一日二〇〇ルピーだという。

母村ペルンカリパトゥでは、ニャーナムの家は七部屋あった。さらにキッチンも。家族十一人で暮らしていた。村を追われペーサーレのキャンプに来てから、皆が寝られるスペースもなく、結局子どもたちは毎晩別々の場所で寝ることになった。「母親は彼らが何をしているかもわからない」「自分の村、自分の家がある人には、問題の深刻さがわからないでしょ」

「平和とは、漁に出られる、子どもが学校へ行ける、働ける、そういうこと」とニャーナム。「わかる？」と、私を見つめて聞く。子どものように目が輝いている。

二〇〇七年八月一日から六日まで、約一週間、私はハレルヤ村のヴェラという未亡人の家で寝泊まりし、ヴァンニのペルンカリパトゥ村出身の村人たちの、ハレルヤ村でのキャンプ生活について学んだ。ニコラ・シスターはその間、マナー島のパッシムの修道院に滞在していた。私がハレルヤ村から修道院に戻ると、シスターは私を連れて再びチェティクラムの修道院へと戻った。

チェティクラム修道院に戻る

——八月九日

チェティクラム修道院。夜中、二時四十五分頃、「奴ら」の物音がした。ヒラリー・シスターが英語で「ラスカル」（憎たらしい奴）と呼ぶスリランカ兵たちが、私の寝ている部屋の窓の外まで来ている。修道院の犬が泣き出した。「しーっ」と、犬に一人の兵士が言う声がする。煙草の臭いがする。犬は言うことを聞かない。犬の鳴き声が隣の寮の方へ移動すると、私は起き上がり部屋を出た。兵士たちが、私の足音を聞いたかもしれない。でも物音を立てないよう大きなホールを静かに歩いて通り抜け、ニコラ・シスターの部屋まで行く。

「シスター、シスター」と、ニコラ・シスターを起こす。「誰かが外を歩き回っています」

「じゃあ、こっちに来なさい」と、ニコラ・シスターは私を呼び入れ、向かいの部屋の修道院長ジャシンダ・シスターを起こす。二人のシスターたちは部屋の前に立つ。修道院の玄関に一番近いのがニコラ・シスターの部屋だ。私はニコラ・シスターの部屋のカーテンの中に隠れる。心臓が大きな音を立て、両手が恐怖で震えている。ちょうど数週間前のクレイモー地雷が爆破したときのようだ。

　犬の鳴き声が収まると、私たちは前より少し大きなひそひそ声で話し始める。しばらくすると、また犬が吠え始める。今度は、鳴き声は修道院の玄関前から聞こえてくる。私たちは黙る。兵士たちが動いている。私たちは、三人とも兵士たちが玄関まで来ていることを理解し、ジャシンダ・シスターが玄関へ行き、外の灯りを点ける。すると、犬の鳴き声が収まり、兵士たちが去っていく。それから朝まで、私はニコラ・シスターの部屋の隣のヒラリー・シスターの部屋で寝た。ヒラリー・シスターはちょうど留守だった。


　昨日の夕方は、ジャシンダ・シスターがもう一人のシスターと私のために特別な料理を作ってくれた。最後だからと、午後中ずっと下拵えをし、美味しい鳥料理を作ってくれた。

　スカラスティカという名前の料理人の女性は、とても細く小柄だ。三十歳で、三人姉妹だという。ヴァヴニヤ県とキリノッチ県の国境の村の出身だ。姉は、サウジアラビアに出稼ぎに行くためにスリランカ北部から移動中に行方不明となった。母親は彼女が二歳のとき、妹を産んだときに死亡し、まったく母親の記憶はないという。父親の記憶もまったくない。父親は母親が死んだ後、娘たちを置いてヴァヴニヤの町へ出て行ったままだという。私が「明日帰るの」と言うと、「悲しい」と彼女。私が「きっと戻ってくるから。そしたら、またここで会えるでしょ」と言うと、戻ってくる前に、自分は軍に処分されてしまうかも、「アーミー・マイト・フィニッシュ・ミー」と言う。記念にと、最近彼女が手がけたというクロスステッチの刺繍をくれた。「ジャシンダ・シスターに教えてもらっているの」と。それは赤い実の果物が入った器の両側に、二匹の鹿が向き合って立っている刺繍で美しかった。布は折り畳まれていて、それを後で開いてみると、上に「アンマー（お母さん）」と同じくクロスステッチの刺繍がされていた。孤児の彼女が母親を想い作成したのかもしれない。内戦で、辺り一面空気が重く灰色に垂れ下がっているこの町で、スカラスティカのクロスステッチの刺繍だけが輝いているようだった。

その晩、修道女たちは私のために特別なミサをチャペルで開いてくれた。それぞれ私のためにと祈りと祝福を述べ、花を一輪ずつ手渡し、私が好きだという聖歌を歌う。ニコラ・シスターは、私が自分はクリスチャンだとは言わないだろうが、宗教の心のある人であることは間違いないと言った。そして、聖母への信仰が深まっていること、人を助けようと自分を顧みない人なので、しばしば誤解される傾向があること。聖母とイエスによって、今回の滞在で私が望んでいたすべてのことが叶えられ、出会った人びとが皆、あらゆるかたちで協力してくれたことに感謝しますと。

自分の命を救いたいと思うものは、それを失うが、わたしのために命を失う者は、それを得る。

マタイによる福音書十六章二十五節

この夏、自分の中に変化があったとしたら、次のように考えるようになったこと。「単に人の苦労や苦しみを記録するだけでなく、恐怖が消え去る体験についても書き残すべき。個人がやり遂げることができたことを、すべてがその人間の力のみで成し遂げられたと考えるな」

「マドゥの方角に火が沈む今、私はこの地にこれ以上の傷が生じず、道の両脇を占拠している軍がすべて撤退し、この地が再び稲穂で満ち水と豊作に恵まれ、学校から帰ってくる子どもたちが夢と大志を抱くことができますように祈ります。マドゥの聖母が、この地の人びとの今後をお守りくださいますように」

「今日が終わる前に、私は長崎の人びとのために祈ります。一九四五年八月九日に原爆により犠牲となった人たち。そして、同様の悪が二度とこの地上で繰り返されないよう、彼らと共に祈ります」

第二部

ヴェラ家と周辺の人びとの物語

三、バトル・オヴ・ヴァンニ ―― 二〇〇九年四月

再びコロンボへ／マナー島へ戻る・謎の巨大キャンプ／ハレルヤ村までの移動／ハレルヤ村到着／キャンプ訪問・鉄条網越しの再会／シシリア婆さんの家の話／ロビンソンの母親リータの話／未曾有の悲劇／マナー病院の様子／ニャーナムと長男ラージの話／「ラージが生れた。ラージが死んだ」／「虎」から逃げてきた隣の家の青年の話／デェーバ兄さんの娘の話／「マナーへ連れてかえって!」／ジェイムズ神父と内戦末期のヴァンニ

再びコロンボへ

――二〇〇八年夏

二〇〇八年の夏、私はスリランカに戻る。目的はマナー島にあるハレルヤへ行き、翌年からの長期の調査のための準備を進めることだ。しかし、政府軍もゲリラ軍も停戦合意を放棄し戦況がさらに悪化している。北部全域が緊急事態宣言区域に指定されていて、通過許可証なしに外国人が北へ移動することはできない。ハレルヤ村までは辿り着けないだろう。北部での調査自体を諦めなければならないのでは、という考えが自分の中で膨らんでいたときに、チェティクラムのニコラ・シスターから電話があった。

「マナー島に日本人が来ていると聞いています。橋を作っている工事の人たち。その人たちと一緒に来れば良いでしょう」

「!?」

現在、国際機関がほぼすべて撤退し、国連までも引き揚げている内戦が続くヴァンニ地域のすぐ隣で、日本の建設会社が橋を建てているという。彼らには北部へ行く許可証がある。彼らの移動に便乗すれば、私もマナー島に辿り着けるだろうと。

「そんな、無理な話です。私は、マナーの橋を作っている会社の人たちを知りません」

「無理な話ではありません。彼らも日本人です。あなたも日本人です。協力してもらえるでしょう」

同じ日本人だからといって、緊急事態宣言区域に指定され、軍と警察が警備に当たっている北部に私を連れていってくれるはずがない。そんな無茶な話はない。それに、スリランカに駐在している他の日本人の一人にもこれまでアプローチしたことはない。

戸惑っている私に、電話の向こうからシスターは「何事も聞いてみなくてはわかりません。まず聞いてみてください」。そして、マナー島で橋の建設工事に関わっている建設事務所の電話番号を現地の有力者から手に入れ、電話をかけるようにと。何度もシスターに勧められるうちに、シスターをがっかりさせてしまっては申し訳ないと、私は仕方なくマナー島にある建設事務所に電話をかける。

――六月十四日（土曜の夕方四時半）

現地スタッフが出るのかと思っていると、
ビー・ビービー。（電話の接続音）

「Hello?」電話の向こう側で男性の声がした。

「Ah, Hello. I am a Japanese student currently studying in the U.S. May I speak to Mr. A, the administrative manager?」（日本人で、現在アメリカの大学で勉強しているものですが、管理責任者のA氏にお繋ぎいただけますでしょうか?）

「... Speaking.」（私です）

「アァ、もしもし、すみません。はつみかおりと申します。（……）」

「アメリカの大学で?」

「はい。日本の大学を出てアメリカに渡り、現在人類学を専攻しております」

「アンソロポロジーですか?」突然、相手の声が明るくなる。アンソロポロジーとあえて英語で言い直している。

「はい」

「で、マナー島の研究を?」

「はい。タミル・イーラム解放の虎の支配地域からマナー島に避難してきたある漁村の研究を」

「で?」

「で、日本の会社がマナーに来ているということを耳にしまして、お電話いたしました。来年一月からスリランカに滞在し調査をするのですが、マナーへコロンボから移動する際に、一度マナーまで車にご一緒させていただけないかと」

「はっ、はっ、はっ……?」

「とっ、とんでもないお願いで申し訳ありません」

「はっ、はっ、はっ。えー、うちは月に一度はマナーとコロンボを往復していますので、上に聞いてみないといけませんが、まあ大丈夫でしょう」

「!?」私は驚いた。「一度だけで構いません。ビザがあるので、長期間マナーに滞在できるはずですので」

「一度と言わずに何度でも乗せていけると思いますよ」

「いえ、一度で構いません」

「でも、ここマナー島は良いホテルもないし」

「泊まるところは避難民キャンプですので、交通手段以外にご迷惑をおかけすることはないと思いますので」

「キャンプに泊まる？　まあ、来週コロンボに行く予定ですので、その際にお会いしましょう」

そして、A氏にコロンボで会うことに。彼の一言目は、「あの日に電話に出たのはアクシデントでした。普段は電話を取ることはありません（秘書の仕事）。めったにしないことです。それも、土曜の午後ですからね。偶然、アクシデントであの電話に出たんです」。意図せずに電話を取ってしまったこと、それも内容がさらに意図せぬものであったため、何か偶然ではないものを感じ、どうしても私をマナー島まで運んであげないといけないような気持ちになったと言う。

ニコラ・シスターに報告すると、「よかったです。なんでも聞いてみないと始まりません」

それから、私のマナー島行きは、A氏と彼の同僚たちの仕事となってしまった。その夏は南部で調査をし、九月〜十二月はアメリカに戻り、長期の調査に入る前の筆記試験を突破しなくてはならなかった。十二月、筆記試験をなんとか通過し、私は十五ヶ月間の長期のフィールド調査のためにニューヨークを発つ。
この間、スリランカでは戦況が極度に悪化する。年が明け一月に入ると、日本でスリランカの長期滞在ビザを申請し発行を待つ私のところに、ヴァヴニヤにいるニコラ・シスターから現地の状況の報告が届くようになる。シスターは、毎日ヴァヴニヤ中央病院に、ヴァンニから救急車で運ばれてくる大量の負傷者を訪ねて回っているという。一月十三日付けの、ジェイムズ神父がムラティヴから書いたバン・ギムン国連事務総長宛の手紙もシスターから届く。

その国連事務総長宛の手紙のタイトルは、「スリランカのヴァンニの人びとの苦痛の悲鳴」。執筆者はジェイムズ神父だが、「ヴァンニ地域の司祭と修道士・修道女」の合同声明となっている。手紙によると、ヴァンニには現在四十九万一千人がゲリラ軍支配下に取り残されている。妊婦、乳幼児、子ども、老人の区別なく、市民の上に日々爆弾が投下されている。人びとが集まっている地域が日に日に縮小し、もはや住民が避難できるセーフ・ゾーン（安全地帯）がなくなってしまった。国際機関がすべて撤退し、国の経済制裁により、ヴァンニではガソリン、食料、医療品、建設材、水の不足が甚だしい。

私は、このニコラ・シスターから届いたジェイムズ神父の手紙を日本語に翻訳し、長崎司教区に送る。戦争により原爆で大量の市民が同じように悲惨な体験をした長崎の、それも同じカトリックの人たちの心になら響く言葉ではないかと、私の中に残るわずかな希望がそのように強いる。ジェイムズ神父も、彼の中に残るわずかな希望から、バン・ギムン氏宛に手紙を書いたに違いない。

二月末、ビザを取得しスリランカに戻る。

――二〇〇九年二月二十八日

東京発コロンボ行きの飛行機の中は空席だらけだ。乗客の半分は日本人で、おそらく彼らの目的地はスリランカではなくモルディヴ（スリランカの南西に浮かぶ諸島）で、コロンボで飛行機を乗り換えてモルディヴへ向かう旅行客が大半だろうと考えた。その考えは間違っていなかったが、約三十人ほどの乗客はコロンボ空港で降り、スリランカに入国。そのうちの十五人ほどはツアー客のようで、年配のグループだった。巡礼にやってきた仏教徒たちかもしれない。一人、大きなサーフボードを抱えて降りてきた日本人の青年がいた。

飛行機の中では誰とも話さなかった。代わりに、宮沢賢治の「心象スケッチ」を読んだ。彼は風景の描写にとても長けている。出会った自然や人の風景を、いつも持ち歩いていたノートブックに書き綴った。『春と修羅』に収められている作品は、彼がそうやって風景を綴る練習をし描いたスケッチの数々だ。そして、彼がそのような作品を生み出した理由は、普遍の真理について語るため。

「日記を書くときに、どうしてそんなに多くのことを考えるのか？」と、ここまで私がフィールドノートにメモを取っていると、滞在先のバンダラナーイケ氏が聞く。「飛行機の中で頭に浮かんだ考えを今、書き出しているからです」と答え、「思い出す作業（リカバー・メモリー）には時間がかかります」と付け加える。バンダラナーイケ氏は、「リコール」と、私の英語の語彙の過ちを正す。

記憶の修復（リカバー・メモリー）ではなく、記憶を蘇らせる（リコール）。いつものように、氏が正しい。

今回、空港からコロンボ市内までのタクシーは、空港のタクシースタンドで一八七五ルピーだった。時間は夜八時を回っていて、人と車両が頻繁に行き交うコロンボ市内までの道を、運転手は猛烈なスピードで進み、裕福な人たちが乗った高級車と先を争う。ゲームセンターの自動車レースのシュミレーターを運転しているような、ヴァーチャルな気分になってくる。でも、乗っているタクシーは年代物のバンでエアコンすらない。二度ほど衝突寸前になる。一回目は、横を走っていた車が突然右折。私たちの目の前を横切る。運転手はブレーキを使い急停止。二回目は私の運転手の過ち。大きなトラックの後ろを走っているときだった。トラックが右に曲がろうとしているときに、運転手はトラックの右側を回って追い越そうとする。速度を下げ、トラックの右折を待つ代わりに、速度を早め追い越しを完了しようとする。トラックと衝突寸前になる。

　ここまでくると、タクシーの中で私は、自分の運命は自分の手中にないこと、自分よりもはるかに大きな力の中にあるとの考えに至る。

　バンダラナーイケ氏の家に到着する。運転手に二千百六十円支払う。二百三十円がチップ。「十分ですか？」と聞くと、「はい」と笑顔で運転手が答える。もう辺りは真っ暗で、時間は夜九時を回っている。運転手を待たせ、ゲート入り口のベルを鳴らす。二回目のベルを鳴らそうとするとき、バンダラナーイケ氏がテラス側のドアを開け出てくるのが大きな庭の向こう側に見える。氏は灯りの下に立っていて、袖なしの白い下着が光ってみえる。使用人が近づいてくる音がする。急いでゲートのドアが開けられる。「こんにちは。お元気ですか」とシンハラ語で、笑顔で使用人が聞く。暗いので彼の顔が見えない。誰ですかと聞くと、「使用人のジャーンタです」と。私も彼を覚えているので挨拶する。

　彼に荷物を運んでもらい、私は真っ直ぐバンダラナーイケ氏の方へ歩いていく。氏はゆっくりと右手を私の首の後ろに回し、それから私の顔を自分の方へ持っていくと、額にキスをする。すべてがスローモーションで時間の流れが一瞬止まったようだ。

「コホモダ（元気かい）？」

「インナワ（まぁ元気です）」

「早かったわね。十時過ぎに到着と聞いていたわ」と、台所から出てきたバンダラナーイケ夫人。

「はい。日本時間とスリランカ時間を間違えてしまいました」。

夫人が微笑む。それから、バンダラナーイケ氏と一緒に遅い夕食を食べる。

翌朝、起きていくと、バンダラナーイケ氏が新聞の切り抜きを見せてくれる。氏がムラティヴ県知事だった一九七九年から一九八〇年の、当時の氏のムラティヴでの活躍について書かれた記事だ。英字新聞の記事で、タイトルには「オースティン」と、彼の下の名前が職名と一緒に大きく書かれている。私はこのオースティンという名前が、氏の人柄をすべて凝縮していて美しいと思う。長いシンハラ人特有の苗字の前に、英国風の名前。彼が生まれ育ったスリランカは英国支配下にあった。独立は一九四八年。その記事を書いたのは昔の同僚で、その人は最近自伝を出版したという。バンダラナーイケ氏は、「当時の行政について知る良い資料だから読むように」と、私にその自伝を渡す。私が、氏も自伝を出版すべきなのになぜしないのですかと聞くと、「自伝などはすべて、一人の男の功績について書かれたもの。誰も面白いと思わない。同僚は自費出版し無料で配っている。どうしてか？　そうしなければ誰も読まない」

ゲリラ軍指導者プラバーカランは、ムラティヴ出身。彼の父親はバンダラナーイケ氏がムラティヴ県知事だった当時、氏の部下だった。「優秀な部下だった」と。息子プラバーカランは、「その辺を走り回る、まわりの子どもたちと変わらぬガキっ子だった」とも。

氏の家で使用人として働くジャーンタも、バンダラナーイケ氏がムラティヴに赴任していたときの料理人だ。シンハラ人のジャーンタは、そのままムラティヴに残り現地のタミル人女性と結婚し三人の子どもの父親となった。内戦が悪化すると、家族で南にある彼のシンハラ人の村に引き揚げてきた。最近になって仕事に困り、バンダラナーイケ氏を頼ってやってきた。

マナー島へ戻る・謎の巨大キャンプ

私が、再びマナー島へ戻ることができたのは二〇〇九年三月。スリランカ内戦史上、戦いが最も悲劇的なクライマックスを迎えていたとき。今度の移動は、バスではなく高級日本車プラドの黒。車両前方には小さな旗が付けられ車内はエアコンが効いている。これまでの、長時間バスに揺られ砂埃まみれになってセキュリティーチェックの列に並ぶ移動手段とは大違いだ。

――三月八日

車はマドワッチ・マナー道路を通り、南からマナー島に進む。チェティクラムの町を通過するときに雨が降る。二年前の夏にチェティクラムの修道院を訪ねたときに大雨が降り、「あなたの到来は雨をもたらした」というジャシンダ・シスターの言葉を思い出す。

チェティクラム周辺にも大きな軍の基地ができていて、国道十四号線に面した病院の手前の変容ぶりから、最初はそこがチェティクラムだとわからなかった。車が病院まで来ると、建物に「チェティクラム・ホスピタル」と書かれていたので、そこがチェティクラムだとわかった。

病院の反対側は学校だった。軍隊の兵士と救急車の列を除いて、一般市民の姿はあまり見当たらなかった。私は座席から体を乗り出すようにして、窓越しに以前滞在した修道院が見えると思ったが見えなかった。

チェティクラムの町を抜けて小さな鉄橋に差し掛かった。二〇〇七年の夏に同じ橋を通ったとき、ニコラ・シスターが「この橋の下を流れる小川で、水遊びをしていた十歳の男の子が軍の兵士たちにカラシニコフで撃ち殺された」と言ったのを思い出す。同じ話をヒラリー・シスターからも聞いた。そこで、私は隣の席のA氏にその話をする。彼はへェーという顔をする。そんな暗い話をしなければ良かったと後悔する。橋の下の軍のバンカーは、今では立派な建物になっている。

車がマニック・ファームという、以前は小さな開拓村だった村に差し掛かると、十数台のブルドーザーが辺り一面の木を端から切り倒していた。そもそもマドワッチ・マナー道路には、それほど沢山の木は残っていなかった。私が初めてこの道路を走ったのは二〇〇三年の夏だが、その当時、すでに国道十四号線に面した両側の森の木は切り倒され、数百メートル置きの間隔でスリランカ軍のバンカーがちょうど建てられているところだった。当時は各バンカーに二、三人の兵士が住み込んでいた。

六年後の今日、周辺の軍のバンカーのまわりにはバナナの木をはじめ、果物の木々が育っている。そして、道の右側にはすでにラインハウスが百戸近く建てられ、人がまばらにその中で生活しているようだ。「ラインハウス」とは、家がラインをつくって直線に並び建てられているためにこの名前で呼ばれる。スリランカでは、紅茶プランテーションの労働者の宿舎にそのような建物が使われる。

反対に、道の左側では畳四畳半ほどの小さな家が数百軒建設されていて、奥には、これから建設予定の家の土台がいくつも並んでいる。驚いたのは、現在建設されているキャンプのそれらの建物のすべてが、これまで私がスリランカで見てきた瓦屋根やカジャンではなく、トタンでできていたこと。

日差しを一番凌ぎにくい素材でキャンプは急ピッチで建てられている。マナーに来る前、コロンボで「近々コロンボ港に中国から三万五千戸のプレハブが届く予定だ」と聞いた。あの三万五千戸のプレハブが運ばれてくる先は、おそらくこのマニック・ファームだろうと直感した。これらは一体、何のためだろう？

ハレルヤ村までの移動

ヴァンニと呼ばれる地域は、スリランカ北部のマナー島やジャフナ半島を除く地域で、二〇〇七年夏の時点でゲリラ軍支配下にあった地域の総称。このヴァンニ地域が今回の内戦の最後の戦場で、この地域に残されている住民たちは、二〇〇九年三月現在、東にあるムラティヴ海岸に向かって移動を続けている。ゲリラ軍は彼らを「人間の盾」（ヒューマンシールド）として利用し、政府軍は市民であろうがゲリラ軍であろうが無差別に空爆を続けている。

ジェイムズ神父の手紙にあったように、最後の戦場ヴァンニ地域からは、二〇〇八年十二月の段階ですでに国際連盟のスタッフは撤退を強いられている。国連児童基金（ユニセフ）など、子どもたちに医療品や食料を配る団体の活動は、スリランカ政府によってそれ以前の段階で停止させられている。政府軍支配下のヴァヴニヤの町の病院では国境なき医師団が活動し、国際赤十字が政府軍の監視の下、ムラティヴとキリノッチ県のプルモータイの間で食糧援助と負傷者の輸送のための船を運行しているのみ。

ハレルヤ村のキャンプの住民たちの母村ペルンカリパトゥは、二〇〇七年の夏、政府軍が奪回に成

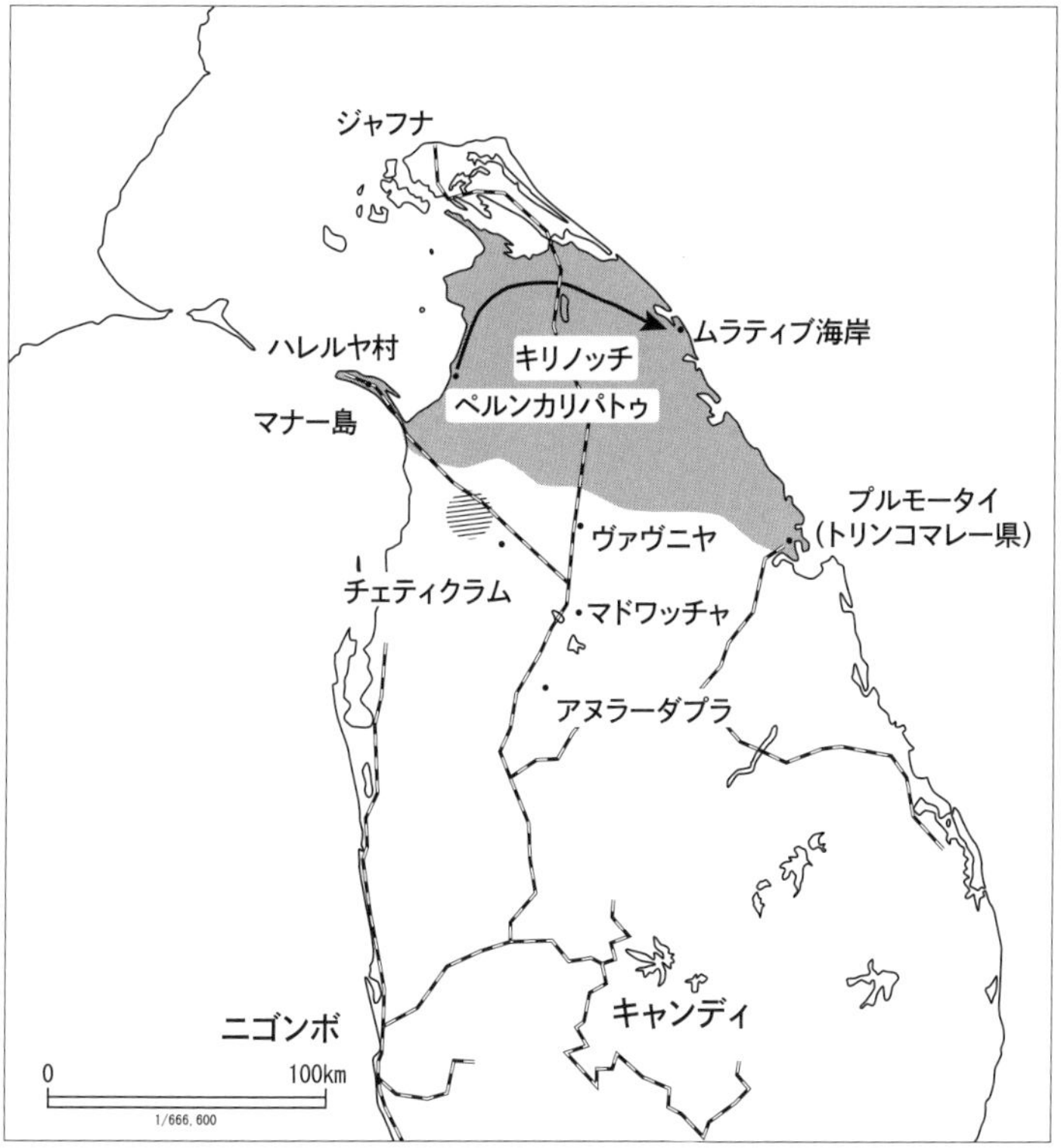

スリランカ北部。■は2007年夏の時点のゲリラ軍支配地域。矢印はペルンカリパトゥの村人たちが最後の戦争（2007年夏～2009年5月）の間に移動した場所。斜線は2009年3月頃に巨大キャンプが急ピッチで建設された場所。

功。南部のメディアは「北西部最大のゲリラ軍基地奪回成功」と大きく報道した。ヴァンニに残っていたペルンカリパトゥ村の住民たちは、その後今日まで、一年半以上ゲリラ軍と東のムラティヴの海岸へ向かい移動を続けている。政府軍の爆撃に追われながら、ゲリラ軍に政府軍側への逃亡を禁じられ移動中だ。

ニコラ・シスターはヴァヴニヤにいて、病院とキャンプ訪問で忙しく、マナー島へやってきた私の世話をする余裕などない。「マナー島で困ったことがあったらヴィー・ピーに連絡するように。彼は信頼できます」ということだったので、そのとおり、マナー島に到着した翌日、ヴィー・ピー神父が運営するアルコール依存症薬物中毒者の療養施設に電話をかける。ハレルヤ村と同じ、トータヴェリ地域にあるセンターだ。

マナー県では現在、マナー市内を除くほぼ全域で電話が通じない。緊急事態法に基づく処置だ。ただし、ヴィー・ピー神父の施設は軍から許可をとって使えるようになっていた。

事務所の電話から、ヴィー・ピー神父に電話をしてくれたのは、A氏の事務所で働くエドワードさん。これまでマナー県庁や日本の援助機関のオフィスで働いてきた六十代の彼は、ヴィー・ピー神父をよく知っている。

エドワードさんによると、神父はヴァヴニヤに出かけていて留守だったが、ヴァヴニヤから戻る帰り道に事務所に寄るようにお願いしたとのことだった。私のように重要でもない者のために、神父に事務所まで来てもらうのは申し訳ないと感じた。

――三月十二日

朝十時半にヴィー・ピーは本当に現れた。私はそのとき、長方形に長い事務所のもう一方の入り口近くにいた。突然、奥の入り口から白いシーツのようなものが事務所に舞い込んできて、エドワード氏の前の空椅子に腰掛ける。その光景を少し離れたところから目にすることになったのだが、実際にヴィー・ピーがやってきたのを見たのか、それとも彼の到着を感じ取っただけなのかはわからない。振り返りエドワード氏の前に座っている白い固まりを見た。同じ瞬間に、その白い固まりも振り返って、私たち二人の目が合った。久しぶりに見たヴィー・ピーの姿。以前よりもさらに痩せて小さく見える。白毛をヘナで染めているため、髪の色がまばらに茶色だった。彼は早足で私の方へ歩いてきて「とても久しぶり」と言いながら、目を輝かせ手を差し伸べる。私はその手を両手で受け止め、それからA氏の方を向いて、「こちらがヴィンセント・パトリック神父です」と言う。見ると、A氏はすでに席から立ち上がっている。私はヴィー・ピーに、「この方が今回私をマナーに連れてきてくださったのです」と言うと、神父はA氏に丁寧に挨拶をし、ありがとうございましたと、まるで私が自分の娘かのように感謝する。A氏は照れくさそうだった。

席を勧められるまま、ヴィー・ピーは腰掛ける。六十代の彼の動作は素早く、とても忙しい様子が伝わってくる。「さてさて、調子はどう?」と、目を一層大きくして私に尋ねる。私たちは、一年半前に一度、わずかな時間しか会ったことがない。初めて会ったその日は、ハレルヤ村に初めてバスが通った日で、以前のように二マイルも近くのバス停まで歩いていかなくても良くなったと、キャンプの皆が祝っていた日だった。ヴィー・ピーは誰かアル中の男性を捕まえにキャンプに来ていた。私はヴィー・ピーにテープレコーダーを向け、ハレルヤ村の人びとの母村について話してもらった。

今、向かいに座っているヴィー・ピーは、子どものように輝く目で私を見つめ、「ね、どう？　元気かな？」

その人懐っこい笑顔を見ると、私も彼をよく知っているような不思議な気持ちになる。

「今回、マナーに来ることができるとは夢にも思っていませんでした。昨年来たときは、マドワッチ（アヌラーダプラ県）のチェックポイントを通過することができませんでしたので……」

「それはよかった。今後の予定は？」とヴィー・ピー。

「トータヴェリのキャンプ、ハレルヤ村は今、どんなですか？　あそこを訪問できるのであれば何よりですが」。私は頭に浮かぶまま、無理と承知で理想の話をする。

「あそこは、以前とまったく同じ調子です。軍のチェックがないわけではありませんが、あっても、キャンプの中まで軍はまず入ってきませんね」

「ハレルヤ村にしばらく滞在できたら良いのですが、なんでも今の戦争状態では無理ですよね」

「無理なことはない。滞在できるでしょう」

「本当ですか？」

ヴィー・ピーは頭を振り子のように動かし（南アジアでは「はい」の意）うなずいて、もう一度、「滞在可能でしょう」と。

「チェックポイントが島のあちこちにありますし、どうやってキャンプに入りますか？」

「マナー市内からトータヴェリへ抜ける道は二つあります。一つは国道で、もう一つは裏道です」

私は思わず笑ってしまう。

「裏道を通って入るということですか？」

「そう。そういうこと」

ここまで、私たちの会話はタミル語だった。英語に切り替え、興味深そうに私たち二人の会話のやりとりを見ているＡ氏に聞こえるように、「いつ行きましょうか?」と、ヴィー・ピーに聞く。少し考え深そうな顔をして、ひと呼吸おいて、「じゃあ、これから行こうか?」と彼は答える。

「これからですか?」

「うん。これから行こう」

「この事務所の方たちから外出の許可を得ないといけないのですが……、Ａ氏に聞いてみましょうか?」。私はＡ氏の方を見る。

「はい? 何ですか?」Ａ氏は、壁に貼られた大きなスリランカ地図を眺めていた姿勢から振り返って私の方を見る。

「以前調査していた避難民キャンプがここから五マイルほど離れたところにあるのですが、そこを訪問したければ、ファーザー(神父)が連れていってくださるとおっしゃっているのですが、ちょっと行ってキャンプを見てきてもよろしいでしょうか?」

「キャンプ訪問ですか?」

「はい。ファーザーはアルコール中毒者のリハビリ・センターを運営されているのですが、そのセンターがちょうどキャンプのすぐ近く、自転車で八分ほど離れたところにありまして、ファーザーはよくキャンプの状況をご存知なのです」

驚いたような顔をしてＡ氏は私を見る。というのも、コロンボにいたときに、マナーに一緒に行く条件として約束したのは、マナーに着いても事務所から一歩も外へ出ないということだった。

「ノープロブレム、問題ありません。私が彼女を連れていって、必要であればうちのセンターで寝泊まりして、センターからキャンプを訪問したらいいですよ。とても近くですから」と、ファーザーが驚いた顔をしているＡ氏に言う。

「本当に、ノープロブレムですか？」

「ノープロブレム」

「軍のチェッキングとか、そういった問題はないのですか？」

「私のセンターのあるトータヴェリ村へ抜ける道は二本あるんです。裏道を通ればチェックポイントには引っかかりません」

Ａ氏は、もっと驚いた顔をする。私は、Ａ氏の目を見つめて言う。

「このファーザー以外に、マナーで心から信頼できる人はいません。ファーザーが連れていってくださるとおっしゃれば、責任を持って連れていってくださいます」

「わかりました。で、キャンプ訪問はいつですか？」とＡ氏。

私は少し困った顔をして、ヴィー・ピーに英語で聞く。

「ファーザー、これから一緒にトータヴェリへ行ったとして、いつまたマナーの町に戻ってこられますか？」

「二、三日いて、戻ってくればいいでしょう。車を出しますから」

私はＡ氏の方を見る。彼は、ファーザーと私の会話を聞いていなかったような素振りを見せて、

「で、出発はいつですか？」ともう一度尋ねる。

「えー、これからです」

「ナウ（今）!?」Ａ氏はとても驚いたように、ファーザーの顔を見る。

「イエス、ナウ！（はい、これから早速）」とファーザー。

「これからすぐは、やはり無理ですよね」と、私は戸惑いながら日本語でＡ氏に聞く。

「えー、今すぐにというのはちょっと……」

「……」

「……」

私たちは黙ったままだった。ファーザーも私もＡ氏を見つめる。Ａ氏は、

「で、今日これから出発したとすると、いつこっちへ戻られるのですか？」

「一週間ほどで戻ります」と、私は頭の中で閃いた数字をそのまま口にする。

「でも、日曜は海軍とのアポがあるから……」とＡ氏。

「あっ、そうでした。今日が木曜ですから土曜には戻ってきます」

それから私は急いで荷物を取りに部屋に戻り、ヴィー・ピーの車に飛び乗る。事務所の外に停められたバンの中では、運転席に若い神父が一人と他に数名の若者たちがヴィー・ピーを待っていた。私が突然現れても、特に驚いた様子はなさそうだった。あたかも、すべてがこのためにセットアップされ、準備されていたかのようだった。

私は数日、ヴィー・ピーのアル中センターに滞在し、それからキャンプに連れていってもらった。

数日後——。キャンプの真ん中に見慣れない三輪車（バイクタクシー）が止まっていて、近所の少年が、ヴェラの家に私を呼びに走ってきた。その少年は脳に障害があるが、そうやっていつもキャンプの人の出入りを見守っていて、誰か新しい人がやってくると村人の家に連絡に走る。

バイクタクシー近づくと、A氏の会社が雇っている現地人運転手が横に立って手を振っている。後部座席には、A氏が座っている。私は、キャンプの真ん中に突然現れたA氏に驚く。

「あ、わざわざこちらまでいらしてくださったのですね」

「ヴィー・ピー神父のところへ寄ったら、こっちだって言われましてね」と、A氏。

「お茶でもいかがですか?」と、私はヴェラの家があっちにありますと指差す。

「あまり時間がないので、ただ様子を見にきました」

それから氏は、何十個もの実が付いた見たこともないほど大きなバナナを枝ごと隣の席から取り出し、私に手渡す。そして、次の言葉を残して去っていく。

「じゃあ、また様子を見にきますから。私が来られなくても、運転手を送りますから」。私はキャンプの真ん中にバナナの枝と一緒にポツンと立って、氏のバイクタクシーが見えなくなるまで見送る。それから枝にぎっしり実ったバナナを巨大な花束のように抱え、ヴェラの家まで歩いて帰る。キャンプでフルーツは滅多に手に入らない。それから数日、私たちはそのバナナを大事に食べる。A氏はその後も、約束の言葉どおり、私の安全確認のために可能な限り同じ運転手をキャンプまで送って下さった。


今回ヴィー・ピーのアル中センターに滞在した数日間、センターには収容者たちに混ざって一人仏教僧がいた。赤茶色の坊さんの服を着て、頭は坊主。ぽっちゃりしていて、歳はきっと四十代前半。現在タミル語を勉強しているのだという。仏教徒なのでシンハラ人。補助司祭たちに与えられる二階の良い部屋が彼にも与えられている。なぜ坊さんがセンターに?

「あそこの監視でしょう」と、後日、ハレルヤ村のあるトータヴェリ教区の司祭は言う。「ヴィー・ピーのところは、若い男の収容者たちが多いし、ヴァンニでこれまで働いていた若い司祭たちもいる。軍の秘密警察でしょう」

坊さん姿の秘密警察は初めてだ。私がこれまで出会った秘密警察は、乞食かアル中に化けていた。乞食のふりをして家々をまわり調査する。酔っ払ったふりをして、勝手に家の中に入ってくる。これらの手口には出会ったことがあるが、仏教僧は初めてだ。そして、言葉遣いも身支度も部屋の片付き様も、彼はすべて女性のようだ。軍関係者であったとしても、前線で戦うようなタイプには見えない。私は、まだ彼を単なる仏教僧だと考えていたときに、「フィールドノートに念仏を記念に書いてください」とお願いしたことがある。彼は少し困ったように、「書いて後でお渡しします」と答えていた。

坊さんの「監視」もあるからと、私はできるだけ早くハレルヤ村に送ってもらう。

ハレルヤ村到着

ハレルヤ村に到着するも、ヴェラも他の村人たちも再会を喜ぶ暇がないほど忙しい。ヴァンニで爆撃によって怪我をした大量の負傷者たちが、毎日マナー病院に送られてきている。村の女性たちは、このところ毎日交代で病院へ行き、この負傷者たちの食事と体を洗う手伝いや身の回りの世話、衣類やシーツの洗濯をしているからだ。

――四月七日

夕方七時、彼女の娘のティバに英語を教えるために婦人会会長のニャーナムの家に行く。しかし、ニャーナムの家では、皆の頭の中は昼間マナー病院で目撃した光景でいっぱいだ。英語のレッスンどころではない。

ニャーナムはその日、早朝から病院へ行き、魚のカレーを何キロも患者たちのために準備し、彼らの体を洗い、疲れ果てて帰ってきた。私が訪ねたときは寝ていて、わざわざ私のために起き上がりさっきまで寝ていた床に座りなおした。そして言う。

「今、この国で起きていることから推測すると、十年後にはタミル人は絶滅する。病院は、手がなくなった人、腕がない人、脚や体のほかの部分がなくなった人で溢れている。収容する部屋が足りないから、外にカジャンで臨時に病室を作っている。一人の若い女性は、爆弾によって頬が右から左に引き裂かれていた。彼女のように、体の一部を爆弾で失い、ヴァンニから運ばれてきた負傷者が六千人はいると聞いた。来年、あなたが戻ってくるときには、私たちは皆、ここから消え去っているでしょう」

ニャーナムによると、現在ヴァンニで投下されている爆弾は「シュラップネル」と呼ばれ、一つの玉の中に何十個もの爆弾が入っていて、そこにまた何百個もの刃物が入っているクラスター爆弾。国際条約で使用が禁じられている爆弾だ。

隣にいたニャーナムの長男ラージは言う。

「そのとおり。僕たちは皆、来年の今はここにはいない。そうに決まっている」

彼は自分が爆撃を受けたときの経験を思い出し、話しはじめる。十年前、彼が二十一歳のときに、母村ペルンカリパトゥで起きた出来事だ。

「一九九九年六月二十九日火曜日、夕方八時半。村に十四個の爆弾が投下された。満月の夜だったのに何も見えなかった。カラスが空から死んで落ちてきた。倒れた人びとの上を跨いで逃げた。自分の上にも人が乗ってきた。倒れ、記憶を失った。記憶が戻ると、もうどこにも家族の姿が見当たらなかった」

ラージはそのとき腰を骨折し、今でもその傷が痛む。彼は次のように付け足す。

「わかる？　同じことが今日もまだ続いている。十年後には、僕たちの民族がすべて殺されてしまうだろう」

娘ティバはそれに対して、「私は残っているわよ！（ナーン・イルペーン！）」と。

ニャーナムによると、その日マナー病院で患者たちのために炊き出しをした際に使ったのは、米一五〇キロ、卵、魚、野菜。ハレルヤ村からは十五名の女性たちが料理の仕事のために病院へ行き、パリムナイという別の漁村から三十五人が手伝いに来た。もう一つ別の村から十人。「総勢六十人の女たちが、ココナッツを割って削り、魚を洗い、米を炊いて食事の準備をする。こういった外からの助けがなければ、病院は患者たちに食事を提供することさえできない。毎日こうやって病院へ通い、皆が交代で手伝っている」。負傷者たちの傷つき苦しむ姿に耐えられず、自主的に動いている。

キャンプ訪問・鉄条網越しの再会

チェティクラム周辺に建設中の謎の巨大キャンプが、戦地となっているヴァンニ地域からの避難民を収容する施設であることがわかったのも、ハレルヤ村に到着してから。ヴァンニのゲリラ軍支配地域では、政府軍による空と陸と海からの無差別攻撃が続いている。ゲリラ軍と取り残されているタミル人一般市民は、ゲリラ軍占領地帯を脱出すれば、ひとまず安全は確保できた。ヴァンニに取り残されていたペルンカリパトゥの百家族のうち、四分の三が二〇〇九年四月二十九日までにゲリラ軍支配地域から政府軍側に抜けた、ないしは死亡した。残りの四分の一は、まだ行方がわからない。ヴァンニとヴァンニの外を繋いでいた郵便システムも停止したため、残りの村人たちの安否について連絡方法は途絶えている。ゲリラ軍がヴァンニから外への移動を許可しているのは負傷者たちだけだ。

――四月十八日

この日、ヴェラと婆さん、タンビ（息子）、ニッティ（ヴェラの兄）は、ヴァヴニヤのチェティクラムに建設中のキャンプへ出かけていった。一行がヴァヴニヤのキャンプに訪ねたのは、ヴァンニから出てきたジーバ兄さんとその家族（シシリア婆さんは十三人の子を産み、ヴェラには八人の兄がいる。その八人の兄のうち、今度の戦争が始まる二〇〇七年の段階で母村ペルンカリパトゥに残っていて、ゲリラ軍とヴァンニに取り残されることになったのがジーバ）。

ジーバ一家は、爆撃の続くムラティヴの海岸から走って海を渡り、政府軍支配地域に抜けた。そのように命からがら政府軍支配地域にたどり着いて、今日でちょうど二十八日目になる。ハレルヤ村のヴェラや婆さんがジーバの家族の無事を知ったのは、一家がチェティクラムのキャンプに収容されてからで、それ以前はヴァヴニヤの別のキャンプに、ヴァンニを抜けて以降収容されていたという。次の一枚の紙切れを、チェチクラムのキャンプを訪問した別のハレルヤ村の住民が届けてくれた。

三月三十日付の手紙で、最初に住所が書かれている。

ユニット３・ＩＯＭ３
アルナーチャラム・キャンプ、チェティクラム

愛するヴェラ、母さん、ニッティ兄さん
　こっちは皆、元気だ。お前たちは皆、元気か？　愛するヴェラ、ムラティヴ海岸を逃げてきたとき、首のところまで水に浸かっていた。着の身着のまま逃げてきた。見守ってくださった神様にどうやって感謝したらよいか、言葉もない。この手紙を急いで書いている。軍に親族の名前を聞かれ、一人だけだと言われたから、ニッティ兄さんの名前を登録した。食べ物を送ってくれ。
ジーバ、メーナハ、ニシャンティより

ヴェラたちは、まずジーバの家族の無事が確認できて安堵した。ずっと祈ってきたので、無事を神に感謝した。それから五日後、チェティクラムのキャンプにジーバの家族を訪ねたニッティが持ち帰った手紙は、

ユニット３・ＩＯＭ２１００
アルナーチャラム・キャンプ、チェティクラム

愛するシシリアおばあちゃん、ヴェラおばさん、ニッティおじさん

元気です。神様が同様にみんなを祝福してくださいますように。ヴェラおばさん、どうか学習帳とペンを送ってください。奨学金試験のために必要です。六ヶ月以上も魚を食べていません。乾物を二五〇グラムと、小さな鍋を送ってください。お母さんに、黒色のスカートの下着を送ってください。

ニシャンティより

十一歳になる、ジーバの一人娘ニシャンティからの手紙だ。ユニット番号は変わらないが、その後ろに続く「ＩＯＭ２１００」は七百倍に増えている。ヴェラと婆さんは食事を作り、ニッティにジーバのいる家族に届けてもらう。キャンプを訪ねたニッティによると、軍が食事を配るが、まったく間に合っていない。そのため、キャンプの中にあるもので人びとは料理をしていると。だからジーバの家族も鍋が必要。ニッティが三通目の手紙を持ち帰る。

ヴェラ、母さん、他の兄弟姉妹へ

何とか無事にヴァンニを抜けることができたのは、すべて神様のおかげ。ヴェラ、送ってくれた五千ルピーは確かに受け取った。まだその金は使っていない。ここに収容されたときの所持物は、あの日に着ていた服一枚だけ。だから、娘ニシャンティのために送ってくれた服だけでは足りない。

来ても今は面会できない。登録された親族一人以外の、他の親族による面会が許可されたら連

絡する。
　デェーバの娘がスダンディラプラムで死んだとき、防空壕から出られなかった。

ジーバより

　面会が許されるようになったため、四月十八日の今日、ヴェラは婆さんを連れてニッティと一緒にチェティクラムのキャンプにジーバを訪ねる。姪のニシャンティが送ってくれと言った、ノートにペン、下着、服、鍋、乾物など全部と、揚げたての魚フライに炊きたてのご飯を持って出かける。八十四歳の婆さんは、普段はバスで移動をしたりキャンプを出ることはないが、息子ジーバの家族に会うためには自分がチェティクラムまで行くしかないため、一緒に行く。炎天下、大勢の人の列に並び、長時間待たされることを覚悟で行ったという。

　ヴェラたち一行は、朝五時のバスでマナーの町へ行き、ジーバが収容されているキャンプに着いたのは朝八時近かった。それから四人は、炎天下、木がすべて伐採された収容所の入り口の長蛇の列にならび昼まで待つ。やっと面接時間になり、キャンプのゲートを入ったとき、入り口の検問所でジーバの家族のために持参したものをすべて預けさせられ、収容所の中に設けられた面接場所へは何も持っていくことはできなかった。親族に許可された面会時間は二十分。二十分経過すると、「さっさと出なさい」と兵士が笛を鳴らした。「あぁ、もう少しだけ兄と一緒に話させてちょうだい」と言うと、「出ていけ。出ていけ」と棍棒で叩こうとした。

　二十分、鉄条網越しにジーバと妻メーナハ、娘ニシャンティと一緒に話し、鉄条網越しに互いに手を伸ばして触れたか触れないかの指先を、今度は自分の口に持っていってキスをする。そして、帰ってきたという。婆さんもジーバも涙の再会となった。

ヴァンニから命からがら逃げてきた避難民たちは皆、鉄条網に囲まれ、政府軍によって巨大キャンプに収容されている。キャンプから出ることは許されていない。ハレルヤ村では、彼らを受け入れたくても、軍がそれを許可しない。「なぜ?」「なぜ?」と村人は困惑する。

その日、ヴェラの家に誰もいないため、ヴェラの別の兄弟ジャヤの家で過ごす。妻のガオリ姉さんは私と同じ名前だ。少なくとも、現地の人にはカオリもガオリも同じに響く。ガオリ姉さんはヴァヴニヤ出身で、結婚の際にヒンズー教からカトリックに改宗。ジャヤに出会う以前は虎の兵士だった。

昼食の後、私を家に残し、ガオリ姉さんは二人の息子を連れてマナー中央病院へ彼女の兄の妻の見舞いに行く。姉さんの兄と彼の三人の娘たちは未だヴァンニの戦場に取り残されている。空爆で大怪我をした妻と息子だけが、救急車で政府軍側へ運ばれてきた。

義姉がマナー病院に運ばれてきたのは四月七日で、ヴァンニを抜けてすでに二週間が経つ。しかし、二週間経っても左足の付け根から太ももにかけて爆弾で怪我をしている義姉は、まだ処置を受けていない。

「病院に、あまりにも大量に患者が運ばれてきていて、しかも医者の数が限られているから、着いて二週間経った今も手術の順番を待っているの」とガオリ姉さん。

ガオリ姉さんには、二十歳と十四歳になる二人の息子がいる。彼女は下の息子を指さして、「彼も肺の手術をしないといけないの。でも、戦争の負傷者の手術に医者が追われていて、この子の手術は後回し」。彼女は、義姉を毎日病院に見舞いに行くが「姉は痛みからただずっと泣いているだけ」だという。

マナー中央病院では、ヴァンニからの負傷者の見舞い時間は午後二時〜三時。夕方五時少し前にガオリ姉さんと二人の息子は戻ってきた。上の二十歳になる息子の心臓の調子が悪いと、私立病院へ行き、七〇〇ルピー払って診療を受け薬を買ってきた。

それから、私たちの会話は、ガオリ姉さんたちが十三年間、スリランカ難民として暮らしていたインドの難民キャンプの話に移る。姉さん曰く、「貧しく大変だったけど、インドでは怯えて暮らす必要はなかった」

夫のジャヤは、十代のとき「テロー」と呼ばれるタミル若者武装組織に自ら進んで入隊し、政府軍に捕らえられ、一九九〇年まで五年間コロンボの刑務所に収容されていた。刑務所では、シンハラ人収容者たちからたびたび暴行を受けたという。一度、母親のシシリア婆さんがコロンボの刑務所を訪ねてきてくれたという。そして、一九九〇年に刑務所を出て、ヴァヴニヤへ行き、ガオリ姉さんと出会い、結婚。それから、再び内戦が激しくなり、二人ともインドへ避難。ガオリ姉さんはコロンボから飛行機でインドへ。ジャヤ兄さんはマナー島からボートでインドへ。タミルナドゥ州の難民キャンプで合流したという。インドに着いて、一年目に上の息子が生まれる。二〇〇三年にボートでスリランカ（マナー島）に家族四人で戻るまで、十三年間インドの難民キャンプ暮らしだったという。

ガオリ姉さんと話をしていると、ヴェラが帰ってくる。姉さんは息子たちのために入れたコーヒーを彼女に手渡す。ヴェラはとても疲れている。

コーヒーを飲みながら、ヴェラは行ってきたばかりの巨大キャンプの状況を話し始める。

「兄の家族が収容されてから四週間になる。キャンプの中には水もない。井戸を掘る予定はあるらしい。飲み水だけ軍隊が毎日少し配給する。キャンプの中には店も学校も何もない。皆、ヴァンニを出てきたときに着ていた服だけを着ている。キャンプの中には日陰がまったくない。ブルドーザーで切り開いたから、全部、木という木は切り倒されてしまった。もともと人間が住むような土地じゃないところにキャンプを作っている。本来は、あそこは、象が来て休むところ」

　ヴェラは続けて、「ジーバの話だと、朝食はなし。昼食はいつも夕方五時ぐらいにならないと配られない。配られるものといったら、一番質の悪い米を炊いたご飯とダール豆のカレー。紅茶も出ない。信じられる？　ジーバの家族は、もう四ヶ月も紅茶を飲んでいない、砂糖を四ヶ月も口にしていないと言っていた」

　ヴェラは、怒りがこみあげてきて、黙ってはいられないようだ。ヴェラたちが最後にジーバの家族に会ったのは、二〇〇七年のマドゥ聖母祭だったという。それからは、戦況が悪化しずっと会えないでいた。今回、彼らを巨大キャンプに訪ねると、あまりにも彼らの容姿が変わり果ててしまっていて、大きなスピーカーで「トータヴェリから親族が来ている。面会場所へ出てくるように」と軍による放送があって兄の家族が出てきても、誰が兄たちかわからなかったという。もちろん、まわりに同じように親族に会いに来ている人がたくさんいて、中から一度に何人も出てきたことも理由の一つだが、数よりも、彼らの姿が変わり果てていたことがもっと大きな理由だという。

「あそこに収容されている人たちは、皆真っ黒なの。「どうして肌がこんな色をしているの？」と聞くと、空襲で爆弾が爆発した後、我に返ると、身体が煤《すす》で真っ黒になっていたんだって。肌の色が変わってしまって、しかも痩せてしまって、誰も彼も同じように見えたの」

　ヴェラによると、元ゲリラ軍兵士であると疑いをかけられている人びとのキャンプは別にパンバマドウという場所にあって、このパンバマドウのキャンプへは肉親の訪問さえ禁止されていて、収容者たちの現状は不明。そのキャンプの収容者の多くは、ゲリラ軍に内戦末期に強制的に徴兵された子どもや若者で、少女たちが多い。

それから、ヴェラは優しい声になり、次のように言う。

「ジーバによると、ヴァンニで死なずに助かったのは、一本の木のおかげ。その木の反対側に座っていた家族は七人とも即死。でも、その木はジーバの家族の身代わりになってくれたと言っていた」

シシリア婆さんは天を見上げ、両手を皿のようにして「カダヴレー」（神様）と。それから口の中で小さな声で祈り、決まり文句を唱えるように、神に感謝を捧げている。

夜、私はヴェラの家で寝た。息子タンビのいびきがうるさく眠れなかった。そこで、翌日からは婆さんと一緒にヴェラの姉の娘メドゥの家で寝ることにする。

メドゥの家へ向かって、ちょうどキャンプ中央にあるグラウンドの脇を通っているとき、婆さんは言った。

「今日は十八日。わかる？」

私は顎を突き出して「何？」という素振りをする。

「十八の次は十九。十九の次は二十。二十の次は二十一。二十一の次は……二十五。二十五日の土曜にカオリは帰っちゃう。カオリがいなくなると寂しいよ」

シシリア婆さんの家の話

——四月二十二日

ハレルヤ村は、マナーの町から八キロ離れた内陸にあるキャンプで、ヴァンニにある母村ペルンカリパトゥのように海に面していない。そのため、キャンプの男たちは、漁に出るために朝四時に村を出て、チェックポイントをいくつも越えて、マナーの町の橋の近くのコーンタペッティと呼ばれる小さな海岸へ行き、そこから漁に出る。漁に出られるのは海軍が許可した日だけ。さらに、この島を政府軍がゲリラ軍の手から奪還した一九九六年以来、事実上政府軍の占領状態にあり、夜の漁は禁止されている。船外機エンジンは十馬力以下のもののみが許可されている。

昨晩もまたメドゥの家に来て寝た。朝、シシリア婆さんが、私の膝を突いて起こす。朝四時前に一度目が覚めた。ハレルヤ村の男たちが仕事に出かける時間で、数台の大型トラックが、大音響でクラクションを鳴らしながら、キャンプ中央のグラウンドのまわりを円を描くように走り始める。マナーの町にある船着場まで漁師たちを運ぶトラックで、村の男たちを起こすためにやたらに大きな音を立てる。トラックが三周ぐらいしたところで、隣の部屋で寝ていたメドゥの兄が父親に起こされ出ていく。しばらくすると、キャンプはまた静まり返る。

このクラクションがなり終わるか終わらないかのときに、私はまたうとうとし始めた。すぐ隣の家で、ガオリ姉さんが小さな音でテレビのニュースを見ているのが聞こえる。私は、激戦が続くムラティヴに残っていて、今でも行き場のない一般市民たちと空爆の中を逃げ回っているジェイムズ神父のために祈ろうと思っているうちに、寝てしまう。

気がつくと、「起きなさい。起きなさい」と言いながら、婆さんは私の膝下をつっ突いている。私はすぐに起き上がり、婆さんが、壁に貼ってあるイエスのカラーポスターに触れ、その手を自分の体に当て祈るのを後ろから眺める。それから私たちはメドゥの家を出た。すでにメドゥの父親は、漁に使われる網を編むためにネットを部屋の中に張り始めていた。

ヴェラの家に戻り、トイレに行き顔を洗い、入り口で寝ていたニッティ兄さんを起こして入り口のドアを開けてもらう。トイレはちょうど今週完成したばかりだ。家の中に入り、傘を取り、婆さんと一緒にまた家を出て、今度は婆さんの家へ向かう。

ヴェラの家から二ブロックほど離れた、婆さんの敷地に建っている家は、三畳ほどの小さな干した椰子の葉でできている。婆さんにも、このキャンプで一区画土地が与えられている。入り口に戸はなく、椰子の葉を編んだカジャンで入り口が塞いである。婆さんがそれを持ち上げて取り外し、私たちは中に入る。数メートル離れたところに、やはりカジャンで建てられた台所があった。台所は一畳半ほどだ。

家に着くと、婆さんは庭に落ちた葉や木の枝を箒で集め始める。私は、小さな一部屋しかない家の中を箒で掃く。婆さんの家には電気も水もない。ハレルヤ村では、多くの家に手押し井戸があるが、婆さんの家にはない。

床には、使い古した黒い小さなスポーツバッグがあり、その中に婆さんの洋服が詰まっている。小さなスーツケースも隣にあったが、こちらは壊れているため、中は空だった。また、どこかの人道支援団体から支給されたのであろう白いビニールシートがあった。

一週間ほど前にやっと購入したばかりの灯油ランプがある。まだそれに火がついていたので、「おばあちゃん、ランプ点けっぱなしだよ」と呼ぶと、家の中に入ってきて「これを点けておくとネズミが入ってこないだろうと思って」と言う。

入り口近くの床にはアルミのコップが置いてあって、中に婆さんの血圧を下げる薬が入っている。薬がいくつかこぼれて床に落ちていたので、ネズミの仕業だろうと考える。家の中の掃除が終わり外に出ると、婆さんは紅茶を入れるために薪に火をつけて、小さなやかんを水で洗っている。水は昨日、隣の家から五〇ルピーで買った。五〇ルピーで買った水の量は数十リッター。婆さんの家の庭に生えている数本の木にやった水と、飲水・手洗い用として台所の水瓶に蓄えた水の両方を合わせた量。やかんに水を入れて火にかけると、「側に椅子を持ってきて座るように」と言う。椅子など見当たらないので、床に座る。

「昨日、ヴェラにカネがあるか聞いたでしょ。お前が聞くようにと言うから、聞いた。そしたら「ない」、と怒ったようにしてすぐ反対を向いて寝てしまったでしょ。だから、おばあちゃんは娘には聞きたくないと言ったの」

これに対して、私は、イカの乾物のための金として、すでにヴェラに二〇〇〇ルピー（二千円）渡したこと。そしてヴェラは、ニッティに、一二〇〇ルピーしか生イカの購入代として渡さなかったから、少なくとも八〇〇ルピーは持っているはずだと反論。婆さんは、「どうりで何か隠しているようにして、すぐに後ろを向いちゃったわ」と言う。スルメを作る理由は、マナーの町の日本の建設会社に売るため。

「あの金がどこへ行ったか、ヴェラ姉さんに聞いてこようか？」と私が言うと、「かわいそうだからそれきりにしよう」と応える。それから婆さんは、昨日は五〇〇ルピーを集めるためにとても苦労したと話す。トイレ設置工事をしてもらう業者に払う金だ。

「あっち行って、こっち行って、カネを借りるのが本当に大変だった。どうしても労働者にお茶とビスケットを出さなくてはいけなかったから、一〇〇ルピーは最低でも必要だった。まず遠くのあっちの知っている人の家に借りに行った。そしたら下の息子しかいなくて「母さんはどこに行った？」と聞いて少し待っていたけれど、いつまで経っても来ないから次の家へ行ったの。そこで一〇〇ルピー借りて帰ってきた。その一〇〇ルピーで紅茶、ミルクのパック、砂糖、ビスケット、マッチ、灯油と全部買った」と婆さんは涙ぐむ。彼女にあげられる金が私にはもう一銭もない。

――四月二十一日

今朝は朝食がなかった。ヴェラが作らなかった。ヴェラの家の朝ご飯は、ここのところ毎朝ピットゥと呼ばれる小麦粉に新鮮なココナッツを削って混ぜて蒸したもの。干し魚や、サンバル（唐辛子・レモン・玉ねぎ・塩を全部一緒にすり鉢で潰したようなもの）と一緒に食べると美味しいが、これらはなかなか手に入らないので、砂糖をかけて食べる。

「毎日ピットゥで、もうピットゥは嫌よね。今日は代わりにコッペパンを買ってあげようか」とヴェラが聞き、「うん」と答えると、「教会の近くの店で買おう。マナーから焼きたてのパンが運ばれてきているから」と言う。パンを買うために教会の前を通り過ぎたとき、ヴェラは自然と足を止め、教会に向かって十字を切る。私も立ち止まったが、あらためて振り返って見上げる教会は、それが教会であると知っている人にしか教会だとわからないほど粗末なものだ。教会には壁がなく、柱はすべて、以前トータヴェリを通っていた鉄道の線路でできている。屋根はトタン張り。その一方の端に白いペンキで塗られた木製の十字架が掛けられていて、その十字架をLEDライトが照らすようにできている。その教会の隣にある広いキャンプ中央のグラウンドに、今度新しい教会が建てられる計画だという。教会の名前は「キリストの体」。新しく建てられる教会も同じ名前になる。

その日は、私だけがマナーの町から朝一番のバスが運んできたコッペパンを食べ、ヴェラと婆さんは「後で何か食べる」と言ったのに何も食べなかった。

ロビンソンの母親リータの話

「ムラティヴでの出来事はこの世の出来事ではない。これまで一度も、このような悲劇が起きたことを聞いたことはない」と話すのは、ゲリラ軍と政府軍の激戦が続くムラティヴから、命からがら逃げてきたリータおばさん。私が出会った一番最初のヴァンニ被災民。ヴェラの兄ニッティの友人ロビンソンの母親だ。

——四月十九日

ヴェラの兄ニッティの友人ロビンソンが夕方訪ねてきた。ロビンソンは三十代前半、ニッティはもうすぐ五十歳。ロビンソンとニッティ、ひと回り歳が離れた彼らが互いを「フレンド」と呼び合うのが不思議なのだが、ニッティを訪ねてロビンソンがヴェラの家を夕方仕事の帰りに訪ねてくるため、私も彼と顔見知りになる。二人が互いを友人と呼ぶ理由は、きっと他の村の男たちと異なり、二人は酒を飲まないからかもしれない。ロビンソンはそもそも飲まない。ニッティは以前大酒飲みで体を壊し、ヴィー・ピー神父に救われ今は禁酒を宣言している。二人が親しいもう一つの理由は、二人が実際にボートで漁にでる仕事をしていないからかもしれない。ロビンソンはマナーの町のハレルヤ村の漁師たちが利用している船着場で、船外機エンジンに入れる重油を売るビジネスをしている。ニッティは、船着場で漁師たちが釣ってきた魚の仕分け作業や、ハレルヤ村の女性たちから頼まれお使いに出かけ、わずかな金を稼いでいる。ロビンソンが妻と娘二人と一家でハレルヤ村に移ってきたのは、二年前の二〇〇七年。妻の手術のために、当時政府軍側へ抜けてきた。それまでは母村ペルンカリパトゥで暮らしていた。

ロビンソンがヴェラの家を訪ねてきて、「妻に紹介するから」と私を食事に招待してくれる。最初に彼の家を訪ねたのは四月六日。その日、ロビンソンと妻のラーニーは、ヴァヴニヤの巨大キャンプへ親戚を訪ねに行くと言っていた。ヴァンニには母リータと姉と妹がいて、未だ彼らの行方はわからない。ただ、政府軍側に避難してきた親戚がいるから訪ねに行くとのことだった。その後、私はコロンボに一度戻り、シンハラ暦の正月をコロンボで過ごしたため、電話の繋がらないハレルヤ村での自分が不在の間の出来事を知らなかった。

この夜、妻ラーニーがこの間の出来事を話してくれる。

「四月九日の朝、五時近くに近所の人が起こしにきた。「今、ニュースにおばさんが映っていたわよ。政府軍側に抜けてきた映像におばさんが混ざっていたわよ」と。慌ててテレビを点ける。しばらくすると前の家から大きな泣き声が聞こえ、見るとテレビに母リータ、姉、妹たちが、海に浸かりびしょぬれで、着の身着のまま政府軍側に渡ってくる映像が映った。一人は負傷した子どもを背負っていた。皆、無事が確認できて安心して泣いた」

ロビンソンは、ニュースを見て、そのまま大急ぎで家を飛び出し、バスでヴァヴニヤへ向かった。テレビの映像はきっと数日前のものだから、家族はすでにヴァヴニヤに輸送されていると考えた。しかし、ヴァヴニヤに行っても家族に会えなかった。姉と妹家族はチェッティクラムの巨大キャンプに送られ、母親は負傷した孫と一緒に病院に輸送されていて、ちょうど行き違いになってしまった。

ロビンソンは、それから母親を探して病院を周り、彼女を見つけると一緒にヴァヴニヤの裁判所へ行き、母親の歳は六十七歳で、六十歳を超えているということで、巨大キャンプに入る代わりに自分がハレルヤ村で引き取りたいと願い出た。数日後、六十歳を超えているということで母親リータは収容を免れ、ヴァヴニヤからロビンソンと一緒にハレルヤ村へ来た。ヴァヴニヤの町に二泊したという。その間、インドにいる母親の弟家族に電話をし、無事を知らせた。インドにリータの弟家族が渡ったのは一九九〇年。それから十九年間、リータは弟の顔を見ていないという。

政府が、チェティクラムの巨大キャンプ収容者の中で、六十歳以上の高齢者を釈放することに踏み切ったのは、収容所内で、飢餓や脱水症から高齢者が死亡するケースが後を絶たなかったからだ。ただ、釈放は高齢者のみで、乳飲児も妊婦も障がい者も病気の人も、政府は他の誰も釈放しなかった。

ロビンソンたちは、チェティクラムに収容されている姉と妹の家族を四月十四日に訪問。ちょうどシンハラ暦の新年にあたる日だ。朝、娘二人を連れハレルヤ村を出発したが、キャンプの中に入るのができたのは午後四時過ぎ。しかも、訪問者の数が多すぎるという理由で、ロビンソンは中に入れてもらえなかった。その日一日中、炎天下、木が一本もないキャンプの外で訪問が許可されるのを待った。同じキャンプに収容されている人の数は、すでに一万六千家族を超えていたという。一家族五人で計算すると、収容者の人数は八万人を上回る。

ロビンソンの妻ラーニーは、夕方四時過ぎにやっと面会が許可され、中に収容されている家族に十二個の弁当（魚と鶏肉のカレー）を渡すことができた。洋服もお金も一緒に渡すことができたという。しかし、ロビンソンは訪問を許可されず、結局夕方七時まで待っても家族に面会できなかった。「キャンプでは朝食なし。昼食は夕方四時に配られ、わずかな豆のカレーと白米のみ。夕食は子どもたちが皆寝静まった深夜に配られる」。ラーニーは、巨大キャンプを訪問した他の村人たちと同じことを口にした。

――四月二十日

ロビンソンがハレルヤ村に連れ帰った母リータは痩せ細り、とても疲れている。彼女の目の前で繰り広げられるハレルヤ村の日常生活を、まるで別の惑星からやってきた宇宙人のように、関心を示さずただ静かに床に座っている。

私は今朝、ロビンソンの家にアイロンを借りに行き、リータに初めて会った。彼女はあまりにも静かに床にじっと座っていて、しかもまわりに四、五人の女性たちがいたため、私は彼女の存在に気付かず、前を通り過ぎて家の中に入り「アイロンを貸してください」と、自分はこれからマナー司教に会いに行くから忙しいのだという仕草で、振り返って、初めて床に座っていた女性たちの姿が目に留まる。

「お母さん？」そうラーニーに質問すると、「あそこにいるのが母です」と部屋の隅に座っていた年配の女性を指差す。ラーニーの十七歳になる娘の服を、司教に会いに行くために借りて、それにアイロンをかけてもらっている間、私は母リータの横に座って紅茶を飲んだ。ラーニーが「お母さん、ヴァンニでどんな日々を過ごしてきたのか話してあげて」と言った。私は「司教に会いに行ってから、戻ってきてお話を聞きます」とお願いして帰ってきた。

未曾有の悲劇

その日、一日中待っても司教館へ行くためのヴィー・ピーの使いは来なかった。夕方、私はまたロビンソンの家にリータを訪ねた。

「ムラティヴでの出来事はこの世の出来事ではない。これまで一度も、このような悲劇が起きたことを聞いたことはない」。これが、リータの一言目だった。「私はもう六十七歳になるが、過去九ヶ月間に目の前で起きたような悲劇を、これまで見聞きしたことがない」

それだけ言うと、また黙ってしまう。私とロビンソンはプラスチックの椅子に腰掛けていて、母親はコンクリート・ブロックの上にゴザを敷き、一段低いところに座っている。私は何を質問したらよいのかも、質問することで、苦しい記憶を蘇らせてしまうことが適当なのかもわからない。

「写真を見せたっけ？」とラーニー。「いいえ」と私が答えると、家の奥からアルバムを持ってくる。二〇〇七年のもので、長女の初潮のお祝いの写真だ。十五歳の彼女は、化粧をし、とても大人っぽく映っている。

「ご覧になられましたか？」とリータに聞くと、「うん」と頷く。

「母は、二〇〇七年に一度、ペルンカリパトゥから私たちを訪ねてきたの。そのときに、確か見たわよね」とラーニーが言うと、また頷く。それから私たちの会話は再び現在に戻り、戦禍の話に移る。

ラーニーが「ねえ、お母さん、何ヶ月間も、空爆の中、ジャングルを移動してきたのよね」と聞く。リータはまた頷いて、私の方を見て、「最初に行ったのはムーンランペッティ。次はナーチクラムと、七カ所も移動して生活してきたの」

「ちょっと待ってください。メモを取っても構いませんか」と、私はノートを手に取る。私が一緒に持ってきたテープレコーダーを取り出して、「録音しましょうか、書きましょうか？」と聞くと、「は？」と、わからないという顔をした。私がレコーダーをケースから取り出して左手に持ち、右手にノートを持って、もう一度「カセットに録音しましょうか、ノートにメモしましょうか」と聞くと、少し笑って「メモしてください」と、ノートの方を見ながら言った。ロビンソンが大きな懐中電灯を持ってきてくれる。

　私はもう一度、「最初にペルンカリパトゥを追われたのはいつですか？」

「二〇〇七年六月。最初に行ったのがムーンランペッティ。そこには八ヶ月ぐらいいたわ。次はナーチクラム」

「その村にはどのくらいいたのですか？」

「ナーチクラムには四日間しかいなかった。すぐに移動しなければならなくなり、次に行ったのはジェープラ。ジェープラには一ヶ月ぐらい。それからカナハプラム。そこには一ヶ月と半月。それからウラヴァノール。そこに二ヶ月。そしてスダンディラプラムに一ヶ月。七カ所も移動したのよ」

「では、最後はスダンディラプラムから政府軍側に抜けたのですか？」

「いいえ、最後はスダンディラプラムから移動した先のマータランに一ヶ月半いたわね。毎日、四六時中、こっちからも、あっちからも、ありとあらゆる方向から爆弾が落とされ、逃げ回るようにして移動してきた。食べ物もなかった。玉ねぎ一キロ二千ルピーの世界。何も手に入らなかった。外から物が入ってきても、彼らは（虎は）わずかしか私たちに売らなかった」

彼女の口調はとてもゆっくりだ。

「最後にたどり着いたマータランから、朝、政府軍側に抜けようと移動を始めたの。川を越えなければならなかったの」

「川ですか、海ですか？」

「川。朝早く移動を始めて、結局政府軍側に抜けることができたのは、昼近く。川を越えようと水に浸かりながら渡っているとき、発砲してきたの。姪の夫が、子どもを胸に抱きながら渡っていたの。彼と子どもに弾が当たった」

リータは右手をゆっくり上げ、頭の右側から左側へ弾が抜ける仕草をし、それから胸に子どもを抱くようにして、次に子どもの頭に弾が抜ける仕草をした。

「撃たれてすぐ父親は倒れ、私たちは子どもを拾い、水の中を走って逃げた」

ここまで話すと、彼女は黙る。撃たれたその父親を水中に置き去りにして逃げてきてしまった。

「発砲したのは政府軍ですか？」

「いいえ。虎よ」

リータは背を少し伸ばして、私に聞きなさいという、質問に構える仕草をし、言う。

「虎は私たちが政府軍側に抜けることを許さない。私たちと一緒に、十六歳、十四歳になる娘たちがいた。虎は彼女らを見つけるとすぐ捕まえてしまう。兵士がまったく足りていないから。だから、私たちはそれを恐れ、穴を掘って防空壕を作り、毎回移動するたびに、日中は彼女たちをその中に隠していたの。防空壕の中の若者を連れ出し、四方八方から爆弾が飛んでくる中、私たちはあの日の朝、逃げてきたの。遠くに政府軍兵士の姿が確認できたから、彼らの方向に向かって走って逃げた。そして、逃げて川を渡っている最中に、発砲してきたの」

――四月二十一日

次の日もまた、ロビンソンの家にリータを訪ねた。

「昔は私、もっとぽっちゃりしていて元気だったのよ」と、彼女は両手をゆっくりと横に開き上に持っていくと、エイッと振り下げる仕草をしながら言った。「でも、今はすっかり弱っちゃった」

彼女の頬骨は突き出ている。全身が酷く日に焼けて黒い。

「ペルンカリパトゥ村での生活はよかったのよ」と。「義理息子は商売をやっていて、バン（車）もあった。もう一人の娘の生活もよかった。だからハレルヤ村に来て暮らそうとは思わなかった。向こうの方が仕事はあるし、生活するにはよかったから」

「最初にペルンカリパトゥを追われたとき、全部車に荷物を積んでいったの。ムーンランペッティに行ったのよね。その当時（二〇〇七年六月）、ペルンカリパトゥにはまだ百四十家族ぐらい残っていたの。そのうちの四十家族は海を渡ってマナー島の方へ逃げた。でも十代の若者がいた家族は、政府軍側へは逃げなかった。虎に捕まって子どもをとられる恐れがあったから」

「私たちはムーンランペッティへ逃げたの。当初は、しばらくしたらまたペルンカリパトゥに戻れるだろうと思っていた。状況がこんなに酷くなるなんて考えてもいなかった。こんなに長い間、空襲に追われる生活をすることになるなんて」

リータは、膝をプラスチックの椅子の上に立て、足の爪を手の指で触り鳴らしている。骨に黒い皮が貼り付いたような彼女の痩せ細った体は、一回りも二回りも大きな部屋着に覆われている。

しばらくするとまた話し始める。

「最初は、避難するとき、いろいろなものを持っていったの。またしばらくしたら村に戻れるだろうと思って。でも、次から次へと居場所を追われ、すべてを失った。最後はビニール袋に洋服を入れて持っていたの。それも川を渡るときに落としてしまった。政府軍側にたどり着き、私は負傷した子どもと一緒に救急車でヴァヴニヤ病院へ運ばれた。娘家族は、二家族とも、他の人たち二十人ぐらいと一緒にバスでどこかへ運ばれていった。救急車には乗らなかった。病院に着くと、私たちはそれこそ身につけていた洋服以外は何も持っていなかったものだから、しかも着ていた服も破れてしまっていたから、病院でシャツを二枚くれたの。一枚は私に。もう一枚は、もう一人の女性に。そんなだった」

リータは、自分の着ている大きすぎる服の胸のあたりを押さえる。姉からもらった服だという。

近くの椅子に座っているラーニーが思い出したように言う。

「お母さんのすぐ近くにも爆弾が落ちたのよね。ヴァンニから出てくるちょうど一週間前のことだったわね。夜、寝ているときに爆弾が飛んできて、それが寝ていたお母さんの頭から一メートルも離れているかいないかのところに落ちたの。でも、その爆弾は爆発しなかった。それでお母さんもみんなも助かった」

黙って聞いていたリータは、しばらくして口を開く。

「その爆弾はすぐ近くに落ちた。でも落ちたところが柔らかい砂の上で、こうやって砂の中に埋まって茣蓙の下に入った。それから私たちは皆避難して、あの人たち（虎）が来て爆破した」

ヴァンニでは子どもたちが腹を空かせていたが、何もあげられる物がなかった。

「それはもう、食べ物がなかった。買おうとしても何もない。子どもたちがお腹を空かせて泣いている。どうしようもなかった」

一緒にいた娘家族には、生後四ヶ月の赤ん坊と、九歳になる娘がいた。もう一人の娘家族には、十五、六歳になる長女と次女と末っ子がいた。長女は結婚していて、九ヶ月になる子どもがいた。

「子どもたちがお腹を空かせて泣いている。でも何もあげられる物がない。どうしようもなかった」

と繰り返す。
十五、六歳の長女がすでに結婚していた理由は、結婚していればゲリラ軍の徴兵を免れることができたため。だから、ヴァンニでは「子どもが子どもの手を引いている異様な光景がよく見られた」。ただし、この戦争の最後には、結婚してようがしてまいが、子どもがいようがいまいが、機関銃さえ持てれば誰でも徴兵されてしまうことになった。
ヴァンニで四ヶ月前に、彼女の下の娘に子どもが産まれた。

「産まれても、母親は栄養不足で乳も出ないし、赤ちゃんにあげる粉ミルクもない。粉ミルクがまったく手に入らなかった」

この夜、ロビンソンの家では、スリランカ国営放送「ルーパヴァーヒニ」のタミル語版ニュースがテレビに映っている。リータは、テレビ画面のすぐ近くで見ている。テレビにムラティヴ海岸、プドゥ・マータランの映像が映ると、「あそこのジャングルに、私たちはいたのよ」と言う。その日、さらに三万一千人の避難民が、リータのようにムラティヴ海岸の戦場から政府軍側に抜けたとテレビが報道する。

――四月二十一日夜

ヴェラは、夜八時半の南インド・タミルナドゥ州のニュース「マッカル」で、スリランカ国営放送ルーパヴァーヒニの放送と同じ、三万一千人の避難民の政府軍支配地域への移動の報道を見たという。マナー島はインドに隣接しているため、インドのニュースをテレビで見ることができる。二日前の出来事の放送だという。ヴェラ曰く、「同じ人間の移動のニュースなのに、二つのチャンネルで伝え方がまったく違う。昨日の晩は、カオリをメドゥの家に送っていったでしょ。それから隣にあったメドゥの姉の家に行ったの。メドゥの姉は、ココナッツを割ったときに手も一緒に切っちゃって、病院に行ったという話だったから。そしたら、彼女は部屋の奥で泣いているの。どうしたのかと思って振り返ると、テレビ画面に大怪我をした十二、三歳になる子どもを抱いて泣いている母親の姿が映っている。両手、両足をすべて失った子どもをこうやって抱えて泣き叫んでいるの。マッカルテレビの避難民へのインタビューでは、「アーミー（スリランカ軍）がこっちの方へ来て避難するようにと言うから、私たちは皆、一本の木の下で日差しを避けて座っていたの。そしたら急に、虎に対抗する攻撃とか言って、爆弾を私たちの頭上に落とし始めたの」そういう風に言っていたの」

ヴェラは怒りが込み上げているようで、続ける。

「こっちへ来るようにとアーミーは人びとを誘導して木の下で休ませておいて、そこに爆撃する。考えられる？　もう一つの映像では、メドゥの姉の二番目の子いるでしょ、あの子ぐらいの小さな男の子が、赤ちゃんを膝に乗せて座っているの。父親も母親もいないの。子ども二人だけ。どこの世界でこんな惨いことが起きるのか」

隣に座って聞いていた婆さんは、「カダブレー（あぁ、神様）、上の人たちは皆逃げちゃって、貧しい市民がこんなに苦しい思いをする。シンハラ政府もとんでもない。こっちに避難するようにと言っておいて、避難してきた人たちの上に爆弾を落とす。政府のニュースじゃ、そんな報道はまったくしていなかった。「多くの人びとが避難してきた。政府はその人たちを大事に守っている」と報道していた。嘘ばかり。いつもこんな調子。いつになったらタミルの私たちが安心して暮らせるのか」

「私たちの軍隊はどこだ、虎はどこだ」と、婆さんは皮肉っぽく言う。ヴェラは、「今、この村にもナーイ（犬）が一匹いる」。「虎」から逃げてきた隣の家の青年のこと。

ヴェラは、他にも、死んだ二人の子どもを右膝と左膝に乗せ、自分の頭に砂をかけ、自分も一緒に埋まって死のうとしている男性の映像も見たという。昼前にニッティが帰ってきたときに婆さんがその話をすると、ニッティーは、「そういうこともあって、死んだ人たちもいるかもしれないが、大勢は助かった」と口にする。毎日のようにチェティクラムのキャンプに使いに出かけ、実際に収容者たちからムラティヴで起こっていることの話を聞いているニッティにとって、これらのテレビ番組はどちらも真実を語っていない。

四月二十五日付の、現地のデイリー・ミラー新聞によると、国連の発表では、ここ三ヶ月間（二〇〇九年一月二十日以降）のスリランカ北部ゲリラ軍支配地域（ヴァンニ）での死者の数は六千五百人、負傷者一万四千人。スリランカ政府は、二〇〇九年三月の時点でヴァンニに残っているタミル人は八万人だと発表している。政府の数字「八万人」が本当だとすると、ヴァンニに残っていた住民の四人に一人が死亡ないし負傷したことになる。

マナー病院の様子

私はシンハラ暦の正月の間、一時コロンボに戻った。コロンボに「避難」することになった理由は、無理にマナー病院を訪問したことが原因だった。毎日のように病院へ行き、食事や掃除の手伝いをしているニャーナムが、私に一度マナー病院へ行き、自分の目で起きていることを確かめるべきだと言った。その言葉を発した後、ニャーナムは疲れから寝てしまう。寝ているニャーナムの横で、長男ラージと次女ディバと私の三人は、私がマナー病院を訪問するための戦略を練る。マナー病院は緊急事態宣言下、親族一人以外の訪問が禁止されている。私たちが思いついたのは、ちょうどラージの妻が産婦人科に入院しているため、ラージが持っている訪問者用の入場チケットを使い、私が病院を訪問するということ。ディバは現地のＮＧＯで働いているため、病院へ入る許可証はある。

私たち三人は、この計画をきちんとニャーナムに相談せずに決行。案の定うまくいかなかった。

―― 四月七日

私たちが病院訪問の日と定めたこの日、私はバイクタクシーで、マナーの町のディバが働くイエズス会の難民支援団体のオフィスへ行く。そこで彼女と落ち合う約束だった。オフィスへ来た私を、ディバは無理やり上司のところへ連れていき紹介する。マナー病院に到着する。私は入口でラージにもらった訪問者チケットを警備員に見せ、病院の中に入る。ディバは私が隣を歩いているのを得意に思ったのか、もしくは自分の仕事を私に見せるのに得意になったのか、背伸びをしてゆっくり歩き、時間と人目を気にしている私の心配を無視している。わたしたちは産婦人科病棟にラージの妻を訪ね、それからヴァンニから送られてきた負傷者が収容されている病棟へ行く。

三十分が経過しても、まだ四人目の軽症の患者しか訪問できていない。すでに訪問時間の半分が経過している。六人目の患者を訪問したとき、警察と私服警察が三人、ディバと私のいた軽症者を収容している病棟に入ってくる。軽症者といっても、ヴァンニで、クラスター爆弾によって手足を吹き飛ばされた女性患者たちの病棟だ。

警官たちは、一人の患者の名前を呼ぶ。病棟いっぱいに緊張が走る。収容者を叱りつけるような恐ろしい声。その患者の名前を呼びながら、警官たちの目は私を捕らえている。私は床にしゃがみ込んで、片足を失った若い女性と話している。彼女は空爆で怪我をし、ムラティヴ県に隣接するトリンコマレー県まで国際赤十字の船で運ばれ、トリンコマレーから救急車でヴァヴニヤへ抜けたという。この片足を失った女性の後ろには、二十代後半の女性で、目と顔が膨れ、明らかにうつ病を病んでいるとわかる女性がいる。私が訪問してきたことに少し関心を示したのか、微笑みもせず、何かたくさん頭の中で考え事をしているのか、もしくはまったくしていないのかわからない状態で、私の方を見ている。私は、今話している女性との会話が一段落したら、次は彼女と話をしようと考えていた。そのとき、警官たちが病棟に入ってきた。

名前を呼び上げる警官たちの方を見ながら、私は顔がこわばってしまう。意識して笑みを浮かべようとする。呼び上げた名前に応答はなかった。応答がないまま、その私服警官は、他の警官たちを引き連れて私とディバのいる病棟の隅にやってくる。「そのノートにお前は何を書いた?」と、ディバが胸に押さえつけていた彼女のダイアリーを強引に奪う。「ただの日記帳です」とディバが答える。その私服警官は、日記帳を開く。中はすべてディバがタミル後で書いたメモだ。警官たちは皆、シンハラ人だが、タミル語が上手で、ディバへの質問もタミル語でする。でも、タミル語の読み書きはできないようだ。とにかく、その日記帳は私のものではなく、ディバのものだと彼らは確認したようだ。日記帳を手に「ここに何が書かれているか確認しろ」と、私服警官はシンハラ語で二人の警官に言った。ディバはそのシンハラ語を理解しなかったため、私服警官に、「私の日記帳です。何も書いていません。私はイエズス会難民支援団体で働くものです」と言う。私服警官は、日記帳をディバに返すと、「お前たちは一体ここで何をやっている？　あいつは誰だ？」と、私の方を顎で指しながら聞く。私は立ち上がり、笑顔をとりつくろって、「友だちの見舞いに来た」とシンハラ語で言おうとする。「友だち（ヤールワ）」はシンハラ語で言えたが、「見舞いに来た（パーカ　ワンデーン）」はタミル語でしか出てこない。そこで、言葉を濁してそのまま黙ってしまう。

　私は、手に持っていた患者訪問の許可証を私服警察に見せる。するとと彼はシンハラ語で、「こいつらは他の患者訪問の許可証で、この病棟に入ってきた」と言い、それからディバと私にタミル語で、「この病棟の訪問時間は今ではない。訪問時間外の病棟訪問は許されていない」と。私は笑顔をとりつくろったまま、三人の警察の横を通って病棟を出た。出かけに、先ほどまで話をしていた片足を失った女性の方を見てウインクをした。彼女は少し微笑んだ。

　その病棟にいた女性たち皆が静まりかえっていた。一階に降りたディバと私は、ディバの兄の妻レヌーカを産婦人科病棟にもう一度訪ね、彼女にさようならを言い、病院から出る。レヌーカは「訪ねてきてくれて、どうもありがとう」と。まだ二十歳の彼女がひと回り大きく見えた。「お腹の中の水が足りないとのことだから、しばらくはここにいないといけないの。赤ちゃんの予定日が五月二十八日だから、一ヶ月はここから出してもらえないかもしれない」と彼女は言い足した。

病院を出ると、ディバはNGOのオフィスへ戻っていく。私は、ハレルヤ村に戻るのは軍の監視があるため危険と考え、A氏にお願いしマナー市内に泊まる。そして翌日、シンハラ暦の正月の間、コロンボに一時戻るというA氏と一緒にマナーを発つ。私は、きちんと今回の計画についてニャーナムに相談していれば、このようなことにならなかったと後悔する。自分の軽率な行動によって、A氏に大変な迷惑をかけてしまうことになる。

ニャーナムと長男ラージの話

コロンボでシンハラ暦の正月の一週間を過ごし、私は再びマナー島、ハレルヤ村に戻る。

——四月二十三日

午前中、いつまで待っても、ニッティが金を渡し、三キログラム（一二〇〇ルピー／円）のイカを買ってハレルヤ村に届けるようにと頼んでおいたムスリムの男性はやってこなかった。そこで、十時に私はニャーナムの家に来た。彼女は「新しく購入した土地」へ行っていて留守だった。店番は長女がしていて、末娘が朝食のドーサイを作り終え、昼ごはんのために蟹を料理していた。朝、村の漁師たちが獲ってきたばかりの蟹だ。

しばらくすると長男ラージが来て、私を彼と妻レヌーカの土地へ案内するという。行ってみると、二人の土地はニャーナムの畑になっている。ハレルヤ村では、それぞれの家族に一〇ペーチ（約二五〇平方メートル）の土地が割り当てられている。しかし、ラージの土地はだいぶ小さく見える。人口が増えすぎて、区画が小さくなっているようだ。その中に、ナス、ニガウリ、青唐辛子、キュウリのように長いツルになる野菜、バナナ、パパイヤ、アニョッカなどがたくさん育っている。

ハレルヤ村は、ちょうど今年（二〇〇九年）から一時避難先のキャンプではなく、定住先の「村」という身分になった。政府が避難民に配る配給制度は廃止されるが、代わりに土地を所有する権利が村人たちに与えられ、トイレも各家庭に無料で配られているという。ただし、トイレの設置費の約一万ルピーは住民が負担する。

司教がキャンプを一時避難先ではなく、「村」にすると決定した理由は、避難生活が十年と長期化し、ヴァンニの母村に住民たちが帰還するというオプションがもはや現実的ではなくなったためだ。村の人口は拡大し、母村には皆に土地があるわけではない。また、母村は完全に政府軍に占拠され、いつ住民の帰還が許可されるかわからない。村と認定されたことで、これまで禁止されていたレンガやコンクリートを使って家を建てることが可能になった。ハレルヤ村の人びとは皆、土地所有の権利が付与されたことを歓迎している。

ラージの土地から戻ると、ニャーナムは家に戻っていた。彼女の考え方は二年前とは変わっていた。二〇〇七年の時点では、彼女は、母村ペルンカリパトゥの家のこと、いつそこへ戻れるかということ、現在のキャンプはあくまで一次的な滞在地で、土地の所有やトイレの建設が禁止されていることを話していたが、土地が購入できるようになった今は、次のように話す。

「人は、少し下に落ちたとしても、上に這い上らなくてはならない」「私は、昼寝をしないで店の番をする。どうしてかわかる？　明日の家族の食事のため。寝てしまって店の番をしなかったら、明日の食事に困る。わかる？」確かに、この皆が昼寝をする村で、ニャーナムは昼寝をしないでコツコツ働いている。

彼女の店は三畳ほどの狭さで、客は窓越しに物品を購入する。その店の中に、私はいつものように商品に囲まれて座る。

彼女によると、ここ三十年の問題、つまり「シンハラとタミルの民族問題」は、すべて一つのことに端を発する。頑張って勉強して大学へ行った若者たちに仕事がない。また、頑張って勉強しても大学に行けなかった若者たちも多くいる。彼らは漁師の苦力（クーリー）の仕事をするために勉強したのではない。大学へ行き、漁師の仕事よりも「立派な」仕事につくことを念頭に置いていた。そうして育っていった彼らに仕事がない。しかも、大学に入学するには、タミル人は百点を取らなければ入れず、シンハラ人は六十点でも入れるような、そんな制度になった。そういった中で、タミル・イーラム解放の虎の問題や、他のタミルの若者武装グループの問題も出てきた。「手の仕事」、つまり農民や漁師の仕事ではなく、「目で仕事をする若者たち」に職がない。この問題が、タミルとシンハラの民族問題へと発展した。

それから、私たちの話は、巨大キャンプに収容されている彼女の姪の家族に移る。ニャーナムは「キャンプの精神的現状（サイコロジカル・シチュエーション）」について、次のように言う。

「先日、姪から手紙が届いた。ペルンカリパトゥで良い暮らしをしていた人たち。それが今、すべてを失い、チェティクラムに収容されている。「もし神様が、私たちの命さえも奪ってしまえば、私たちはあっちの世界に行っていた。でも命だけは奪わなかった。でもこれからどうしたら良いかまったくわからない」と、手紙に書いてある」

「今日、どんな問題があるかといえば、精神の問題。すべてを失ってキャンプに収容され、皆、ただ泣いているだけ。一度行って見てきたらいい。どれほどひどい精神状態に収容されている人たちがあるのかを。これからが大変。私は行って彼らに「なんとかして前向きに考えなくてはならない。必ず良い生活ができるときがくる」と言ってきた。収容者全員がただ泣き崩れていれば、皆がとんでもない精神状態に陥ってしまう」

現に、キャンプでは、肉親を失った苦しみから精神の病に陥り、キャンプの中を彷徨う人がいるという。ヴァンニで赤ちゃんを失い、他の人の赤ちゃんを自分の子だと言い連れ去ろうとする人など。

「ラージが生まれた。ラージが死んだ」

今回の戦争以前にも、内戦によってハレルヤ村の人たちはたび重なる立ち退きを強いられてきた。一九九九年六月のペルンカリパトゥ村での出来事の続きを、ニャーナムの長男ラージが話してくれた。カラスが空から降ってきた、あの満月の夜の出来事だ。

——教会が爆撃された満月の夜の話　一九九九年六月二十九日

ゲリラ軍と政府軍の間でロケット弾の打ち合いが続いていた。ペルンカルパトゥ村の教会にロケット弾が落下する。時間は午後七時四十五分。村人の七五パーセントは徒歩で、同じくゲリラ軍支配地域のテーヴァンペティ村へ避難した。ちょうどテーヴァンペティ村はスリランカ軍が発砲していたマナーのタッラーリ基地からロケット弾が届く範囲外にあった。残りの村人たちは、近隣の村人たちと一緒に、ボートでマナー島へ。

徒歩で逃げた村人たちがテーヴァンペティに着いたのは翌朝九時。十二時間移動にかかった。ペルンカルパトゥを出て、まずカッリヤーディへ行き、次にイルパカナヴァイ、ムーンランペティを通って、テーヴァンペティに着いた。これらの村はゲリラ軍支配地域。

次の一ヶ月間に、テーヴァンペティから、政府軍が支配していたマナー島へ避難した人たちがいる。ニャーナムの家族は、一ヶ月後にテーヴァンペティを出た。夜、ゲリラ軍の監視を逃れるようにして海を渡る。マナー島で最初に着いた先はパリムナイ。ヴァンニからの脱出は、マナー島のパリムナイ村の漁師たちに手伝ってもらった。彼らに金を払い、こっそりボートで運んでもらう。ゲリラ軍に見つかっても、政府軍に見つかっても、捕らえられてしまう。そして、なんとか無事にパリムナイに到着すると、避難民キャンプがあったペーサーレに移動。スリランカ軍の特殊部隊（スペシャル・タスク・フォース）がとても怖かったという。泣き出す乳幼児がいれば、その母親は、同じボートに乗っている人たちの命を救うため、赤ちゃんと一緒にボートから海に飛び込むしか選択肢がないような状況だった。

現在ラージは三十二歳。私と歳がほとんど変わらない。ハレルヤ村で一番勉強ができて、ジャフナの名門ジャフナ大学に進学した。しかし、内戦のためにたびたび大学が封鎖され、結局彼も他の多くのタミルの若者たちのように大学を修了できなかった。ラージは言う。

「僕たちはまるで動物のよう。すべてスリランカ軍が決める。いつ仕事に行けるのか、行けないのか。「ラージが生まれた。ラージが死んだ」、ただそれだけ。こんな状態が三十年も続いている。自分の人生は何だったのか？」

それから、ラージは私の歳を聞き（二十九歳）、「僕たちは、これからの世代をサポートしていかないといけない」と付け足した。彼の「これからの世代を」という言葉を、私は一瞬不思議に思った。自分中心に生きている私は、まだ自分が主役の人生がこれから先も続くと考えていた。次の世代のサポート役に自分が回るなど考えたこともなかった。

「虎」から逃げてきた隣の家の青年の話

シシリア婆さんとヴェラ、そしてニッティとのヴェラの家での生活は、貧しいが笑いと芝居がかった振る舞いが多い。ヴェラが、隣の家の「虎」の青年について話してくれる。

「先週の日曜、あの聖人祭の日に彼は突然帰ってきた。夕方五時頃だった。急に隣の家から泣き声がして、どうしたかと行ってみると、「虎の次男が突然帰ってきた」のだそうだ。軍隊に検問で身元証明書の提示を求められなかったのかと聞くと、「検問所のない裏道を通って、タールヴパードゥからトータヴェリに入ってきた」と言う。見れば、彼の弟の身元証明書をコピーしたものがいくつかあった。顔も似ているから、それを使って入ってきたのかもしれない。あの家は、男兄弟六人と娘が一人。長男は、ペーサーレの浜に漁に行っていたとき軍に殺されてしまった。私たちは彼の葬儀をここでして、遺体はペルンカリパトゥに送った」

長男が殺されたのは二年前の話だという。彼と一緒にスリランカ軍によってペーサーレの海岸で目隠しをされ射殺された十数名の青年たちには、ムスリムの青年たちも混ざっていた。

「虎から逃げてきたその次男は、六ヶ月間ジャングルの中で食べ物はまったくなかったと言う。でも見ると身なりは外国へ行って仕事をしてきて、コロンボから帰ってくる青年たちのように体格も良く、ぽっちゃりしていて、新しいシャツと白い長ズボンに靴下にスニーカーを履いていた。あんた、六ヶ月間もジャングルの中を食べ物もなく彷徨っていたようにはまったく見えない、と言いたいほど良い格好をしていたの」

ヴェラは一つひとつジェスチャーを交えながら話す。「あまりにも良い格好をしているので、隣のおばさんは、靴と靴下を脱がせ、ビーチサンダルを履かせ、長ズボンの代わりにサロン(腰巻き)を、うちの息子が履いているようなサロンを履かせたの。隣のおばさんは「この子がここにいては問題になるから」と、まずは村の司祭に報告しなければと、彼を連れて教会へ行った。そしたら村の司祭は、ヴィー・ピーのアル中センターに連れていくようにと話したみたい。でも、結局ヴィー・ピーのところにも行かないで、今はあそこの、キャンプの奥の方に知人と一緒に隠れているみたい。昨日の夜、カオリと婆さんがメドゥの家に寝に行くと送り出した後、家に入ろうとしたら彼を見かけたの。友だちと二人で隣の家に入っていくところだった」

それから、ヴェラは、「あの青年はこの村にいてはいけない。皆に迷惑になる。インドへ行くか、外国へ行かなければいけない」と言い、次のように付け加えた。

「彼の家は、母親が若くして死んだ。だから十五歳だった彼は自ら志願して虎に参加した」

一人でも食べる口が減れば、他の兄弟が食べていける。

「虎に参加してから、十五年も帰ってこなかったの？」

「うん。十五年たって見た彼は、とても美しい青年になっていた」

それから、話はヴェラの一人息子タンビが虎に連れていかれそうになった話に移る。

「まだタンビが小さかったとき。小学校四年生のときだったか、学校が終わって家に帰ってきたから使いに出したの。唐辛子の粉を買ってきなさいとかなんかで。でも長いこと経っても帰ってこなかったの。なんで買い物の使いにこんなに長い時間がかかるのかと探しに行くと、海辺で虎のグループがうちの息子とソーバナ（姉の娘）の二人を並べて志願させようと説教しているの。「君、そう、君がいないとシンハラ・アーミー（スリランカ軍）は倒せない」とか、「タミルの祖国を守るためには戦わなくてはならない。さあ、一緒に戦おう！」とか何とか。村の子どもたちが見たこともないような最新のバイクを見せたり、虎が英雄でシンハラ政府軍が悪人の映画を見せたり、そういった手口。私はそこへ行き、「一人しかいない息子なんだから、戦いに出すなんてとんでもない。すぐに返しなさい。なんで使いに出した子どもを海岸へ連れていってリクルートなんかするのよ！」と息子を連れ帰った。ソーバナも一緒に連れて帰ったが、子どもたち二人は怖くてワーワー泣いていたという。ヴェラがソーバナの母親のところへ行き、「姉さん、娘のソーバナが虎に連れていかれそうよ。捕まってるわよ」。そう言うと、姉は着ていたスカートの裾を捲って大急ぎで走り出したわ。ハッハッハ。それから家に帰るとタンビは、「お母さん、もうお使いには出さないで」とまだ泣いていたの」と言う。私が笑うものだから、ヴェラは、姉が大急ぎでスカートの裾をめくって走っていく姿を何度も繰り返す。

数日後、ヴェラの話では、隣の家の虎から逃げてきた青年の父親と兄弟は、現在ヴァヴニヤのキャンプに収容されている。「昨日、ヴァヴニヤのキャンプで、キャンプを運営するスリランカ軍兵士たちに彼の父親は「息子は虎だろ」と責められ、ひどい体罰を受けた」という。「お前の息子はどこへ逃げた？」と両手を鞭打たれていたと、キャンプを訪ねた人たちからタンビが聞いたという。

——四月二十一日

夜、ロビンソンの家に泊まった。夕食をご馳走するからと、その後でニッティ兄さんに迎えに来てもらうのも大変なので、泊めてもらうことになった。夕食は魚の肝だった。タミル語でポッカム。妻のラーニーが私のために作ってくれた。ロビンソンは、マナーの町で母親に喉と肺の薬と、腰痛の薬を買ってきた。喉の薬はアーユルヴェーダのシロップ。母親リータは美味しい夕食を前に、「喉と肺の調子が悪いから食欲がないの」と食べられない。

――四月二十二日

朝、ロビンソンの家から帰ってきて、ヴェラの家の中を箒で掃き、家族が昨日の晩に食べたまま洗わずに残してあった食器を洗い（炭で洗う）、ロビンソンがくれた貝殻を洗っていると、家の垣根の向こう側を一台のバイクがブーン、ブーンと大きな音を立てて走っていくのが聞こえる。近くに座り、毎度のように巻きタバコ（タバコの中で一番安いもの）を吸っているニッティが、「オイ、カオリ、今、ネイビー（海軍）がバイクで通ったぞ」と言う。私にはバイクの音しか聞こえなかった。「一台行ったから、次のも来るぞ」と。見ると、垣根の穴から、二人乗りで軍服を着て機関銃を二挺振り上げてオートバイで走っていくスリランカ海軍の兵士たちの姿が見える。三台目が見えたとき、私が急いで家の中へ逃げるように入ると、ヴェラもニッティも笑って、「心配ないよ。ああやって、ネイビーは毎日この村を通って、向こうの海の方の村へ行って酒を飲んで帰ってくる」と言いながら、ニッティは酒を飲むふりをした。私が、まだ朝の六時四十五分だと言うと、「ちぇ、ネイビーに時間なんてない。酒が飲みたくなったら、ああやって数人でかたまって行って飲んでくる」と。「虎から逃げてきた青年がいる隣の家の人たちは怖い思いをしていると思う」と私が言うと、「ちぇ、心配ない」と。また近くでブーン、ブーンとオートバイの音がする。

デェーバ兄さんの娘の話

——四月二十五日

朝七時、キャンプへの迎えを依頼するために電話をかけにいく。ハレルヤ村のコミュニケーション(電話屋)は三日前にオープンしたばかりで、隣のエルカランピティというムスリムの村から来た一人のカーカー(おじさん)が運営している。「カーカー」とは、ムスリムの人たちが使うタミル語で「兄」の意。ハレルヤ村ではムスリムの男性を「カーカー」と呼ぶ。

隣のムスリムの村では電話の使用が許可されているから、そのカーカーは自分の家の移動式の電話をキャンプに持ってきて高値でキャンプの住民に利用させている。二度、迎えを依頼するため、近くにあるヴィー・ピー神父のアル中センターへ電話をかけてみるが誰も出ない。「センターでは毎朝六時半からミサがあるから、それが終わってからじゃないと誰も電話に出ないのかも」と私が言うと、一緒に来たヴェラは、「じゃあ、兄の家が近くにあるから、あそこで待とう」と、向かいの家を指差す。家の敷地内に入ると、ヴェラの兄の妻は庭を掃いていて、ヴェラが「カーカーのところへ電話をかけにきたんだけど、だれも出ないから少し待たせて」と言うと、すぐ近くにあったプラスチックの椅子を出してきて座るように勧める。家の中から、ヴェラの兄らしき人が小さな男の子と一緒に出てくる。家の入口の床に二人で並んで腰掛ける。

「この兄の娘が亡くなったのよ」と、ヴェラは言う。「この人がデェーバ兄さん。娘が亡くなって、一歳の赤ちゃんが両足に重症を負ったのが、このデェーバ兄さん」

ヴェラは入口の床に腰掛けていた小さな男の子に向かって、「お母さんの写真あったでしょ、持ってきてこのお姉さんに見せなさい」。男の子はすぐに立ち上がり、家の中からA4の大きさの木の額に入ったカラー写真を持ってきて私に手渡す。一人が若く、もう一人が年配の二人の女性の写真だ。写真左側の若い女性を指差して、「これが兄の娘。とても綺麗でしょ。歌も踊りもとても上手だったのよ」とヴェラが言う。生まれた年は一九八二年。隣の年配の女性は、その娘の夫の母親で、二人とも亡くなった日付は同じで、「二〇〇九年一月二十六日」と記されている。出生地は二人とも「マナー」、死没地は「ヴァンニ」。マナーは確かに町の名前。しかし、「ヴァンニ」というのは市町村名ではなく、「九州」や「東北」のように、それよりも大きな地域全体の名称。それが死没地の欄に記されている。

写真を返すと、今度は小さなプラスチックの写真立てに入った写真を手渡して、「これが一歳になる孫」と言う。小さな十ヶ月ぐらいの男の子がおもちゃの三輪車につかまって立っている写真。去年ヴァンニで写したということだが、随分古ぼけていて、とくに顔がよく見えないが、写真の男の子はぽっちゃりしていて両足で立っている。しばらくその写真を眺めて、次に家の入口に座っている男の子を見る。似ているような、似ていないような。

「この子は誰?」と、その十歳ぐらいになる男の子を指差して聞くと、「それがこの写真の子の兄。九歳になる」と。その子を上から下まで眺めてみる。身体に何の傷も負っていない。キャンプに収容されてもいない。なぜ九歳になる兄だけが祖父母の家にいるのかわからない。私たちは立ち上がり、デェーバの家を出て、また電話をかけに行く。ヴィー・ピー神父のアル中センターは相変わらず応答なし。A氏に電話をし、ヴィー・ピー神父に迎えにきてくださいと伝えて欲しいと頼む。七五ルピー請求され、その日の私たちの朝食は電話代で消えてしまう。

今日は一日中、ヴェラの家でヴィー・ピーが車を送ってくれるのを待った。いつまで経っても来なかった。昼食の後、私は少し昼寝をした。昼過ぎ、小さな男の子が鶏肉を届けに来る。ニッティが、マナーの町からバスでハレルヤ村へ帰ろうとしていたその子に、「カオリに渡すように」と預けたという。ヴェラは鶏肉を料理しなくては腐ってしまうと、「昼寝はしない」と言った。当然、冷蔵庫などない。しかし、私が午後二時半に起きても、まだ鶏肉のカレーを作っていなかった。私が寝ていた床の横には、ヴェラの赤い枕が使わずに置いてあり、彼女は家の入り口の、日の光が入るところに座っている。床に座っている彼女のまわりには、封筒や紙切れが散らばっている。私が「寝ていたの？」と聞くと、「いいえ。隣に少し横になっていて、それから電気代の請求書を見ていたの」

それからしばらくして、私たち二人は台所へ行って鶏肉のカレーを作る。お世辞にも片付いているとは言えない台所だが、託児所で週五日、半日だけ働いて得られる月収四千ルピーがこの家の収入だから、文句を言っても始まらない。四十三歳になる彼女は、未亡人だ。

ヴェラは、床の上に包丁を置き、右足で包丁の刃が上向きになるように支え、鶏肉を切る。私は床を掃き、ココナッツミルクを準備するために、ココナッツの削り台に腰掛け、半分に割ってあったココナッツを削る。

ヴェラと私は、台所でこうして一緒に料理をしているときにいろいろな話をする。ヴェラの亡くなった姉の娘メドゥの父親の体調の話。最近、私と婆さんが夜寝にいく家だ。私が朝の話を繰り返して、「メドゥの父親はひどい咳を一晩中していて寝ていなかった。私も心配で眠れなかった。あんなひどい咳は結核の人しかしない」と言うと、ヴェラは、「でもね、メドゥが言うには、父親は医者には行かないんだって。医者に行くことを拒んでいるんだって」と。それから話題は、近くのタールヴパードゥ村の教会で司祭の世話をしている料理人のアントーニおばさんの話に移った。二〇〇六年に私がチェティクラムの修道院を訪問したとき、隣の教会で司祭の料理人をしていた人で、そのとき以来親しい関係にある。

「タールヴパードゥのアントーニおばさんの一人息子の結婚式が今度ある」と私が言うと、ヴェラが、「彼女には一人しか子どもがいないの？」と聞いてきた。私は「うん。一人だけ」と答えたが、すぐに「もう一人いたけど、子どものときに死んじゃった」と付け加えた。最初に生まれた息子は、ヴァヴニヤでアントーニおばさんが昼間外へ働きに出ていたときに誤って農薬を飲んで死んでしまった。でも、これはヴェラには言わなかった。最近、私が彼女を訪ねたとき、アントーニおばさんは私に言った。

「私もアハディ（難民）だわ。一九七七年にキャンディ（南部）の村を追われ、ヴァヴニヤに避難した。そしたら、そこも追われて結局ウイリャンクラム近郊の村にいたときに、スティーヴン神父に出会った。神父の料理係として働いてもう十年になる」

「アハディ」とは、タミル語で国や村や家を失った人のことを指し、その名前で呼ばれることは痛みが伴う。

それから、アントーニおばさんは、今度結婚する息子の話をした。

「四十歳のときに生まれた息子」

「彼が最初の息子なの？」

「うん」

彼女はそう答えておいてから、しばらくして「実はもう一人いたの」と言う。「最初の息子は、私が昼間働きに出て家を留守にしていたときに誤って毒物を飲んで死んでしまった」

「小さなとき？　いくつだった？」

「二、三歳。苦力（クーリー）の仕事。しなければ家族は食べていけないし、どうしようもなかった」と彼女。四十歳のときに生まれた二番目の息子は今年二十四歳。母親の彼女は六十四歳。彼女の夫は一九八九年にインドが派遣した平和維持軍により射殺され、それ以来彼女は未亡人として生きてきた。当時、インド軍がスリランカ内戦の仲裁のためにスリランカ北部に入っていた。ヴェラの夫も、同じときにインド平和軍によって夫を殺されている。

　ココナッツを削りながら、ヴェラは鶏肉を火にかける。薪を調節する。それから、壊れた配管の筒を利用して風を送り、火加減を調節する。鍋が置かれた床から顔を上げようとしている彼女に、私は言う。

「あのタールヴパードゥのアントーニおばさんね、この前、夜中にひどくうなされていたの。隣で寝ていてね、あまりにも苦しそうだから、「おばさん、おばさん！」とはたき起こしたの。そしたら、誰かに首を絞められる夢を見ていたんだって。次の日に、誰が首を絞めたか覚えてないかと聞いたら、一人の年配の女性が首を絞めた夢だったと言っていた」

「うちの婆さん（シシリア）もよくひどい夢を見る。悪い夢を頻繁に見る人もやっぱりいるんだよ」とヴェラ。それから、しばらく黙って鳥のカレーを炒め、ココナッツミルクを手で濾過しカレーに加えながら、彼女は今朝電話をかけにいったときに訪ねた兄デェーバの夢の話を始める。

「確か、デェーバの娘が死んだ知らせが届く三日前だった。デェーバは、ヴァンニの戦場に残っていた娘タンガが死ぬ夢を見た。その日、彼はとても暗い顔をして姉の家を訪ね、「どうしてそんな暗い顔をしているの？」と姉が聞くと、「娘が死ぬ夢を見た。本当にそうなんじゃないかと心配で、居ても立ってもいられない」と答えた。「どうしてそんなバカなことを考えるの？　ヴァンニで生きているに決まってるじゃない」と姉が言うと、また、「娘が死んだ夢を見た」と。姉は、「そんなの、ただの夢よ。タンガは生きていて、今に元気でヴァンニから出てくる」と繰り返しても、デェーバは暗い顔をしたままだった。それから彼は、近くにあったアルバムを手にとり、中を開いた。そうしたら偶然、娘の写真が出てきて、デェーバはその写真を見て泣き出した。姉は、「どうして泣くの？　いったいどうしたの？　夢なんか信じてどうするの？」と、お茶を入れて飲ませ帰らせた」

　ヴェラによると、その夜、デェーバはまたタンガが死ぬ夢を見る。翌朝ヴェラは兄の家を訪ね、姉と同じように「そんなのただの夢よ。信じても仕方がない。タンガは元気で、今にヴァンニから出てくる」と言い帰ってきた。

　デェーバがヴァンニに残っていた娘家族の安否についての知らせを受けたのは、翌日の夕方だった。娘の夫クマルと一歳になる息子が救急車でヴァヴニヤに運ばれてきた。ヴァンニから政府軍支配地域へ陸路で、オーマンタイ・チェックポイントを通ってヴァヴニヤ病院に運ばれたという知らせだった。一歳の息子は政府軍の空爆により両足に傷を負っていた。夫は、ヴァヴニヤに到着すると、「ヴァンニで数日前に起きたこと」についてマナーから来ていた一人のカトリック司祭に話す。その司祭が、デェーバに電話で、二人のヴァヴニヤ到着を伝えてきた。

　司祭が言うには、「娘さんの夫と一歳のお孫さんがヴァヴニヤへ抜けました。お孫さんは重傷」。娘タンガについては何も話さなかった。

次の日、同じ司祭がハレルヤ村にデェーバを訪ねてやってきた。司祭は、前日の電話と同じ内容のことをデェーバの家族に伝えると、そのまま家を出ていく。同席していたヴェラは、その司祭を追いかけ家の外に出る。そして、バイクで立ち去ろうとしている司祭を止め、問い詰めた。「どうして夫と息子の二人だけがヴァンニから出てきて、兄さんの娘は一緒にいないのか？」すると、司祭は苦しそうな顔をして黙ったままだった。「彼女は死んでしまったの？　死んだから夫と息子と一緒じゃないの？」と聞くと、彼は頷いた。ヴェラはショックでその場で腰を抜かしてしまったという。そして、それから司祭はデェーバの家族に次の話をした。ヴァヴニヤの病院で夫クマルから聞いた話だという。

「マナーへ連れてかえって！」

——ムラティヴ県プドゥクリルプ、ムンギラール村での出来事　二〇〇九年一月二十六日

朝五時、クマルの家族は一本の木の下に集まっていた。彼の母親と兄の家族も一緒だった。紅茶を入れようと、木の下に集まっていた、ちょうどそのときに爆弾が落ちた。彼は近くで薪を切っていたため、その木の下から少し離れたところに立っていた。その爆弾は、彼の妻タンガと、息子セッラーン、母親、兄、兄の妻と息子など、計八人を直撃した。彼はあわてて妻のところへ駆け寄った。あぐらをかいて砂の上に座っていた妻は、膝の上に一歳になる息子を抱え、上半身を息子に覆い被せるようにして倒れていた。妻は首の後ろに爆弾を受けていた。彼は、妻の膝の上から息子を抱え上げ、砂の上におき、妻を両手で抱えあげた。妻の首はとれてしまいそうだった。妻は、「マナーへ連れていっ

て。マナーへ連れていって」と言った。「わかった。マナーへ連れていく。マナーへ連れていく」と答えていると、砂の上においた息子が泣き叫んでいる声が聞こえたようで、妻は、「私はいいから、どうか赤ちゃんを見て。赤ちゃんは大丈夫？」と聞いたという。妻を砂の上に降ろし、両足から大量の血を流している息子を抱え上げ、妻のところへ連れていくと、「赤ちゃん、赤ちゃん（バーバ、バーバ）」と言いながら、妻は息子の膝をなでるようにして手を動かしたかと思うと、そのまま息を引き取ってしまう。すると、今度はすぐ側で苦しそうに息をハアハアさせながら、血だらけになっている自分の母親の姿が目に入った。あわてて抱いていた息子を砂の上に置き、母親に駆け寄って抱え上げようとすると、母親はそのまま息を引き取った。我に返って、砂の上から息子を抱えあげようとすると、またすぐ近くで兄が息をハアハアさせていて、近寄ると息を引き取ってしまう。「そうやって、次から次に、側へ寄ると皆が死んでしまった」

　死んだ兄のすぐ隣で、兄の息子が、「おじさん、おじさん、水をください。どうか水をください」と泣いていた。その子は身体が半分に引き裂かれたようになっていた。水などどこを見渡してもなかった。自分の一歳になる息子を右腕に抱え、左腕に兄の息子を抱え、肉親三人の死を前に呆然としていると、兄の息子の足がひどく痙攣をはじめ、その子も死んでしまう。両足に重傷を負った息子と自分を除く、その場にいた全員。八人が死んだ。どこからやってきたのか、若い男性が近くを通りかかったので、彼に、「ここに大きな穴を掘って、僕の家族を全員埋めてください。僕はこの子を連れて病院へ行きます」とお願いし、死んだ家族をそこへ「置き去り」にして、息子を抱えて病院へ走ったという。

　クマルは、ヴァヴニヤで司祭にこの話をしたとき、「自分はその場で死んでしまいたかった。ショックで死んでいたはずだ。自分はただ、息子のためだけに、皆を置き去りにしてあの場を去った」と話し、話し終えると、「今後、誰にもこの話はしない。何が起きたのかを話せと言われたら、自分がどうなってしまうかわからない」と付け足したという。

デェーバの娘タンガとクマルとの間には、もう一人九歳になる息子セレクサンがいる。セレクサンは、四年前にデェーバがペルンカリパトゥ近くの海に行ったときに、「せめてこの子だけはこっちで預かる」と娘夫婦に約束し、ハレルヤ村に避難させていた。セレクサンは、それ以来、祖父母の家で育った。母親の顔は四年間見ることはなかった。

クマルと一歳の息子は現在マナー病院にいる。病院生活が三ヶ月間続いている。息子の様態が回復したら、チェティクラムにある巨大キャンプに二人は収容される予定で、ハレルヤ村でセレクサンと一緒に暮らすことは許されていない。

ヴェラはもうチキンカレーを作り終えた。デェーバの夢の続きを私に話して聞かせる。「娘タンガが死んだことは、婆さんには秘密にしておいたの。高血圧だから。でも、皆が悲しんでいる姿を見て、何が起こったかわかったみたい」

葬式の日になっても、九歳のセレクサンは、自分の母親が死んだことを知らなかった。悲しみのあまり、ヴェラと姉が自分たちの頭に砂をかけながら泣いていると、近くに来て、「おばちゃんたち二人とも、頭がおかしくなっちゃった」と言ったという。ヴェラは、彼を呼び止めて、「おばさんたちがどうして泣いているかわかる？」

「おばちゃんたちは、頭がおかしくなっちゃったから」

「いいえ。違うの。よく聞いて、いい子だから。お母さんは死んじゃったの。ヴァンニで死んじゃったの」

セレクサンは首を振りながら、「違う。みんな、お母さんは未だヴァンニにいると言っている。おばちゃんだけふざけたことを言っている」

ヴェラは、セレクサンの腕を強く引いて、「よく聞いて、もう一度言う。お母さんは死んじゃった」と言った。すると、彼はポーッとした顔をしたかと思うと、事を理解したようで、「そうだったのか、みんな僕に嘘をついていたのか。お母さんは死んじゃった。そう、お母さんは死んじゃった」と、突然大声で泣きだした。

それから数日して、デェーバはまた娘の夢を見る。今度は夢の中で娘が話をした。「お父さん、息子たちを大事に世話してください。どうか息子たちの面倒をしっかりみてください」

チキンカレーはでき上がり、ヴェラの息子が、お腹がすいたからカレーを食べたいとねだった。ヴェラは、「夢は現実を語ることもある」と言い、台所から出ていった。

二〇〇九年四月二十九日現在、ヴァンニのゲリラ軍支配地域に取り残されていたペルンカルパトゥ村の百家族のうち、まだ行方がわからないのは四分の一の十五家族ほどだ。

ジェイムズ神父と内戦末期のヴァンニ

ジャフナの裕福な家庭に生まれ、ロンドン・スクール・オヴ・エコノミックスで学び、多才で、若い司祭たちから尊敬されるジェイムズ神父は六十代後半のベテラン司祭。でも、神父は、司教やジャフナ司教館での仕事といった高位の仕事を拒み、常に貧しい人びとの中に、あえて辺境に留まることを選ぶ。「どうしてですか？」と聞く私に、「貧しく病み苦しむ人たちのそばで奉仕することが、私に与えられた仕事です。私が彼らと共にいることで、少しでも彼らの慰めになれれば、それで満足です」

「若かったとき、同じような志を持つ人たちに出会いました。七〇年代後半、南部の紅茶プランテーションから多くの貧しいタミル人労働者たちがシンハラ人暴徒による暴力を恐れヴァヴニヤへ逃げてきました。彼らのために奉仕したジャフナ出身の医師がいました。素晴らしい奉仕の精神を持つ医師でした。彼はその後、スリランカ政府に捕らえられ、コロンボの刑務所でシンハラ人の囚人たちによって殺されました」

ジェイムズ神父が主任司祭としてムラティヴ教会に赴任したばかりの二〇〇四年十二月に、スマトラ島沖地震・インド洋大津波が起き、ムラティヴの町では少なくとも三千五百人が死んだ。行方不明者も多く出た。それから四年後の今、ムラティヴでは、あの「人殺しの波」が奪った命よりも多くの命が失われている。今度は自然災害ではなく、人間の殺し合いにより、大津波よりも二十倍、三十倍の死者と行方不明者が出ている。

私は二〇〇九年六月と、それから約一年後の二〇一〇年五月に、コロンボでヴァンニの最後を生き延びたジェイムズ神父と再会する機会を得た。二〇〇九年六月のときは、タミル・イーラム解放の虎の指導者プラバーカランが政府軍によって殺され、政府軍の勝利と内戦終結が宣言されてから、まだ二週間半しか経っていなかった。戦争終結が宣言されたのが五月十八日。私がジェイムズ神父と再会したのが六月四日。

ジェイムズ神父は、最初に、ヴァンニで見た光景をリータおばさんと同様の言葉で表現した。

「それはこの世の体験ではなかった（ファンタスティック・エクスペリエンス）」

カトリック司祭たちの中には、戦地に最後まで残った司祭たちがジェイムズ神父を含め十数名いた。皆、カトリック教会の「戦地から直ちに撤退するように」という命令に従わず、ヴァンニから出ることのできない一般市民と一緒に、あえて戦地に残ることを選んだ司祭たちだ。

ジェイムズ神父は言った。「今回の戦争の最後を、私の監督の下で過ごした人たち、つまり孤児や司祭、修道女たちは幸いだった。彼らには、あの悪夢の中で少なくとも食べものと寝起きする場所があったからだ。彼らのようなサポートがまったく受けられなかった人たち、つまり一般市民の苦しみといったら、まったく想像を絶するものだ」

それから、私は神父にヴァンニの最後について話してもらった。

「私と一緒に四十五人の青年たちが生活していた。孤児の子も多くいた。二〇〇八年十二月のクリスマスのときにその子たちの親族が集まった。ミーティングで私は、可能であれば子どもたちを引き取って欲しいと頼んだ。これほどの数の青年たちを抱えていたら、ゲリラ軍の訓練キャンプだと疑われ、政府軍の攻撃の対象にもなりかねない。かえって彼らの身に危険が及ぶと考えた。それでも多くの青年たちが私と一緒にいた。十二月の段階で、私は残っていた青年たちを皆、プドゥクリルプのある場所に送り、そこは最後までゲリラ軍が確保しているだろうと考え、比較的安全な場所だということで送った。そこには立派な防空壕があった。その予想は結果としては外れてしまった」

「それから十二月の段階で、この戦争は、最後には人びとが一カ所に集中することになる。これから戦地のいたるところから神父や修道女たちが孤児たちと一緒に自分の教区（ムラティヴ）へやってくることになるだろうと想定し、海岸に面した小さな村（ヴァラニャーマダム）に移動することに決めた。その際に、移り先に多くの人間がやってきたときにも皆が生活できる空間があるようにと、それまで暮らしていた建物から、屋根や板、トタン屋根などを外して運んでいった。移った先はとても小さな教会で、私たちはそのまわりに小屋を建てて、これからやってくる多くの人びとの避難場所となるように準備した」

「そのようにしてなんとか自分たちの生活空間が確保できたというときに、ムラティブ副知事が砲弾の中を駆けてやってきた。ひどい戦闘に巻き込まれてしまったようで、私のところに来て言う。「ファーザー、どうか、国際赤十字の人びとに避難場所を提供していただきたい」

「話を聞くと、国際赤十字にはまだ四人の外国人スタッフが残っている。彼らは戦闘に巻き込まれるのを怖れ、安全だと考えた病院に避難した。しかし、病院が爆撃に遭い行き場を失ってしまっている。私は、「どうぞ国際赤十字の人びとをこちらに送ってください。場所を提供します」と答えた。十分もしないうちに国際赤十字の外国人スタッフ四人と現地スタッフが三十人ほど、計四十人が私たちのところへやってきた。それはちょうど二〇〇八年十二月末頃で、国際赤十字の人びとは二週間私たちと生活を共にした。彼らがやってきたことで、結果として私たちの安全も保証されることになった。国際赤十字のテントが張られ、上空からもそれが国際赤十字のものだと明らかだったからだ」

「それから四、五人の医者も私たちと生活するようになった。彼らのうちの一人は、それは素晴らしい医者だったが、朝早くに病院へ行く途中で砲弾によって死んでしまった。彼を襲ったのはクラスター爆弾だった。刃物が彼の頭を直撃した（そう言い、神父は額の右側から左側を指でなぞってみせる）。それは素晴らしい人だった」

「その当時、病院といったら、タマリンドウの木の下にけが人が何人も寝かされていて、そこら中にハエが溢れていた。木の枝から点滴の管が垂れている。そんなものが病院で、そこら中けが人で溢れていた」

「防空壕は砂の中につくった。海岸沿いなのだから砂しかない。壁の代わりに木の枝を敷き詰めて、上に金属の板を張って屋根の代わりにし、その上に砂袋を載せ、入り口を二つ設けて、ここからあそこぐらい（十畳ほど）。ただそれだけ。その小さな空間の中に三十人ぐらいの人間が寝泊まりする。寝る場所などない。私たちは防空壕の中に入るときは、いつもビスケットと水のボトルを一つ持って入った。戦闘が激しくなって外へ出られない可能性があるから。最後は三日間も防空壕から出られないような状況で、たった数ヤード離れた井戸まで走って水を汲みに行くことさえできなかった。だから一人の神父が心臓発作で死んだ」

「防空壕には必ず入り口が二つ設けられた。どこかで入り口が一つだけの防空壕を建てたときに爆弾で入り口が埋められてしまい、防空壕の中から脱出できずに人びとが死んだという話があったからだ」

「しばらくすると、ムラティブの副知事も私たちと寝泊まりを一緒にすることになった。彼はまだ四十代中頃で、若い良い人間だった。彼も最後まで残って、政府軍側に抜けたのは五月十八日。国際赤十字も、五人の医者たちも、そして福知事までもが私たちと一緒にいたのだから、そこはヴァンニの人道援助部隊の総司令部だった」

ジェイムズ神父によると、当時の最大の問題の一つが、政府が発表していたヴァンニに残っている人の数だった。政府は二〇〇九年一月の段階で、ヴァンニには「八万人しかいない」と発表していた。しかし実際ヴァンニには三十万人以上の人がいた。「スリランカ政府が発表した八万人という数字の裏には、二つの意図があったはずだ。第一に、戦地への食料と医薬品の輸送を少なくすること。第二に、どれだけの死者が出ても、その死者の数の責任を負わずに済むこと」

政府のこういった姿勢の結果がどのようなものであったか、ジェイムズ神父は次のように言った。

「国際赤十字は、四月二十四日頃まで食料をムラティブ（プドゥマータラン）の海岸へ運んできていた。そして食料と引き換えに負傷者を運んで戻っていった。国際赤十字の船には、大型輸送トラック百台分の食料を積むことができる。しかし、毎回国際赤十字の船が運んでくるのは、大型輸送トラックたった二台分。これには本当に驚いて、国際赤十字のスタッフに一度聞いてみた。「あなた方はヴァンニにいるのだから、ここにどれだけの数の人間がいるのかはご存知のはず。これほどわずかの食料を運んでくることを、恥ずかしいと思いませんか？」

返ってきた答えは、「これほどわずかな食料でさえ、運ぶのにスリランカ国防省と交渉に交渉を重ね、ぎりぎりのところでやっています。食料と引き換えに負傷者を運ぶことが目的です。この人道事業を続けることさえ、非常に難しい状況にあります」

そして、そうして届いたわずかの食料を副知事が各市町村の担当に配り、分配していた。有難いことに副知事が残っていた。彼がいなければ食料暴動が起こっていたはずだ」

溢れかえる避難民たちが敷地内に入ってきてしまわないように、ジェイムズ神父はフェンスを設けなければならなくなった。孤児たちを抱えていたため、運良く金と食料の予備が神父のところにはあった。

「米が一キロ一四五〇ルピー（ハレルヤ村では米一キロ八〇ルピー）、ココナッツが一個一四〇〇ルピー（ハレルヤ村では二〇ルピー）という世界。一六万ルピーもするモーターバイクと引き換えに、三つのココナッツを買った人もいた。誰が最終的に損をすることになったかわかりますか？　ココナッツを売り渡してしまった人！」

最後には、ジェイムズ神父も空爆により負傷する。

「それは四月二十二日でした。ちょうどその日に国際赤十字の船が出るということで、負傷してから出発まで二時間もなかった。自分は政府軍側へ抜けなければならなかった。私をヴァラニャーマダムの教会から、国際赤十字の船が出るプドゥマータランの海岸まで乗せて走ったジープは、一方のタイヤは海の中で、もう一方が辛うじて砂浜を走っていた。航空映像で辺りの様子をうかがっていたスリランカ軍は、ゲリラ軍が脱出しようとしていると考えたのかもしれない。国際赤十字の船が近づいてくると、突然爆撃が始まった。人びとの悲鳴が聞こえ、空爆は激しくなる一方だった。私とシスターは一隻のボートに乗り、砲弾の中、国際赤十字の船の方へ向かった。国際赤十字はスリランカ軍と電話でやり取りをしていた。というのも、国際赤十字はすべてのコミュニケーションをスリランカ軍経由でしなければならなかったからだ。「戦闘のため、今日は物資と負傷者の輸送の許可は取り消す」と軍が言えば、引き返さなければならなかった。まったくそういうことはしょっちゅうだった。その日もそんな状況で、国際赤十字の船は引き返し始め、ムラティブの海岸から離れていった。その国際赤十字船を追いかけるようにして、私とシスターの乗った小さなボートは、ちょうど子犬が親犬を追いかけるように、爆弾の中を進んでいった。ボートを操作していた男性が、途中で恐怖から「引き返しましょう」と願い出たが、私は、「国際赤十字があちら側にいて、しっかりと状況を見ているのだから、私たちを撃ち殺す可能性は低い。怖がらなくても良い」と言い、進ませた。すると国際赤十字の船が方向を変えムラティブの海岸へ近づいてきた」

「私は、国際赤十字の船が私たちを置き去りにしたまま、トリンコマレーに引き返すことはないと承知していた。その理由は、自分と非常に親しい国際赤十字の職員がその船に乗っていたから。政府軍から退去命令が出たので、一度引き返す格好になったのであろうが、またこちらに戻ってきた。その国際赤十字の船は、私も含め、六百人から七百人の負傷者を乗せてトリンコマレー県のプルモータイへ向けて出発した」

「船の中は負傷者で溢れかえっていた。一人、赤十字社のスタッフに、あなたのように東アジアの若い女性でタミル語が上手な人がいて、彼女が船の中で人びとに「もう大丈夫よ、大丈夫よ」と言い、彼女の言葉と動作に多くの人が慰められた。あなたみたいな人だった」

「プルモータイに到着すると、そこからパダヴィヤへ輸送され、パダヴィヤの病院に数日いた。そこもけが人で溢れかえっていた。もうベッドなど足りてはいなかった。自分は床に痛みを我慢しながら寝ていた。するとパダヴィヤに到着し、確か次の日だったか、二日後だったか、床で寝ている私のところに二人の男性が訪ねてきた。一人はアヌラーダプラの県知事で、もう一人は軍の上の位の人だった」

「私のところへ来ると、アヌラーダプラ県知事は、驚くことに次のように聞く。「ファーザー、現在ヴァンニにはどのくらい人が残っているのですか？」」

「どうしてアヌラーダプラ県知事かというと、彼に避難民の救援活動が任されていたから。パダヴィヤを含めて、これらの地域はアヌラーダプラ県に入る、いや、入ったことになる。トリンコマレーの県知事でも、ヴァヴニヤの県知事でもなく、シンハラ人のアヌラーダプラ県知事」

「私は、アヌラーダプラ県知事に次のように答えた、「少なくとも二十万七千五百人はまだムラティヴに残っています」「はっ？　まさか、そんなはずがありません！」」

「知事が驚いたのも無理はなかった。というのも、スリランカ政府は、ヴァンニに残っている人の数は八万人だと言って、その数を主張し続けていたのだから。アヌラーダプラ県知事はさらに聞いた。

「では、今度解放された七万五千人は数に含まれますか？」」

「どうやら、私がムラティブから国際赤十字の船で政府軍側へ来た次の日だかに、政府軍が、一般市民がゲリラ軍と取り残されている海岸を、海からも陸からも包囲して、その中に残っていた人のうち、七万五千人を避難させることに成功したらしい。私はその出来事を知らなかった。

「では、その七万五千という数を引いて残りの二十万という数字をとったらいい」

「まさか、それほどの人間が残っているはずがありません。信じがたい」

「私が偽りの情報をあなたに提供しているというのであれば、法の下で私を裁けばいい。現在ヴァンニには二十万人を超える人間が残っている。あなたがこのヴァンニ避難民の救援活動を担当されているというのであれば、まず直ちにその二十万人分の水と食料の確保、医薬品と衛生設備と避難先の確保、それらを手配しなければならない。それを怠れば、今以上の悲劇が生じる」

「そういう私の話を聞いて、知事は、「わかりました。明日の（もしくはその日の午後に予定されていた）会議で議論してみます」と帰っていった」

「私が負傷して乗り込んだ国際赤十字の船が最後の船だった。正確にはもう一度だけ二日後だかに便が出た。でもその便が最後だった。それ以降食料と医薬品を運ぶ船が、ムラティヴのムリヴァーイカイの海岸に着くことも、負傷者を乗せた船がその海岸から政府軍側へ渡ることも途絶えた。ということは、ヴァンニに残された人びとのその後は想像がつくとおり。負傷したら終わり。死しか残っていない。そして食料の確保は不可能となった。もうムラティヴ県知事にも、医者たちにも、神父や修道女たちにも政府軍側に安全に避難するというオプションがなくなった。彼らは皆五月十八日に、戦争終了後に政府軍側に抜けた」

それから、ジェイムズ神父は次のような話を付け足した。

「人びとは政府軍側に逃げる際、ゲリラ軍と政府軍の戦闘に巻き込まれる結果となった。こちら側からゲリラ軍が発砲し、それに政府軍があちら側から応戦してくる。そして政府軍にもフェアなように、そのときの様子を正確に伝えなくてはならない。政府軍兵士の中には、自分の命を顧みずに、負傷して倒れた避難民のところへ、ゲリラ軍が発砲してくる中駆け寄っていき、負傷者を抱きかかえて避難させた兵士たちがいる。ヴァンニ避難民の中に、その記憶を語る人たちがいる」

私は、同じ話をチェティクラムの巨大キャンプを訪問していたニッティ兄さんからも聞いた。

それから一年後の二〇一〇年五月に再びジェイムズ神父とコロンボで再会した際、彼は次のように話した。

「シンハラ人の支配者たちの人種差別はさらにひどいところまできた。前環境大臣チャンピカ・ラナヴァトゥラをはじめ、彼らにはヴァヴニヤのキャンプに収容したヴァンニ避難民たちを本来の村へ帰還させる意図などまずなかった。「ヴァンニの村に人びとが戻るまでには二十年はかかる。あたりは地雷で到底避難民たちを返せる状態にない」と彼らは言う」

「この「二十年」という言葉。実際にそんな言葉をスリランカ政府は戦後すぐに使っていた。国際社会からの批判とプレッシャーが理由で、避難民たちを帰還させることになったのだと思うが」

「現在二万人の兵士がスリランカ軍にいて、さらに二万人を徴兵して、その二万人の兵士とその家族をヴァンニに移住させる計画があるという。それから、次の言葉も、戦後すぐに政府の役人が口にした。「この次の選挙の際には、タミル人政党のＴＮＡ（Tamil National Alliance）の議員は、一人も国会からいなくなるだろう。よく見ているように」

ジェイムズ神父によると、これはもう単なるレイシズムではない。三十万を八万と言い切って、ヴァンニでどれほどのタミル人を殺戮したのか。民族を絶滅させよう、そういう意図で動いているとしか理解できない。

ジェイムズ神父の言葉どおり、政府の「八万人」という数字が誤りであったことは、戦後直後、チェティクラム周辺の巨大キャンプに収容されていたヴァンニからの避難民の数が三十万人近くに達していたことが証明している。

四、クエートから届いた柩

二〇〇九年十月〜十一月

マドワッチのチェックポイントにて／ヴィー・ピーのアル中センターへ／キリノッチ出身の男性の話／アルフレッド・ファーザー／ハレルヤ村へ移動／ヴェラの家の状況／デェーバ兄さんの家族の話／ネヴィルス神父との再会の話／ビコーズ、ゴッド・ラブズユー／チェティクラムのキャンプからやってきた二人の女性の話／チェティクラムのキャンプでの収容生活について／「単一民族、単一国家」／クエートから届いた棺（アイスクリーム屋とシッピの葬式の話）／コンダータム（初潮の祝い）と葬式／「プラバーカランは死んだ」／ムスリムの住民たちの話／遺体の空輸の話／シッピの葬儀

マドワッチのチェックポイントにて

私がハレルヤ村に最後に滞在したのは、内戦終了直前の二〇〇九年四月。それから半年後に、私は再び北部に戻ることができた。まだ外国人が北部へ自由に移動ができるわけではなく、チェティクラムの巨大キャンプについて海外からの批判が高まる中、スリランカ政府は北部への人の移動を一層厳重に取り締まっていた。私を北部へ連れていってくれたのは、同じ日本人のB氏だった。

――二〇〇九年十月二十一日

朝八時半にコロンボ・ボレッラを出発し、アヌラーダプラに到着したのは昼過ぎ。私はジャーエラというコロンボ近郊の街から、車の中でずっと横になって寝たままでアヌラーダプラまで来た。体調が今ひとつだが、昨日のコロンボの病院での血液検査では何も異常がないとのことだった。

Ｂ氏に昼食を「ファミリー」という中華料理レストランでご馳走になる。

マドワッチ・チェックポイントに到着したのは午後三時近く。まず車両検査があり、私たちは乗っていたプラドから降りた。Ｂ氏も私も慣れたように待ち場（ウエイティング・ルーム）として設けられた木の下へ。しばらく日本のファッション産業など、どうでもよい話をして時間を潰していた。

近くの小屋の中で通行人チェックをしている警官の方へＢ氏の目が行った。

「どうやらもめているみたい」。振り返ると私の通行許可願の白い紙を振りかざしながら、運転手が私たちの方へ早足で歩いてくる。後ろから警官が一人付いてきた。

私はＢ氏に心配して言う。

「問題になると困るので、アヌラーダプラまで戻して下さればそこからバスで行きます」「バスで!?」と驚いた様子だったが、「そうしてもらえるかな。あとでいろいろ問題になっても困るし」と、運転手に「じゃあ、アヌラーダプラまで彼女を送っていこう」と告げた。

運転手は驚いたように目を丸くしてＢ氏を見つめ、Ｂ氏が私を指差して「バス。彼女はそこからバスで行く」と言うと、冗談でしょうという顔をして、ちょっと来るようにと警官を呼び寄せ、少し離れたところで説得を始めた。

Ｂ氏に迷惑をかけることになるのが心配で、私は繰り返した。

「アヌラーダプラまで送ってくだされば、大きなホテルに泊まって、明日の朝バスで帰ります」

「バスだったら、チェッキングとかまったくないのかな？　荷物だけ持っていけば、バスで来れるのかな？」

どうやらB氏は、私がバスで、コロンボではなくマナー島へ向かうと考えているようだとわかった。

「いいえ、マナーへ行くのではなく、明日の朝、コロンボへ向かいます」

「じゃあ、マナーでの調査は諦める？」

「はい。これまでに集めた資料でだいぶ原稿が書けますので、今回調査ができなくても大丈夫です」

そうこう話しているうちに、運転手と警官は奥の方へ呼ばれる。しばらくして、運転手が得意そうな顔で戻ってきて、どうやら私もチェックポイントを通過できるようだった。

私たちの乗ったプラドが動き始めると、「弱手に出たのがよかったのかな。通過できたね」とB氏。

車がマドワッチ・マナー道路を進み、チェティクラムを通過すると、巨大キャンプが見えてきた。数キロにわたって有刺鉄線に囲まれた人口密度が極度に高い人間の動物園のような光景が広がっている。あらゆるところに白や青色のビニールシートが張り巡らされ、有刺鉄線には子どもたちの服であろう洗濯物が干してある。中では、極度に日焼けした人たちが何もすることもないまま、立ったり座ったりしている。

その巨大な檻の外を通りながら、見物人の私たちは車を止めることは許されない。軍がいたるところで警備している。

「もったいないね」と、B氏。「玉ねぎとか収穫したらいいのに。これだけ大勢の人が仕事もなく、ずーっと立っているだけ」

Ｂ氏の考えは正しいと私は考える。これだけ大量の人間をただ収容しておくのは、経済的に考えても何のメリットもない。そして、玉ねぎというのが、この国では料理の基本材料であるから、Ｂ氏の発想は興味深い。実際、キャンプの中でも外でも、この国では貧しい人たちには、もう玉ねぎを買う金もない。内戦前のスリランカ北部、特に最も北のジャフナ地域は玉ねぎの産地だった。南アジア料理に欠かせない小さな赤紫色の玉ねぎの産地だった。しかし、三十年も続いた戦争がすべてを破壊してしまった今、スリランカで一般に出回る玉ねぎはすべてインドからの輸入品。伝統的な小さな紫色の玉ねぎは値段が高いため、大きな黄色がかった色の玉ねぎしか普通の人は買えない。インドから輸入しているため、インドで玉ねぎの値段が跳ね上がると、スリランカでは値段は二倍、三倍と跳ね上がる。

ヴィー・ピーのアル中センターへ

——十月二十三日

朝、Ｂ氏の事務所の電話を借りてヴィー・ピーのアル中センターへ電話をすると、電話口に出た男性は、私のタミル語を聞いて「あなたはシンハラ人ですか」と質問してきた。聞きなれない声だった。

マナーの町からアル中センターがあるトータヴェリへ向かう途中、事務所のバイクタクシーのタミル人運転手は、途中でイスラム教徒のサリーを着た女性に乗るようにと言った。サリーを着ているということは、結婚している中年の女性を指す。おそらくバスを待っていたであろう彼女に、「どこへ行く？　タライマナー？　タールヴパードゥ？……」と、私の目的地トータヴェリのある方角の町の名前を言い、「乗って、乗って」と。

そして、そのムスリムのおばさんが乗り込んだバイクタクシーは、途中でチェックポイントを通過しても停止を求められなかった。隣に乗ってきた知らないおばさんは運転手と喋り続け、話の内容は私が誰かということだった。

「仕事に来ているの？」とおばさん。

「そう」

「ちゃっかりチュディダール（インドの若い女性の衣装）なんか着て、イランガイ（タミル語で「スリランカ」）の人とでも結婚する気なのかも」

「……」

「歳は幾つ？　三十ぐらいかしら」

「うん。二十九」

私がその日着ていた服は、南のムスリムのキャンプで去年の夏に仕立ててもらったものだった。若い、ムスリム女性のスタイル。ショールを頭から被っているため、顔以外は露出していない。しかも、中年のムスリム女性の隣に座っているため、彼女の娘だと軍の兵士たちは考えたのかもしれない。確かに、ムスリムの中にはマレー系で私のような顔をした人もいる。

チェックポイントを無事通過し、一キロほど北へ走ったところでおばさんは降りた。運転手は振り返って、「どう、今回の方法も成功したでしょ。チェックなしで通過できたのは、村の女性を乗せていたから」。知っている人かと聞くと、「まったく知らない。チェックポイントを通過するために乗せただけ」

アル中センターに到着すると、ヴィー・ピーはちょうどスタッフのクラウスさんとバイクでセンターの門を出たところだった。私たちのバイクタクシーとすれ違い、私が「ファーザー」と呼びかけると止まり、ヘルメットを脱いで私に挨拶のキスをして、「シスターがいるから」と出かけていった。センターの中に入ると、グレーのカトリック修道女の服を着た女性がいた。このセンターで女性を見かけたことはなかったので新鮮だった。バイクタクシーから降り、シスターの方へ挨拶に行く。「ファーザーと途中ですれ違ったのですが、ここで待っているようにとのことでした」と言うと、「ウエルカム」と、私を彼女の部屋に案内する。以前はファーザーの物置となっていたその部屋はきれいに片付いていて、ベッドまで置かれていた。その隣には机があり、薬の箱がたくさん置いてあった。部屋は見違えるようだった。

シスターの名前はダーニヤ。四十代後半。体力が未だに回復していない私を引き連れて、シスターはセンター内を案内して回り、私が四月に滞在したときには、まだ建設のアイデア段階だったパン工場と、食堂を見せてくれた。途中で久しぶりに見る顔にすれ違うと、彼らは、「カオリ・アッカ（カオリ姉さん）！」と声をかけてくれる。シスターは食堂内を案内しながら、「私が最初に来たときはとても汚かったの。毎日二十分もかけて掃除をしてきれいにしたの」と言う。次にベーカリーを案内し、「ここはどうやらきれいにメインテナンスされている。担当者は、見学に来る人たちもいるからきれいにしているんだわ」と。それから私はシスターの部屋のベッドを借りて昼食の時間まで寝た。

午後一時に昼食の合図のベルが鳴ると、シスターが食堂へ連れていってくれた。久しぶりに会うセンターの収容者たちの中に、ヴィニシャンという四十近い、脳に少し障がいを負った男性もいた。彼は、私の顔も名前も覚えていた。新しいスタッフや収容者たちは、ヴィニシャンと私のフレンドシップに驚いていた。ヴィニシャンは以前よりもよく話した。冗談まで冗談と知りながら言うようになっていて、私が「一・二・三・四」と数字を紙に書くように言うと、〇が何重にも重なった指紋のような記号を紙の上に書いて、「以前は、数字も上手に書けたのだ」と言った。そして、彼の口癖の、「今はすべて失ってしまった。すべてが嘘（イッポ、エッラー・ポーイチュ。エッラー・ポイ）」という言葉を付け加えた。

ヴィー・ピーも昼食には戻ってきて、私の向かいのテーブルにクラウスさんと座った。ヴィー・ピーの仕事を手伝っているクラウスさんは六十歳。数年前に妻を病気で失って以降、ヴィー・ピーのセンターの仕事を手伝うことが彼の生きがいだ。

キリノッチ出身の男性の話

——十月二十四日

ヴィー・ピーに「一番最近のケース」と呼ばれるのは、今日センターへ運ばれてきたキリノッチ出身の男性だ。キリノッチ県は、マナー県の北にあり、ジャフナ半島に接する本土最北端に位置する。キリノッチという名の町が南北を結ぶ国道沿いにあり、この町をゲリラ軍は一九九〇年に占拠。政府軍が一時的に奪回に成功した一九九六年から一九九八年の二年間を除き、一九九〇年から二〇〇九年一月まで、ゲリラ軍がタミル国家（タミル・イーラム）の首都として統治してきた町だ。

その「一番最近のケース」と呼ばれる男性は三十五歳のヒンズー教徒。カトリックの援助団体から運ばれてきた。半年前の戦争末期に空襲で負傷した妻が、最近、五日ほど前に死んだ。残されたのは、夫である彼と二人の息子たち。上の子は八歳で、下の子は生後八ヶ月。その男性の症状はアル中。遠くから彼の行動を観察しているセンターの収容者たちは、「あの人は小さな子どものようだ。「妻の方へ行きたい、妻のところへ行きたい」とばかり言っている」と話している。彼らは、男性が数日前に妻を失ったばかりだということを知らない。男性がセンターへ送られてきたとき、援助団体から「付き人」も送られてきたが、その人は耳が不自由で口がきけなかった。

さて、この「一番最近のケース」と呼ばれるキリノッチ出身の男性の面倒を見ているのは、最近センターに勤務することになったダーニヤ・シスター。シスターは五日間何の食事もとらず、酒ばかり飲んでいるその男性に、朝食をとるように勧め、シスターが実際にパンを男性の目の前に持っていくと、彼は初めて食べ物を口にした。シスターによると、「ファーザーたちのように食べろ、食べろとばかり言うのではなくて、実際に食べ物を持っていった方がこういうケースの人には効果がある。私がパンを持っていったら、あの人、そのパンを食べたの。ファーザーも皆もびっくりしていたわ」

それから男性は、シスターに与えられた睡眠薬を飲み、少し寝たかと思うと再び起き上がりセンター内を放浪しはじめる。バイクやトラクターでセンターの外へ出ていくスタッフや訪問客がいると、かならず立ち上がってセンターから出ようとする。まわりの人間から「どこへ行くんだ」と聞かれると、「妻のところへ行く」と答え、同じ行動を何度も繰り返す。

昼食後、シスターは昼寝をした。目が覚めると、「今日運ばれてきた男性をちょっと見てくる」と出ていった。しばらくして戻ってくると、「あの男性ね、ずっと「妻に会いたい」「妻のところへ行く」とばかり言っていたでしょ。今行ったら、目を開けていて、「目を閉じると妻が出てくる」と怯えていたの。私は彼に、「もう一度目を閉じて、妻が何を言っているのか聞きなさい」と言ったの。すると、言われたとおりに目を閉じて、「妻は息子たちの面倒を見てくださいと言っている」と。私は彼に、「息子さんたちの面倒をみないとね」と言って帰ってきたの。これは大きな進歩。朝からずっと「妻のところへ行く」としか言っていなかったのに」

――十月二十五日

朝、ミサの後、グループディスカッションが始まった。すると前日にセンターへ運ばれてきた「一番最近のケース」の男性は、ヴィー・ピーの後ろにひょっこりとやってきて腰掛けた。ファーザーが「あなたは何か意見がありますか?」と聞くと、「子どもたちに会いたい。子どもたちに会いたい」と言う。ファーザーは、「はい、まず病院へ行き、それから子どもさんたちに会いに行きましょうね」と答えた。「子どもたちの心配をされるようになったというのは大きな進歩ですね。もう酒はいらないのですか?」とファーザーが聞くと、「酒はもういりません。子どもたちの顔が見たいです」と。ファーザーは「さあ、皆さん手を叩いて。さあ、握手しましょう」と男性と握手した。その後で、ファーザーはその男性を病院へ連れていった。その日の夕方戻ってきたファーザーは、「あの男性は病院に入院することになった。ひどいアルコール依存症。慢性的なケース」と話した。

それから三日後、シスターがセンターにやってきたのは朝十時をまわる頃。男性を病院へ訪ね、センターへバスで一緒に連れてきたという。

「病院にキリノッチの男性を訪ねたの。病院にいるということは、ファーザーから聞いてきたの。病棟に着いて、彼に与えられたベッドに行ったら、彼はいなくなっていたの。どこへ行ったのかと探していると、私を見つけて彼の方からやってきたの。「シスター」と。驚いたわ。私のことを覚えていたの。土曜にあんな状態で運ばれてきたときに会っただけなのに。見違えるほど病状は良くなっていて、センターに運ばれてきた日のような話し方はもうしないのよ。普通の人のように、自分に何が起こったのかをすべて理解しているようで、全部話してくれたの。二人の息子さんたちのこと。下の子は生後八ヶ月だったでしょ。彼の妻が亡くなったときに、ＮＧＯの人たちが来て、孤児としてその子を外国に送ろうという話になったんだって。男手一つで面倒をみることはできないでしょ。それで、彼も仕方がなく了解したみたいだけど、ある修道女が彼の息子を孤児として外国へ送ることに反対したんだって。そして、裁判までして、最終的に下の息子を孤児として送らないことに決まったの。上の八歳の兄が、赤ちゃんの面倒をよくみているとも話していたわ。とにかく、彼は自分の身に何が起きたのかを、私に話したの。そして、「病院にはいたくない」と言ったの。「自分はもう大丈夫だ」って。じゃあ、どこへ行くの？と聞くと、「センターへ連れていってください。息子たちのいるＮＧＯにも行きたくない」と。「センターへ行きたい」と彼が言ったのには驚いたわ。私たちのセンターを覚えていたのよね」

　そして、シスターは、自分で医者に交渉したこと。子どもたちの顔を見てからセンターへ行きたいという彼の望みに答えようと、そのＮＧＯに電話をして、息子たちに面会できるようにとお願いしたこと。そして、ＮＧＯからは、上の息子は学校へ行っているから、夕方にそちらのアル中センターへ連れていくと返事が返ってきたことを話した。「患者たちは、すぐに行動に移る人たちを信頼する。だから彼がセンターへ行きたいと言ったとき、私は医者の反対にもかかわらずセンターへ連れてきたの。行って彼を見てごらんなさい。ずっと病状が回復しているから」とシスターは言う。耳の不自由な「付き人」は、今回は一緒ではなかった。

その日の午前中は、十五人もの司祭たちがセンターを訪ねてきたので、シスターも私も昼食の準備の手伝いで大忙しだった。私はだいぶ体調が回復したので、髪の毛を洗う決心をした。ヴィー・ピーのシャワー室の水は冷水なので、外の炎天下で熱せられたパイプの水を運んで髪の毛を洗う準備をした。そうこうしているうちに、皆は食事を済まし、十五人の司祭たちも皆食事を終えてしまった。何度か食事を司祭たちと一緒に食べるようにとスタッフの人たちが呼びにきたが、髪の毛を洗い、体を洗い、洋服を洗い終えるには時間がかかった。

忙しさの波が引いた頃、私が遅い昼食をとろうと食堂の方へ行くと、シスターとすれ違った。シスターは「一番最近のケース」の患者の姿が見えないと探していた。皆でセンター内を探しまわっているが、見つからないということだった。

私が昼食を終え、食堂から外へ出ると、シスターが悔しそうな顔をして立っていた。

「あの男性は見つかりましたか？」と私は聞く。

「息子たちのいるＮＧＯに戻っているそうよ。このセンターを出て、アーミー（スリランカ軍の兵士）と親しくなって、酒を飲んで酔っぱらって、そしてＮＧＯに戻ったの」

「アーミーからもらったお金で？」

「そうよ。妻が死んじゃったって同情を買って」

「ＮＧＯから電話があったのですか？」

「今、ファーザーが電話をして聞いたの。ＮＧＯは戻っていると答えて、夕方、ここのセンターに連れてくることになったみたい」

「また戻ってくるのですか？」

「そう。今度はまた、見張り付きで」

夕方、ヴィー・ピーとシスターと私のちょうど三人だけになったとき、悔しそうに話していたシスターに、ヴィー・ピーは言う。

「同情を買い、酒を飲むチャンスを狙う、そういう手口」

「でも、妻のところへ行きたい、息子たちの顔が見たいと彼が言ったとき、私も彼の言葉を信じたのですが」と私は口を挟んだ。

「息子の顔が見たいなどというのは、ただの嘘。酒のことしか頭にない」

そうファーザーが言うと、シスターは、「私も彼の言葉を信じて、自分の子のようにお茶を入れてあげて、食事をさせて、大事に面倒をみたのに、ちょっと訪問客たちに気をとられていたら逃げられた。もうこれからは、彼の言葉を鵜呑みにしない」と応えた。

しばらくすると、例の男性がNGOから運ばれてきた。彼の後ろには、耳の不自由な男性が付いていて、どこへ行くにも以前のように二人は一緒だった。ただ今回は、口のきけないその男性も彼への同情心はなく、出会う人びとに前を歩く男性は単なる酔っぱらいだと、酒を飲むジェスチャーを繰り返していた。

アルフレッド・ファーザー

アルフレッド・ファーザーと初めて話したのは、私がB氏の事務所からアル中センターに電話をしたときだ。最近チェティクラムの巨大キャンプから解放され、センターへ来たばかりだという。一九七七年生まれ。ジャフナ出身。口数の少ない、若い神父だ。

初めて会ったとき、神父は「今朝、電話で話しましたね。あなたのタミル語を聞いて、シンハラ人か、もしくはこの隣のタールヴパードゥ村の人かと思い、あのとき「シンハラ人ですか？」と聞きました。タールヴパードゥ村の人たちもそのような話し方をするものですから」と。

「いつセンターへいらしたのですか？」

「一ヶ月前」

「それ以前はどちらにいらしたのですか？」

「ヴァンニです。その後、キャンプに収容されていました。マニック・ファームの第四ゾーンです」

「司祭もキャンプに収容されていたのですか？」

「私だけでなく、他の司祭たちもです。そして、私にはキャンプの中で子どもたちの面倒をみる責任がありましたから」

「子どもたちとは？」

「二十五人の孤児たちです。私は、ヴァンニにいるときからその子たちと一緒でした。キリノッチに派遣され、孤児院を運営していたのですが、戦争が激しくなり、ムラティブまで移動し、最終的にヴァンニを抜けたのは五月二十日です」

「ということは、戦争終結が宣言された後ですか？」

「はい」

口数が少ないのは、彼が今回の戦争の渦中で言葉を絶する体験をし、そのとき目撃した情景のトラウマからのようだった。五月二十日の終戦後に、焼け野原となった戦場を抜けて政府軍側へ送られてきてから、さらに数々の苦労があったに違いない。彼が最近まで収容されていた「マニック・ファーム」と呼ばれるキャンプには、未だに二十万人に上るヴァンニ被災民が収容されている。

ハレルヤ村へ移動

――十月二十六日

夕方、センターの広い中庭に出ると、ヴィー・ピーが車で戻ってきたところだった。私にハレルヤ村への移動の準備ができているかと聞き、「はい」と答えるとすぐに荷物を持ってくるようにと言った。脳に障がいのあるヴィニシャンと、もう一人、十五歳になる少年が荷物を運ぶのを手伝ってくれた。センターのバンに乗り込むと、車は一気にスタートした。コロンボの国営のガソリン会社でストライキが起きている影響で、センターのモーターバイクにはどれもガソリンがないとのことだった。

バンがハレルヤ村へ近づくと、たった六ヶ月前に訪ねたばかりなのに、四月の訪問からだいぶ時間が経っているように感じた。車は教会の角を右に曲がり、キャンプ中心のグラウンドに添うようにしてヴェラの家に近づいた。キャンプではすべての家が同じ区画で隣り合わせに列になって並んでいる。最初の角のところに車が来ると、ヴィー・ピーは「この角だった？」と。「次です」と言うと、車はさらに進み、暗闇の中で明るいピンク色のシャツを着て、青いサロンを腰に巻いた小さな人影が動くのが見えた。「おばあちゃんがいます」と私が言うと、バンは止まった。

後ろの扉を開けると、そこにはヴェラと婆さんが立っていた。キャンプでは電話が通じないため、事前に連絡は入れていなかった。私の顔を見て、「この子が戻ってきたなんて知らなかった！」と二人は口を揃えて言い、車から降りると、荷物を受け取って、「さぁ、家に行こう」と言った。私は、「ファーザーと話をして」とヴェラに言い、彼女は車の前方に回って助手席に座っているヴィー・ピーに挨拶をした。「お元気ですか？　カオリが戻っているとは知りませんでした」と。ヴィー・ピーは、「知らなかったのかい？　連絡するようにと人を送ったと思ったのだが」と笑い、「じゃあ、後はよろしく」と。ヴェラも婆さんも「大事に預かって世話します」と答え、「さぁ、家に行こう」と誘った。

　ヴェラと婆さんと私が車の前方へ回ってヴィー・ピーに挨拶に行こうとしていたわずかな時間のうちに、通りに座っていつものように時間を潰しているニッティ兄さんは、助手席に座っていたヴィー・ピーのところへ駆け寄り、「ちびのポンナンバラム」の話をした。後日わかったことだが、「ちびのポンナンバラム」は、最近チェティクラムのキャンプから解放された六十過ぎの男性で、出身は「エステート」、南部紅茶プランテーション。反・タミル人暴動によって難民となり、エステートから七〇年代後半に北部へやってきて、ペルンカリパトゥ村まで流れ着いて、村が気に入り、住み着くことになった。極端に背が低く、未婚で子どももいない。兄弟姉妹も両親もいないから、一人ぼっち。でも、村人たちに薪割りや畑の世話を頼まれると、何でも引き受けてよく働く。ヴィー・ピーがペルンカリパトゥ村の司祭であった九〇年代、「ちびのポンナンバラム」は彼のために働いていた。ニッティ兄さんとヴィー・ピーがその夜話したのは、「ちびのポンナンバラム」をアル中センターへ連れていき、畑の仕事をお願いすること。

　ヴェラは言った、「彼はシャイバ（ヒンズー教徒）。この前のディーパバリ（十月のヒンズー教の祭り）のとき、一人でココナッツ、米、バナナなどを持ってバスから降りてくるから、「何のため？」と聞くと、「おらはヒンズー教徒やろ。だからデーパ・ヴァーリの祈りを捧げるんだ」と答えたの。近所の人の話だと、彼はその後一人で祭り支度をして、祭りをしていたと」

村の誰とも血の繋がりのないヒンズー教徒の老人ポンナンバラムも、立派な村のメンバーだ。最後の戦争のとき、彼はペルンカリパトゥに残っていた。村人たちと一緒に被災し、ムラティヴの死の海岸を生き延びて、それからチェティクラムの巨大キャンプに最近まで収容されていた。巨大キャンプから解放されると、ペルンカリパトゥの村人たちを頼ってハレルヤ村へやってきて暮らすようになった。ハレルヤ村の村人たちは、当然彼を受け入れ、彼のための居場所を確保する。特に世話好きのニッティは、高齢の彼の様子を毎日観察していて、ハレルヤ村よりもヴィー・ピーのセンターの方が食事もあるし、ポンナンバラムには良いのではないかと、彼に代わってヴィー・ピーに願い出た。

「もちろん、ウエルカム」と、ヴィー・ピー。アル中センターでは、畑の仕事は収容者たちの仕事だが、彼らの多くが漁師であるため、農業の知識を持つ人はまずいない。センターの収容者たちは、三食の飯と交換に、リハビリとしてセンターで農業に取り組む。ヴィー・ピーが「リハビリ」と呼ぶ農作業を、収容者たちは「強制労働」と皮肉る場面もある。でも、回復しセンターを出て村へ帰って小さな家庭菜園などを始める人もいる。実際、センターに滞在する半年ほどの時間の中で、皆が回復していく。帰る家のない人、家族とうまくいっていない人、センターに残ってヴィー・ピーの仕事を手伝いたい人は、もちろん残っていい。ヴィー・ピーは誰も拒まない。誰でも受け入れる。だから、最初は荒地だったトータヴェリの大地は、今は立派なオアシスのように発展している。「ちびのポンナンバラム」もウエルカム。年老いて、大して力仕事ができなくなった今でもウエルカム。そう言い残し、ヴィー・ピーは帰っていく。「じゃ、後はよろしく」と。ポンナンバラム爺さんにセンター行きを説得するのはニッティの仕事。私の面倒を見るのはヴェラと婆さんの仕事。

この夜、ヴェラの家に着くと、いつも彼女の家でしているように、私は荷物をプラスチックの机の上に置き、「タンビ（息子）はどこ?」と聞いた。「外へボールを打ちに行っている」とのこと。クリケットのこと。旧英国領の南アジアでは、このスポーツが最も庶民的なスポーツ。シシリア婆さんは、私の顔を見るや否や、「今朝、夢でお前を見た。さっき、あそこ、教会のところへバンが来て停まるのを見た。停まって、誰かを乗せて戻っていくのかと見ていると、こっちの方へ曲がってくる。急いでヴェラを呼びにいって、「外へ来い。車が来ている」と。ヴェラは、「あの車はヴィー・ピーのみたいだ」と。そしたらバンはどんどん近づいてきて、家の前で停まった。見ると、なんと後ろの席からお前が出てくる。ファーザーに気を取られ、前の席しか見ていなかったから驚いた」。そう言って、婆さんは笑っている私を前に、満足そうだ。

しばらくするとタンビが戻ってきて、これまで私に見せたことのない大きな笑顔を見せる。ヴェラの話では、二十歳になるタンビは最近仕事に出るようになったと。マナーの町のコーンタペッティの船着場から、対岸にある母村ペルンカリパトゥの海岸に漁に出る漁師たちに、エンジン用の重油を売る仕事をしているとのこと。

その夜は、昼食の残りの小さな魚のカレーとご飯をもらって食べた。到着したのがすでに夕方七時近かったので、「久しぶりだ、久しぶりだ」と言いながら、そのまま寝た。寝場所はいつものように、聖書と聖水と聖母マリア像を飾った祭壇の下。白いシーツ一枚をコンクリの床の上に敷き、それに包まって寝る。枕なし。すると、到着をB氏に伝えるのを忘れていたことを思い出し、キャンプ中央の運動場にある一本の大きな木の下へ行き、「無事にキャンプに移りました」と連絡する。今、このキャンプでは、なぜかこの一本の木の下で携帯の電波が入る。「体調はどう？　なんか電話の声からするとキャンプの中にいるときの方が元気そうだ。うちの宿舎やヴィー・ピーのセンターにいるときは、死んでいるような声だけど、今日は元気そうだ」とB氏。それからまた、真っ暗の道をグラウンドからヴェラの家まで歩いて帰る。でも、このキャンプで私は夜道を一度も怖いと感じたことはない。村では、皆が互いを知っている。そして、グラウンドの道路沿いには、ニッティ兄さんや、彼のように、いつも誰かが皆を見張っているからだ。

――十月二十八日

朝、ヴェラが言った。「昨日は私が結婚してちょうど二十一年。そして、三月十三日が来ると、夫が死んで二十一年。息子がお腹の中で三ヶ月のときに、夫はヴァヴニヤで殺された」

夜、仕事から帰ってきた息子は水浴びをし、ちょうど停電になったところでヴェラの横に抱きつくようにして大きな体で横になった。近くに座っていた婆さんは、「こんな息子がカタールへ行き、母親から離れて長く向こうに滞在していられるもんか」と、皮肉っぽく私に呟いた。私は、「あなたたちが送ったのでしょう」と返した。実際、タンビは数ヶ月で帰ってきてしまった。

ヴェラの家の状況

ハレルヤ村の私の滞在先は、未亡人ヴェラの家。二〇〇七年の夏にニコラ・シスターと一緒に訪ねて以来、私がハレルヤ村に滞在するときは、いつもヴェラの家に間借りしている。「間借り」といっても、借りられる部屋があるわけではなく、彼女の家の祭壇の下の隙間を借りて寝起きする。ヴェラの家で一緒に暮らしているのは、ヴェラの母親のシシリア婆さんと、ヴェラの兄のニッティ。そして息子のタンビ。

ヴェラ

四十五歳。ハレルヤ村に住む三百七十家族の中で一番貧しい家庭の一つ。一九八八年にヴァヴニヤのヒンズー教徒の男性と結婚。夫は、ヴァヴニヤから遠くはなれたペルンカリパトゥの村まで野菜を売りにきていたという。結婚から四ヶ月後の一九八九年三月、夫は当時スリランカ北部に駐屯していたインドからの平和維持軍により射殺され、残されたのは彼女とお腹の中の息子だった。

タンビ

息子。今年でちょうど二十歳になる。二〇〇八年の夏に、進学を諦めカタールへ出稼ぎに行ったが、たった二ヶ月半で「仕事に耐えられない」と戻ってきてしまう。ヴェラは、それまでの貯金をすべてはたいて息子をカタールに送ったため、現在貯金はゼロ。彼女も彼女で、シシリア婆さんによれば、

「カタールにいる息子に、「仕事がそんなに大変なら戻ってきてもいいから」と言ったんだから、今、家計が苦しくても仕方がない」

　そのカタールから戻ってきた息子は、ハレルヤ村に帰ってきてから長いこと仕事がなかった。体だけが大きく、どんぶり飯を一人で四人分食べる。そんな息子が半年以上も仕事がなく家の中に転がっていたのだから、生活は苦しい。ヴィノによると、息子のところにもマナーの橋の建設工事の仕事の

募集がまわってきたが、土木工事という炎天下の仕事をさせるのは「かわいそうだから申し込まなかった」。村の他の若者たちのように、ボートで漁に出る仕事も、「危険だからしないようにと言った」

そもそも、タンビは太りすぎている。このマナー島で、彼ほど体格の良い青年を私は見たことがない。何の仕事にもむいていないのではないか、と私は考えていた。そんな息子に、数週間前に仕事の話がきたという。ボートに重油を入れる仕事で、月六千ルピー（六千円）。それも週ごとに給料をくれるということなので、喜んで引き受けた。それ以来、息子は、毎朝四時過ぎに出発する村のトラックで、漁に出る村の男たちと一緒にマナーの町のコーンタペッティの船着場まで行き、夕方四時頃仕事から戻る。ハレルヤ村があるトータヴェリから船着場までの八キロの道のりを、朝晩、村の漁師たちはトラックでぎゅうぎゅう詰めになって移動する（往復三〇ルピー）。ヴェラの息子もやっとこの村の男たちの日課に加わることができるようになった。

婆さん

名前はシシリア。歯が一本も残っていないので、彼女が発音すると、「シチリア」。「シチリア？」と聞き返すと、「違う、シチリア！」

八十四歳。彼女には娘五人と息子八人、計十三人の子どもがいる。夫のアイヤーは、一九九二年に避難していた先のペーサーレのキャンプで死んだ。ヴェラは婆さんの末娘で、「末娘が家と両親を引き継ぐ」というこの地方のタミルのしきたりに従い、ヴェラの家で生活している。母系社会で、嫁入りではなく、婿入りするのがしきたりだ。

婆さんは小柄。歯が抜けて皺がより、小さな顔がさらに小さく見える。ファッションセンスが独特で、いつも蛍光色の丈の短いサリー・ブラウスに、これまた蛍光色の腰巻きを着ている。ブラウスは全部で二着。ピンクと水色があり、その二枚の色あせた上着を毎日取り替えて着る。腰巻きは青と濃いめのピンク。村の他の年寄りが着るような、茶色や灰色の服やサリーは着ない。小柄だがスタイルが良いので、不思議と「こういった服装は彼女のスタイルなんだな」と思えてくる。雨の日にさす傘も真っ赤な色で、雨の中、傘をさし、腰に手をあてて立っている彼女の姿は、写真におさめたくなるほど愛嬌がある。八十四歳とはいえ元気で、ピーナッツを煎って売ったり、手作りのお菓子を売ったりと、家から半径数百メートルの範囲内で行商し、毎日数十ルピー稼いで、ヴェラに砂糖やサトウキビの角砂糖を買ってあげ、残りは腰巻きの合わせ目に包んで、せっせと貯金している。「こうやって、少しでもお金が貯まったら、チェティクラムのキャンプにいる息子のジーバに物を買って送ってやるの。私がしてやらなかったら、誰がジーバの家族の面倒を見るのか」と呟く。ヴェラによると、この元気な婆さんが、数ヶ月前に鼻血を出して倒れ、マナー病院へ運ばれ、四日間も「クール・ルーム」にいたのだと。

ニッティ

この家の居候。ヴェラの兄。八年ぐらい前までは大酒飲みで、妻にも息子にも娘にも逃げられ、現在、住む家も金もない。酒をやめるきっかけになったのは、飲酒が原因でひどい病気をしたためで、そのとき、ヴィー・ピーに助けられ、回復し断酒を宣言。現在ヴェラの家に住んでいる。酒は飲まない。安定した仕事はなく、ヴェラや知人から頼まれたことを何でも引き受けて、そのお礼としてもらう物（魚、米、ココナッツ、マンゴー、小麦粉、ひよこなど）を家に持ち帰ることでなんとか居候させてもらっている。彼の食事と洗濯はヴェラと婆さんが交代でする。娘は二年前に結婚し、その結婚資金として借金した金をはまだ返せていない。その借金が原因で、娘との縁も切れてしまった。ヴェラと彼女の息子に一緒に家に住ませてもらっているため、家の中では肩身が狭い。

家

私にとって今回の滞在は、四月の滞在のときよりも多少は楽だった。まず、息子が毎日仕事へ出ていて家の中に転がっていなかったことと、セメントでトイレと約一メートル四方の貯水槽が設けられていたこと。ヴェラは、到着したばかりの私に言った。

「トイレは、四月の滞在中にちょうど完成したでしょ。貯水槽は、この前カオリが送ってくれた一万ルピーで作ったの。これがあれば、停電して、モーターで水がくみ上げられないときでも水がある。貯水槽のまわりにもセメントを敷いたから、今度は体や髪を洗ったりしても足が泥だらけにならなくてすむ」

家（居住空間）は、畳八畳ほどの広さ。奥に、二畳ほどの大きさの物置となっている部屋がある。娘がいないためか、家の中はきれいに片付いているとは言えず、物置部屋となってしまった奥の部屋の壊れたベッドの上には洗濯物が散乱している。家は、屋根を除いて、ヴェラの一家が二〇〇四年にペーサーレのキャンプから、ここハレルヤ村に移動してきて建てたときの状態のままで、床のセメントが何カ所か壊れている。屋根は一年半ぐらい前にカジャンを葺き替えたが、五カ所で雨漏りする。私が、「どうして一年半前に屋根を葺き替えたばかりなのに、こんなにひどく雨漏りするの？」と聞くと、ヴェラは、「葺き替えの仕事をその辺の小さな子どもたちにやらせたの。うちの息子が屋根に乗っかったら、家が壊れちゃうでしょ。小さな子たちがやったから、いいかげんで、こんなに雨漏りするの」

家計

ヴェラは村の託児所で保育士として朝八時半〜十一時半まで半日働き、月給三五〇〇ルピー。このヴェラの給料に、今月（二〇〇九年十月）から息子の月給六千ルピーが加わった。計九五〇〇ルピーがこの家の毎月の収入。

ヴェラ、息子、婆さん、ニッティ、そして私の五人の一日の食事に最低限必要なものを列記すると、次のようになる。

ココナッツ一個半　三五ルピー
魚　一五〇ルピー
赤唐辛子の粉一〇グラム　一〇ルピー
米一キロ　八〇ルピー
砂糖二〇〇グラム　二〇ルピー
角砂糖（サトウキビ）　一〇ルピー
青唐辛子八個　一〇ルピー
紅茶　一〇ルピー
噛みタバコ　二〇ルピー

よって、食費に一日に合計三四五ルピーかかる。

また、そのほかに、毎日必要なのが、

洗濯石鹸　二〇ルピー

息子の通勤費　三〇ルピー

であるから、一日三九五ルピーの出費ということになる。大漁の日は、息子は村の漁師たちから魚を分けてもらって帰ってくるので、魚代の一五〇ルピーは浮く。毎週日曜には肉を食べ、牛肉五〇〇グラムを購入するための三〇〇ルピーが必要。

三九五ルピー／日×三十一日＝一万二二四五ルピー。よって、この家計を維持するためには毎月最低一万二二四五ルピーが必要。ヴェラと息子の月給の合計が九五〇〇ルピーなので、家計が大変だというのは事実。薬代や病院にかかるための金はまったくない。

土地代

ハレルヤ村では、それぞれの家族に一〇ペーチ（約二五〇平方メートル）の土地が割り当てられている。去年までこの村は避難民キャンプとして登録されていたため、土地を購入する権利はなかった。今年に入って、マナー司教から、避難民たちが待ち望んでいた土地購入許可が出て、キャンプ内で各家に与えられた土地が四万七千ルピーで購入し所有できるようになった。ヴェラの話では、「土地購入の話が出てから、この村に住む三百七十家族のうち二百七十家族がすでに四万七千ルピーを支払い、土地を手に入れた。残りの百家族は、うちのように貧しい家庭で、いつ支払いが済むのか不明」。ヴェラはまだ一ルピーも払っていない。保母の仕事でもらう月給三五〇〇ルピーは食費に消えてしまう。

息子が今月からもらうようになった給料だって食費に消えてしまう。「物価が高くなっている」

私

村に到着して最初の四日間は、まだ体調が戻らなかった。アギュメンティンという強い、慣れない抗生物質を数日間続けて接種したせいか、朝起きて、床を掃いたり、ココナッツを割って中身を削る(削ったものをそのまま蒸した小麦粉に混ぜて食べたり、水を加えてココナッツ・ミルクを絞り出す)だけで、頭痛が襲ってきて疲れてしまい、ほとんど寝て過ごした。家の奥で、穴だらけのアスファルトの床の上にベッドシーツに包まって寝ている私を、家の入り口からのぞき込んで、ニッティが、「以前はあれほど元気で、あっちこっち走り回っていたカオリが、今回は家の中で寝てばかり。相当具合が悪いんだろう。一体どうしてしまったのか」と、婆さんに呟いているのが聞こえた。

最初の四日間、朝食は煎って蒸かした小麦粉に、削ったココナッツを混ぜたピットゥ。キャンプの典型的な朝ご飯。三畳半程の小さな台所で朝食の準備をしながら、ヴェラは言う。

「この前ニッティ兄さんがね、キャンプから小麦粉を五キロももらって帰ってきたの。それを煎って、こうやってピットゥを作るときのためにしまってある」

「ふーん」

私は、「ふーん」と頷いてはみたが、あまり意味がわからなかった。「キャンプって？」

「あの、チェティクラムのキャンプ。そこにジーバ兄さんが収容されているでしょ。兄さんと妻と娘の三人。この前ニッティ兄さんが干し魚を持って訪ねたら、お返しに小麦粉を五キロもくれたの」

「え？　キャンプからもらってきたの？　五キロももらっちゃって、ジーバ兄さん一家はキャンプの中で食べる物あるの？」

「援助で食べ物をもらうから」

そんなわけで、ハレルヤ村に戻り私が最初に口にしたのは、巨大キャンプからもらってきた小麦粉で作られたピットゥ。それを炭火で焼いたエボダイの干物といっしょに食べた。

着いて二日後、息子タンビの一足しかなかったビーチサンダルが壊れてしまい、彼は裸足で仕事に行った。私はニッティに五〇〇ルピー渡し、彼のためにサンダルを買ってくるように頼んだ。ニッティはその金でペーサーレからサンダルと魚を買ってきた。ペーサーレまでバス代往復三〇ルピー。お釣りは戻ってこなかった。また、食費にと最初の数日間は五〇〇ルピーを朝、ヴェラに渡した。お釣りは戻ってこなかった。

着いて三日目の朝、体調が悪いため、まだ家を出て近所の人たちに挨拶もしていないときに、婆さんは私に聞いてきた。ちょうどヴェラが託児所へ仕事に出かけた後で、誰もいない隙をねらってだった。

「おい、お前、カネ持ってるか？　いくら持ってる？　おばあちゃん、お金なくてかわいそうだと思わないか？」

「かわいそうだと思わない」。あっさり答えた。

「そうか」

婆さんは少し黙っていたが、また口を開く。

「じゃあ、ニッティ兄さんにあげるカネはあるか？」

「ニッティ兄さんには、五月に二万ルピーもコロンボから送った。おばあちゃん、それを知らないの？」

「知らなかった」と、とぼけてみせる。

私は彼女を無視してフィールドノートを書き始めた。すると、わざとしょんぼりした様子で台所へ入っていき、ココナッツを削る台を持ち出してきて、ココナッツを横で削り始めた。仕方がないので、「削ってあげる」と交代する。削り終えると激しい頭痛が襲ってきて、そのまま私はパナドール（頭痛薬）を二錠飲んで、床の上に茣蓙を敷き、倒れるように寝てしまった。

目が覚めると、婆さんが、「頭痛によく効くから」と、私の頭にアーユルヴェーダのオイルを塗ってくれる。まず、てっぺんに。それから後頭部の髪の付け根の部分にも勢いよくぬり込んで、私の髪は縮れて鳥の巣状態になった。

その日の夕方だったか、見慣れない男二人が「ニッティはいるか？」と訪ねてきた。私は家の奥でシーツを被って寝ていたので、その男たちには私の姿は見えなかった。ヴェラと婆さんが「外へ出かけている」と答えると、わざわざ私の寝ている家の中を覗き込み、兄さんの不在を確認し、「帰ってきたら、オフィスへ来るように言え」と帰っていく。

――十月二十八日

今日からマナーでは雨が降り始め、モンスーンがスタートした。

ヴェラの家には固定電話があるが、ここ三ヶ月間料金を支払っていないためサービスが停止されている。私の携帯電話はヴェラの家では電波が受信できない。緊急の連絡がある場合、固定電話が使えないと不便なので、ヴェラに聞いてみた。

「テレコムに、いくら払えば、また電話が使えるようになるの？」

「もの凄い額」

「いくら？」

「そこにテレコムから届いた請求書があるでしょ」

請求書を開いてみると、五五〇〇ルピー未納と書いてある。「どうしてこんなに電話代がかかっているの？」

戦後、ハレルヤ村でも電話が使えるようになる。すると、ニッティ兄さんは早速あちらこちらに電話をかけはじめた。

「私が託児所へ行って留守の間に、ニッティが使ったの。この前結婚したカルパナ（一つ上の姉の娘）とメドゥ（別の姉の娘）の二人の結婚相手を捜すのにあっちこっち電話をかけたの」。自分で使った電話代じゃないから支払う気にもならないという。「本当にニッティにはこの件で頭にきている。でも彼には一ルピーもない。だから電話は使えないけれど、そのまま放っておくことにした」

私は一晩考えたが、やはり仕方がないので、ヴェラに五五〇〇ルピー渡し、明日、ニッティにマナーの町のテレコムへ行き電話代を払ってもらうようにお願いする。

次の日の朝、ニッティがテレコムへの支払いへ、そして、ヴェラが仕事に出かけると、婆さんが隣に来て言う。

「あの電話代の大金を払うだけのカネがあるなら、どうしておばあちゃんに少し分けてくれないの？」

「おばあちゃんに分けてあげようと思っていたお金、電話代で消えちゃった」

すると、悲しそうな声で、

「おばあちゃんだって、こうやってカオリの面倒をちゃんと見てあげているでしょ。なのに、どうしてヴェラにだけあげるの？」

「あの電話代、ヴェラ姉さんじゃなくて、ニッティ兄さんがあっちこっちにかけた分だよ」

「そうか」

私は大きく深呼吸をしてから聞いてみた。

「いくら必要なの？」

「いくら持ってる？」

「何に必要なの？」

「何にって、シート・カースといって、月に二回十人でお金を出し合って、十回に一度そのお金が自分のところへまわってくるように、そういうのをやっている。それに前回と今回の二回分の三千ルピー必要」。婆さんは口を濁らせながら言った。

「本当に？」

「うん。本当に。で、ある？」

「ない。持っているお金はヴェラ姉さんに全部あげる。必要だったら、姉さんに聞いて」

しばらく黙ってから婆さんは呟く。

「ヴェラは絶対にくれない。怖くて聞けない」

「じゃあ、知らない」

そう答え、その朝もまたココナッツを削ってあげた。

「じゃあ、私にくれなくてもいいから、ニッティにあげなさい」と婆さん。

「なんで？」

「なんでって、お兄さんでしょ。娘の結婚式のためにいろいろな人から借金して、兄さんはその借金が返せてないの。昨日、怖い顔をした男が二人マナーの町から来たでしょ、「オフィスに来い」って。兄さんが借金した人たち。返す金がなくて、兄さん、彼らから逃げ回っている」

そこで、私は今回コロンボから持ってきたお金を数えてみる。まだ二万八千ルピー残っている。五千ルピーは自分のために最後まで取っておくことにし、別に二千ルピーも予備としてしまい、残りの二万一千ルピーを、その日、託児所から帰ってきたヴェラに渡して言う。

「今回持ってきたお金はこれだけ。婆さんが三千ルピー必要だという。そうなると残りは一万八千ルピー。三千ルピーを婆さんに渡して、残りはあなたがしまっておいて」

私が金を手渡すと、ヴェラは黙って受け取って、物置部屋の洋服ダンスの中にしまった。そして、婆さんのところへ行き、三千ルピーを手渡し、「二千ルピー、ニッティにあげるように。そのかわり、五〇〇ルピーあげるから」と言った。

婆さんは言われたとおり、その日の夕方ニッティが帰ってくると、二千ルピー渡した。

台所の中で、私はヴェラに聞いた、

「ニッティ兄さんの借金は二千ルピーだけ？」

「もっとある。でも、私たちに何ができる？　後は彼の問題。カオリからもらった一万八千ルピーは土地の支払いに使う」

次の日の朝、いつもなら朝食の後すぐに家を出て、村人から使いを頼まれてマナーの町や他の村を回ったり、チェティクラムのキャンプへ食料を運んだりするニッティが、その朝は家の入り口に置かれたプラスチックの椅子に「考える人」のようにじっと黙って座っている。ヴェラは、「私に何ができる」と、彼を無視して託児所へ出かけていく。家の裏で薪を切っている婆さんに聞いてみた。

「おばあちゃん！」私は大きな声で呼んだ。

「オーイ」。この村の人びとは、呼び止められると「オーイ」と返事をする。ペルンカリパトゥ独特の返事の仕方。

「ニッティ兄さん、今日はどうして家にいるの？」近づいていって、そう小声で聞くと、

「借金取りに捕まえられるのが怖くて、町へは行けないの。この前なんか、警察沙汰になって、それで娘に嫌われて縁を切られてしまった。あれだけ一生懸命に娘の結婚式をマナーの町のホールを借りて挙げてやったのに、娘にまで縁を切られてしまって、本当にかわいそう」と、しわくちゃの顔を天に向けてそんなふうに言う。

「おばあちゃん、兄さんにお金をあげれば？　兄さんはあといくら必要なの？」

「昨日、お前からもらった三千ルピーのうち、二千ルピーもあげた。お前は兄さんがかわいそうだ、かわいそうだと言うが、おばあちゃんはかわいそうだと思わないのか？」

私は、プラスチックの椅子に吸い込まれるようにして座っている兄さんのところへ行って、聞いてみた。

「いくら必要なの？」

「四千」

「いくら持ってるの？」

「二千」

私は家の奥へ戻って行って、お腹の中のセーフティー・バッグから予備に取っておいた二千ルピーを取り出して渡した。私はすこしイライラしていたので、その二千ルピーを左手で渡した。彼は右手で受け取ると、「今度コロンボで会ったときに返す」と。私は、兄さんがコロンボへ来ることはないと承知だから、「返さなくてもいいから」と応える。そして、その日一日中、そのとき左手で兄さんにお金を渡したことを、申し訳ないことをしたと後悔する。「ごめんなさい」と素直に謝ることができない自分に嫌気がさす。

ニッティが出ていった後、婆さんに、兄さんにお金をあげたと言った。

「よかった。また警察沙汰になって、警察が家にきて、お前の前で兄さんを殴ったりしたら困ると思っていたから、ほっとした」

それから、だれもいなくなった家で婆さんと私はのんびり火を起こし、昼食の準備をした。

――十月三十一日

昼過ぎ、ヴェラにお湯を沸かしてもらい、そのわずかなお湯を貯水槽の隣に並べてあった洗濯用のプラスチックの樽の中に入れ、冷水を混ぜて髪を洗った。月曜の昼にヴィー・ピーのところで髪を洗ったのが最後だったので、五日ぶりの全身浴。

髪を洗い終えると、ハレルヤ村に着いて五日も経ってから、ニャーナムの店を訪ねた。「いらっしゃい。よく来た、よく来た」と、店先に座っていたニャーナムは笑顔で言った。温かい砂糖と粉ミルクのたっぷり入ったコーヒーを入れてくれた。店の商品の一つであるネスカフェのパックだと思う。一パック（コップ一杯分）一二〜二〇ルピー。大きなお客様用のグラスに注がれたそのコーヒーは美味しく、砂糖と粉ミルクの入ったコーヒーを飲んだのは久しぶりだと、小さな驚きのような感情が巡った。私が体調を崩していたせいもあるが、ヴェラの家では粉ミルク以前に砂糖（一キロ九〇ルピー）を手に入れるのが大変なほど。娘もいないので、私が訪ねてもお客としての待遇はなく、紅茶はアルミのコップを床に置いて、その中にやや乱暴に注がれる。ニャーナムの家で彼女の娘たちに大事に面倒を見てもらうと、ずっとニャーナムの家にいられたらと思わなくもない。

——十一月二日

死者を弔う月がスタートする。

カトリック教徒にとって、毎年十一月は日本でいうお盆。一ヶ月間死者に祈りを捧げる。

十一月二日、ポヤ（満月）にあたる月曜の今日は、ミサが村の墓地で執り行われるということだった。朝五時五十分に起床し、墓地へ向かう準備をしていると、ニッティが現れる。顔を洗い、髪を梳かし、外へ出かけるようだ。

「どこへ行くの？」

「チェティクラムのキャンプ」

そう言って、入り口の椅子に座り込んだ。しばらくの間、ヴェラと婆さんと私の三人は彼を無視した。というのも、彼は昨日もヴァヴニヤのキャンプにジーバ兄さん一家を訪ね、キャンプへ物を運んでいった。私たちがキャンプへ送ったのは、

エイの干物四つ（手のひらサイズ。婆さんが腰巻きの中に貯金したお金で近所から買ってきたもの）

グアヴァの大きな実一つ（ヴェラの家の庭に育っている唯一の果物）

卵七個（家の鶏がそれまでの二週間に産んだ卵）

唐辛子のカレー粉（ヴェラが土曜日にマナーの町へ行き五〇〇グラム買ってきた粉の約半分）。

ヴェラの家にはこれだけの物しか送る余裕がなかった。それでも、ヴェラとニッティの他にも沢山いる婆さんの子どもたちは、誰もジーバ兄さんの家族をキャンプに訪ねたりはしない。いつも、ニッティとヴェラと婆さんの三人が物を送り、届けるのはニッティの仕事。

昨日の朝、これらの物をキャンプへ送ったとき、私たちは少なくとも今後一週間はジーバ一家に物を送らなくてもよいと考えた。しかし、昨日の昼、キャンプの中から電話がきた。

「ジーバの一人娘が奨学金の試験に合格した！　ペルンカリパトゥの生徒の中で合格したのは二人だけで、その祝いをするために、明日、イカの唐揚げとエビを届ける約束をした」

ニッティはわざわざこのメッセージを伝えるために、他のキャンプの住民が違法に（政府軍には秘密に）キャンプ内に持ち込んでいる携帯電話から電話をしてきた。ヴェラと婆さんの反応は、「奨学金の試験に合格したのは良し。でも、エビとイカを送る金がどこにある」

キャンプから戻ってきたニッティは、エビとイカに加えて、携帯電話のプリペイドカードもジーバに持ってくるように頼まれたと言った。

「ジーバ、お金は払うから電話カードを買ってくるようにって」

「……」

キャンプに収容されているジーバにそんなお金があるわけない。

それでもヴェラは、その日の夕方に息子が持ち帰った魚を唐揚げにし、「これを明日、エビやイカの代わりにジーバたちに送ろう」と言った。そして、揚げたての唐揚げは私とタンビの皿にだけ盛り、自分たちはその夜、白いご飯にただのココナッツのスープをお茶付けみたいにかけて食べていた。婆さんも、どうしよう、お祝いに何を送ろうかとしばらく考えた後、近所の店から砂糖を二〇〇グラム買ってきて、得意のお菓子を作った。わたしは、試験に合格した娘に何か贈れるものはないかと、自分の荷物の入ったバッグの中を覗き込んで、単行本の大きさの日本から持ってきた鏡を取り出して、ヴェラに渡した。「こんな物しかない。お祝いに」

そして今朝、私たちが墓地でのミサへ向かう準備をしていると、ニッティはまだキャンプへ出発せずに黙って家の入り口に座っている。

「なんで出発しないの？」とヴェラの声が聞こえた。

「イカとエビを買っていく約束をした」

「そんなお金、どこにある」

しかたがないので、私は持っていた携帯電話のプリペイドカード二〇〇ルピー分と、財布の中に残っていたわずかのお金を取り出して、ニッティに聞いた。

「イカを買うのにいくら必要？」

「二〇〇」

私は財布の中に残っていたお金を全部渡した。三〇〇ルピーしかなかった。

ニッティはそれを受け取ると、さっと家から出ていった。婆さんは、出ていった兄さんの後ろ姿に向かって、いつもそうするように、小さな十字を切って言った。

「無事に戻りますように。兄さん、これから六時半のバスでペーサーレの魚市場へ行き、イカを買って、チェティクラムにジーバを訪ねるの」

そうこうしているうちに、時間はすでに朝六時十分。「準備できた？　出発しよう」とヴェラが言い、家を出た。婆さんは、墓地は遠くにあり歩けないからと家に残った。墓地は荒れ地の中にあるというので、私は、ミサであったが、青色の普段着を着ていった。ハレルヤ村を出て、十五分ぐらい棘のある木が生い茂るジャングルの中を歩いたところに墓地がある。村の女たちが普段、薪を取りに行く林だ。

墓地には立派な墓石など一つもなく、砂が四角形に盛られた一方の端に、十字架や木の枝が一本立てられている墓が並んでいるだけだった。先に到着した人びとが砂山の上にハイビスカスの花をのせていた。すでに泣き崩れているサリーを着た年寄りの女性もいた。ハレルヤ村の住民の墓地は、ヴァンニにあるペルンカリパトゥ村へ遺体を輸送できなくなってから、トータヴェリにつくられた。そこに眠っている死者の数は限られている。今回の戦争によってヴァンニで亡くなった村人たちの遺体は、戦地から回収できなかったため、その人たちの墓はない。

ミサでは、死者たち全体に祈りが捧げられた。

誰にもみとられずに死んでいった人びと。誰もその死を悲しむ人がいない者たち。行方不明となり、未だに消息がつかない人びと。遺体が回収されず、戦地に残された人びと。

墓地ではマイクがなく、遅れて運ばれてきたジェネレーターも作動しなかったため、静かなミサだった。神父の声がよく聞き取れなかった。神父を中央に、大きく円形に広がった村人たちの大きな輪の一番外側に、ヴァンニで次女を失ったデェーバ兄さんの家族の姿があった。ミサが終わると、人びとは各々の親族が埋められている人間大の砂山の側に座して泣き崩れた。ほとんどの人びとの親族の墓は母村ペルンカリパトゥにあるため、多くの人が立ち見となった。私はそのとき初めて、この地方の人びとが死者に向かって泣き叫ぶのを見た。この村で少なくともあと数回、同じような光景を目撃することになるとは、そのとき考えもしなかった。

デェーバ兄さんの家族の話

娘タンガの墓がない話

ミサの後、ヴェラの頭の中は、デェーバ兄さんのヴァンニで死んだ娘タンガのことでいっぱいだった。ヴァンニで死んだ彼女には、墓も墓の上に建てられる十字架もなかった。墓地から戻り家の中に入ろうとすると、家の外の通りにデェーバの姿があった。ヴェラも私も見逃さなかった。彼も私たちの姿を見た。私が顎を差し出すようにして挨拶すると、彼も同じ動作をして応え、自転車を私たちの家の前の通りに止めて、近所の家の中へ入っていった。

家の中では、婆さんは庭を掃いていた。ちょうど隣の家の雄鶏が、壊れかけた柵を越えて飛び込んできた。婆さんはその鳥を箒で追い払うと、ミサから戻ってきた私たちに向かって十字を切った。

ヴェラはとても疲れた様子で、椅子に崩れ込むようにして腰掛けた。私も座ってしばらく黙っていると、婆さんは私たちに紅茶を入れてくれた。ちょうどそのとき、壊れた家の柵の向こう側に停めてあった自転車のところへ、デェーバが用事を済ませて戻ってくるのが見えた。私たちの注意を避けるように早足で歩いていく彼を指差して、私は「見て、デェーバ兄さんが戻っていく」と言った。するとヴェラは大声で呼びかけた。

「デェーバ兄さん！」

「オーイ」と、返事が聞こえた。ペルンカリパトゥ出身の人びとは、名前を呼ばれると、「オーイ」と答える。

「ちょっとこっちへ来て！　こっちへ来てちょうだい！」

　ヴェラにそう呼び止められると、彼は半回転して私たち三人が座っている家の方へやってきた。プラスチックの椅子は三個しかなかったので、私は立ち上がって席を譲ろうとした。すると、椅子にたどり着く前に、デェーバはヴェラに抱きつかれ、家の中へ引きずり込まれてしまった。それを見ていた婆さんも、居ても立ってもいられなくなった様子で、二人の後を追って家の中へ入っていった。三人はいっせいに泣き出した。さっき墓地で聞いた泣き声と同じ、「アーハハハ、アーハハハ、アーハハハ」と、笑い声を引き延ばしたような異様な泣き声が聞こえてきた。ヴェラの声は大きかった。私は外で紅茶を自分のカップに注ぎ、飲んだ。婆さんは二人分の紅茶しかいれていなかったので、少しだけ注ぎ、デェーバとヴェラの分を残した。

　しばらくすると泣き声が止み、デェーバが涙を拭いながら急ぎ足で外へ出てきた。ぬれた顔を拭く布を探しているようだった。私は彼の泣き顔を見るのが嫌で、すぐ家の中へ入った。すると、家の中で、今度はヴェラがぬれた顔を拭く布を探していた。私は聖書が置かれている棚に載せてあった白いハンカチを手渡した。それは、朝、家の中を箒で掃いたときに見かけたハンカチだった。

　外に干してあった洗濯物で涙を拭ったデェーバは、家の外へ出ていこうとしていた。

「ちょっと待って、こっちへ来なさい。紅茶を飲んでいきなさい！」と、婆さんは普段より大きな音を立てて紅茶を注いで、彼に手渡した。家の中にいる私には、婆さんの声と、その紅茶を注ぐ音しか聞こえなかった。デェーバは紅茶を急いで飲みほすと、逃げるようにして出ていってしまった。

婆さんは、ヴェラと私に向かって言った。

「せめて、十字架一つでも立てなければ。何もないまま、ずっとこうしてはいられない」

ヴァンニの爆弾で死んだデェーバの娘タンガの遺体は回収できていない。ヴァンニは全域が軍の占領下にあり、住民たちの帰還は許されていない。したがってタンガには墓がない。娘の死を受け入れられないデェーバと彼の家族は、まだ十字架も建てていない。でも、婆さんが言うには、彼女が死んで十ヶ月が経った今、彼女のために十字架を建てなくてはいけない。デェーバの家族は、タンガの死を受け入れなくてはいけない。

デェーバが出ていくと、イディアッパンという素麺のように細い麺を少しずつ透明なビニールの袋に包み、一軒一軒配って歩く、灰色のサリーを着た年配の大柄な女性がやってきた。先ほど墓地で大泣きしていた人だ。その女性は、私たちの台所に顔を出すや否や、婆さんの小さな腕の中に崩れ泣きだした。泣き止むと、婆さんに包みを一つ手渡して、「これ、息子たちのために配って回っている。食べてちょうだい」と言う。最後の包みのようだった。ヴェラはちょうど作り終えたばかりのピットゥを紙に包んで、その女性に食べるようにと渡した。帰っていくのかと思うと、その女性は疲れ果てたように台所の入口にしゃがみ込み、つぶやいた。

「一人だけここに残ってしまって、どうしたらいいかわからない」

婆さんが、台所から出て家の前に並べてある椅子に座るようにと勧めると、彼女は勧められるままに椅子に腰かけ、話し始めた。

「家族はずっと、ハレルヤ村に避難しないで、ペルンカリパトゥ村に住んでいたの。ちょうど二年ぐらい前に、ジャフナにある親戚の家で結婚式があった。それに参加するために政府軍支配下のジャフナへ行くと、戦渦が激しくなってチェックポイントが閉じられてしまったの。ゲリラ軍支配下のヴァンニに戻れずに、それからジャフナにいたんだけど、その間に息子二人と彼らの家族がヴァンニでロケット弾の犠牲になって死んでしまった」

「息子さん二人とも？」

「そう。二家族とも。そして、他にも息子が三人いたのだけれど、彼らは皆虎の兵士だったから……」

彼女は手のひらを空に向けるようにして、この息子たちの行方も「わからない」「死んでしまった」という意味のジェスチャーをした。

「ペルンカリパトゥで一緒に暮らしていた二人の娘とその家族は、生きてヴァンニから出てきて、チェティクラムのキャンプにいる。娘たちがヴァンニから出てきたとき、自分もチェティクラムのキャンプに行き、娘たちと一緒に自分も収容してくれるよう頼んだが、アーミー（キャンプを警備しているスリランカ軍）に駄目だと言われた。だから、自分はひとりぼっちでこうしてハレルヤ村に来て、親戚の家に居候して暮らしている」。そう話すと、女性は体を重たそうに持ち上げて出ていった。

それから、この日、イディアッパンや小さなコッペパンを配るかわりに、白いA4用紙に死んだ親族の顔写真と祈りの言葉を印刷し、配ってまわる人もいた。小さな男の子がヴェラの家に届けた一枚の紙には、若い女性のにっこり笑っている顔が印刷されていて、生まれは一九八六年、死亡年月は二〇〇八年十一月二日と書かれていた。二十二歳。私が、その笑顔が印象的だと用紙を手に眺めていると、ヴェラが横から聞く。

「イヤカム（ゲリラ軍）にいた子だってわかる？」

「えっ？」

私はまじまじと写真を見てみたが、わからなかった。

「髪の毛が切られてるでしょ。男の子みたいな髪型してるでしょ」

ゲリラ軍は徴兵した少女たちの髪をショートカットにする。伝統的に女性は髪を伸ばすこの地で、私は短髪の女性に出会ったことがない。私はまた写真の顔を見てみたが、印刷が良くないのではっきりはわからなかった。「戦争なんかなかったら、虎に行くこともなく、結婚して子どももいる歳なのに。かわいそう」と、ヴェラ。その少女の子どもっぽい笑顔が、その日一日中頭から離れなかった。

デェーバの孫セッラーンの話

死者を弔うこの日、村人たちは、この一年間で親戚に死んだ人があれば、その人の家を訪問するのがしきたりだ。そのしきたりに従って、夕方、ヴェラと婆さんとタンビと私の四人はデェーバの家を訪ねた。

小さな家の中に、デェーバと彼の妻、長女と彼女の十四歳になる娘、三女とその夫、そして死んだ次女タンガの夫クマルと二人の息子たちの計九人が暮らしている。

私たちが家の中へ入ろうとすると、若い女性に抱かれた小さな男の子が、「どうぞ。どうぞ」と手招きする。この子が、ヴァンニで死んだタンガの下の息子のセッラーン。この十二月に二歳になる。すぐ後ろに、九歳になる兄のセレクサンが立っていた。セッラーンは、抱かれている姿からは元気に成長している普通の男の子に見えた。家の中に入ると、突然訪ねてきたことに驚いたのか、セッラーンは黙っていた。

しばらくして、デェーバの妻が、「足を見せてあげなさい」とセッラーンに言うと、彼を抱いていたデェーバの末娘が、彼を連れてきて、小さな足を二本持ち上げて私に見えるようにした。セッラーンはされるがままに黙っていた。家の中は暗かったので、私には彼の足がよく見えなかった。私は見えないことに安堵した。この小さなセッラーンの身にヴァンニで何が起きたのかは、前回の滞在のときにヴェラから聞いていたから、彼の足を見る勇気がなかった。でも、私が彼の足を見て何を言うのか、どう反応するのかを、皆が興味深く見守っている。数日前、ヴェラの家にデェーバ兄さんが訪ねてきたときのことを思い出す。

デェーバは私に、「カメラ持ってこい。そして、孫の足の写真を撮って、世界から金を集めて、彼のミルクを買う金に使う」と言った。私は、そのときデェーバに、「カメラは持ってきていません」と答えた。すると、「あぁ、お前がここに来ていても何の役にも立たん」と、彼は冗談っぽく笑って応じた。

皆が見つめているので、仕方がなく、私は立ち上がって外の灯りに照らすようにしてその二本の足を見た。左足の指は親指の右端をわずかに残してすべてなくなっていて、指のないその足は不思議な三角形をしていた。切断された傷口は乾いていた。右足はさらに重傷で、踝の上で一度切断されたはずの足が、太ももから取って付けた肉で再びつなぎ合わされていた。傷口は負傷して十ヶ月以上経つ今もまだ完全に乾いていない。つなぎ合わされた部分は、虫やハエに食べられたのか小さな穴だらけで、ひき肉が乾涸びたような状態だ。

ヴェラがセッラーンのためにと、近くの店で買って持参したロールケーキ（一一八ルピー）を、セッラーンと兄のセレクサンは一気に食べてしまった。二人ともとてもお腹を空かせているようだった。

「デェーバ兄さんはどこ？」と聞くと、「マナーの町へ行った」と答えた。セッラーンを抱いていた末娘ローズは、三年前に結婚したがまだ子どもがいない。そこで、セッラーンたちがヴァンニからハレルヤ村へ移ってきてから、セッラーンの面倒を見るために、彼女と彼女の夫もデェーバの家に移り住んだ。セッラーンは、「お母さん、お母さん」とでも呼ぶように、「ローズ、ローズ」と彼女の名前を呼び、甘えていた。

それから、私たちはヴェラの家に戻った。

夜になると、今夜も、私たち全員が食事を済ませた頃、デェーバが台所へやってきて、夕食の残り物を食べて自分の家に帰っていく。彼は、停電して壊れたテレビを修理に出したり、二人の婿たちが漁で使う網を煮て乾したり、破れた部分を編んだりするといった雑用を仕事としている。こういった「家の仕事」がなければ、マナーの町へ行って一日を過ごす。そして夜七時の終電のバスで戻ってくると、自分の家へは戻らず、同じくハレルヤ村にある姉の家へ行き、テレビのニュースを見て、紅茶を入れてもらって飲んで、それからヴェラの家にやってきて夕食の残り物を食べて帰る。

私が四月にハレルヤ村を訪ねたとき、デェーバはヴェラの家へ夕食の残りを食べに来たりしなかった。当時、彼の孫のセッラーンはコロンボの病院で足の手術を終え、父親クマルとマナー病院に移って治療を受けていて、デェーバの家には住んでいなかった。デェーバの家には、彼の妻と、長女とその娘、そして死んだタンガの長男のセレクサンの計五人しかいなかった。それから半年経った今日、同じ家には、病院から退院してきたセッラーンと、セッラーンの父親のクマル、末娘ローズとその夫が移り住み、以前の五人にさらに四人が加わって、計九人が住んでいる。家の中は寝る場所がないほど満員だ。

デェーバ兄さんの空腹の話

ヴェラが兄のデェーバについて話し始めたのは、私が到着して数日経ってからだった。その朝、朝食のピットゥを作っているとき、ヴェラが言った。

「昨日の夜、デェーバ兄さんが来て、残りのご飯とカレーを食べていった」

「何か残っていたの？」

「ソディー（ココナッツミルクを塩と少量の玉ねぎと青唐辛子で味付けしたもの。日本でいう味噌汁）がほんの少し。それと、ご飯」

「……」私は何も言わず、話はそのまま終わった。

翌朝、ニッティが本土側にある村に出かけていった。ヴェラに頼まれて卵を産む鶏を買いに行くという。一羽五〇〇ルピー。「お前も記念に鶏を買ってこの家に残していったら、俺たちは大事に育てる。その鶏にカオリと名前をつけて、毎朝「カオリ、カオリ」と呼ぶ」とニッティが言うので、手元に残っていた千ルピーを渡して鶏を二羽、私にも買ってくるように頼んだ。

ニッティが家を出ていくと、入れ替わりにデェーバが訪ねてきた。椅子が三つしかなかったので、私は立ち上がって彼に席を譲って家の中へ入った。しばらくして外へ出ると、デェーバの姿はすでに見当たらなくなっていた。

「デェーバ兄さん、何の用事で来たの？」ヴェラに聞いてみた。

「えーっと、あそこの姉の家に行って、夜ニュースを見ていたら停電になったから、うちへ来たんだって」

「？　夜の話じゃなくて、さっき、どうして訪ねてきたの？」

「えっと、ただ近くを通ったから」

デェーバには、ふらっとヴェラの家に立ち寄る習慣などない。

ヴェラが託児所へ仕事に行った後、婆さんと家に二人だけになった。私は、ものすごい集中力でフィールドノートを書いているふりをして、突然、頭を上げて目の前に座っていた婆さんに聞いてみた。

「どうして、さっきデェーバ兄さんは訪ねてきたの？」

「え？」

わざと聞こえないふりをする。

「おばあちゃん、デェーバ兄さんは、さっき、何の用事で来たの？」

「ウンキタ、カース・イルカー？（お前、金持ってるか？）」

「え？」今度は、私がとぼけた。

「ウンキタ、カース・イルカー？」

「チッ、ポーンガ！　もう、いいかげんにして！　今回持ってきたお金は、全部ヴェラ姉さんにあげたと言ったでしょ」

そうだったと、婆さんは思い出したように頷く。

「デェーバ、金が必要だと言っていた。ないと答えた。ヴェラにも聞いて、ヴェラもないと答えた。七千ルピー借金があって、返せなくて困っているみたい」

「……」

その夜、日曜日だったので、ヴェラの家では牛肉と人参のカレーだった。私はキャンプの別の場所で夕食に呼ばれ、家に戻ったのは九時半過ぎだった。ヴェラは言った。

「今日も、デェーバが来た。残っていたご飯とカレーを全部食べて帰っていった」

残された鍋の中を覗くと、中には人参が二切れしか残っていなかった。

「カレー、残っていたの？」

「うん。全部食べていった」

次の日（十一月二日、月曜日）、死者に祈りを捧げる月がスタートした。その日の夜、昼食の残りのカレーはわずかで、ヴェラは私のために、婆さんが先日作った小さなエイの干物をから揚げにしてくれた（普通、夕飯といえば、昼食の残りのカレーにご飯）。私はそのエイのから揚げを、昼食の残りのご飯と一緒に食べたが、ほんの少しだけ食べて、残りは触らずに鍋に残した。「じゃあ、英語のレッスンに行ってくる」とヴェラの家を出た。英語のレッスンを口実に、夕食時に他の村人の家を訪ねて、夕食を食べさせてもらうようになった。


　私が夕食時に訪ねるのは、ニャーナムの家か、ラーニー（ロビンソンの妻）の家で、貧しい家庭の母親たちは、しばしばニャーナムとラーニーに金を借りにくる。

　次の朝、朝食はラーニーに呼ばれ、彼女の家で食べた。私が朝食にいなかったので、その朝ヴェラと婆さんは朝食の準備はせず、ヴェラは何も食べずに託児所へ出かけた。昼食の準備は婆さんがして、私はわずかしか手伝わなかった。


　十一時半にヴェラが仕事から戻ってきて、カレーを火にかけた。カレーができ上がるやいなや、ご飯とカレーを盛って食べ始めた。ひどくお腹をすかせているようだった。

「どうしてそんなにお腹をすかせているの？」

「昨日の夜、ご飯が少ししかなかったから」

そして、しばらく間をおいてから彼女は言った。

「昨日の夜もデェーバが来たの。何も残っていなかった。それでも、ほんの少しの残りのご飯を鍋の中に残っていたカレーとまぜて食べて帰った。兄さんの家ではご飯が十分にないみたい」

「……」

この段階で初めて、私はデェーバが夜、私たちが夕飯を済ませた頃に訪ねてくる理由を理解した。

「セッラーンが家にきてから、沢山の人が一つの家に住んでいるでしょ。兄さん、兄さんの妻、二人の娘、長女の娘、末娘の夫、孫二人と彼らの父親クマル。それだけの人間を食べさせるのは大変。それに、セッラーンに医者が与えるようにと言った粉ミルクの缶は、一缶千ルピーもするんだって。その缶も一週間で飲み終えてしまうから、毎週セッラーンのミルク代だけで千ルピーが消えてしまう。デェーバは、毎日マナーの町に行く。そうしてマナーのバス停で一日時間を潰して、最終のバスで帰ってきて、直接家に帰らずに姉の家に行って、さらに時間を潰して、うちに来て、残り物を食べて帰っていくの。彼が自分の家に戻る頃には、家族は夕食を食べ終えていて、カレーもご飯も残っていない」

そう早口で一気に話した。

食事が済んで、私たちが三人で昼寝をしようと床に寝転がっていると、またデェーバの話になった。

「土曜にマナーの町へ買い出しに行ったときにも、町で彼に行き会った」ハレルヤ村にある店で食料を買うよりも、バス代往復四〇ルピーを払い、マナーの町へ行って買った方が安く済むため、お金が手に入るとヴェラはそうやってまとめ買いをする。

「買った食料を全部のせてバスに乗ろうとすると、デェーバがバス停にいた。バス代の二〇ルピーをくれという。あげて帰ってきた。いつもそんなふうに、バスの中で行き会えば、バス代を彼の分も払ってあげて帰るの。バスから降りると、「金はあるか？」と聞く。持っている小さなお金をあげる。二〇ルピー、三〇ルピーって。いくら小さな額でも受け取って帰っていく。一〇ルピー渡しても受け取る」。そう話したヴェラの目には一瞬涙が溢れ、そのまま顔を枕に伏せて寝てしまった。

デェーバ兄さんが数日前、私に、「カメラ持ってこい。そして、孫の足の写真を撮って、世界から金を集めて、彼のミルクを買う金に使う」と言ったとき、私は彼と家族の置かれた状況を知らなかった。だから、デェーバ兄さんは冗談で言っていると思った。しかし、実際は、そのときデェーバは、祖父として絶対にしたくないことをしなければならない状況に追い詰められていた。私のような、彼の歳半分の、外国から来た他人から同情を買い、孫のミルク代を手に入れる。大切な孫息子の写真を外国に送り、金を乞うといった屈辱的なことは、通常であればデェーバはするはずもない。

「カメラは持ってきていません」と答える私に、彼は「あぁ、お前がここに来ていても何の役にも立たん」と冗談っぽく言い、笑った。

ネヴィルス神父との再会の話

——二〇〇九年十月三十一日（土曜日）

私が不在の間に、トータヴェリにあるハレルヤ村の司祭が代わった。ヴィンズ神父という名の若い神父だ。

この日、夕方のミサは、村人が聖母マリア像を、トータヴェリ小学校からハレルヤ村まで行列を作って運ぶ特別なミサだった。聖歌隊のリーダーのヴェラは家を先に出発し、私は聖母マリア像がハレルヤ村に到着してからミサに参加すればよいとのことだった。ヴェラは白いサリーを着て家を出ていった。少し遅れて私も家を出た。

ヴェラの家からキャンプ中心のグラウンドを挟んで反対側にある教会の前に、白い神父の服を着た人が二人立っている姿が目に留まった。私が近づくと、二人は若く、一人は色白で何度か見かけたことのある顔だった。もう一人は背が高く痩せていて、髭を生やしていた。初めて見る顔だと私は思った。

色白の司祭に、「お元気ですか？ どこかでお会いしましたよね」と言うと、「はい。何度かお会いしています」と微笑んだ。次に、背の高い司祭に、「初めまして」と言うと、小さな顔を私の方へ突き出し、少し屈み込むようにして「以前にどこかでお会いしましたよね」と応える。驚いて、「どこでですか？」と聞くと、横から色白の司祭が、「アラワッカイ」と。

背の高い髭顔のネヴィルス神父は、「そう、そう。アラワッカイ。二、三年前に会いました」と言った。私が、「アラワッカイでお会いしたのでしたら七年前です」と言うと、「あれは確か二〇〇三年」と、実に六年半ぶりの再会だった。

その日の夜、ミサの後、ネヴィルス神父は、ミサの最中に話ばかりしていたと、村の子どもたちにお仕置きに背中と尻に平手打ちを加えた後、私の方を見て笑顔を見せて、「これから子どもたちのコーラス、歌のお披露目があるから座って聞いていってください」と言った。聖歌隊を選ぶのだという。計二十人いた小さな女の子たちの中に、他の子たちが皆、教会のミサのため着飾っているのに、色褪せた大きめの長袖のTシャツとスカートを着て、上手に歌を歌った女の子がいた。その子だけが少しぽっちゃりしていて、水泳選手のような逆三角形の体をしていた。ヴェラは、ネヴィルス神父と一緒に審査員だった。

家に帰り、「一人だけスカートとTシャツ姿の女の子がいたね」と私がヴェラに言うと、「そう。あの子が一番上手に歌っていた。母親は、彼女が生まれてすぐにサウジ（中東）に出稼ぎに行ってしまったから、あの子はずっと母親が近くにいないまま育ってきた。その悲しみから、あの美しい声が出ている」

――二〇〇九年十一月一日（日曜日）

夜六時から行われたミサの後で、私が教会から立ち去ろうとすると、ネヴィルス神父は、私の隣に立っていたヴェラに聞いた。「彼女も夕食に誘ってもいいのかな？　村人たちのグループの一つが今夜夕食に招待してくれたのだけど」。私は、「いいえ、ファーザー、英語のレッスンがあるので私は先に帰ります」と、そのままニャーナムの店へ行った。「ファーザーに食事に誘われたのだけど、断ってレッスンに来た」と言うと、ニャーナムは、今夜の夕食は近所の皆で作ったものだから食べに行くようにと言う。娘のティバに英語のレッスンをするために家の中へ入ろうとすると、それを見た近所の子二人が私を無理やり引っ張って、「私たちの家にも来て！」と。その二人は、いつも夕方ニャーナムの店の前で他の若者たちと時間を潰している十代後半の女の子たちで、私をニャーナムの店の通りのさらに奥にある家へと連れていく。入口から入ると中には二つの家があり、子どもたちがたくさんいて、「カオリ姉さん、私たちの家へ来たのですね。私たちの家へ来たのですね」とはしゃいで私を引っ張り回した。

ニャーナムの家へ戻ると、ニャーナムは「夕ご飯を食べに行こう」と立ち上がった。近所の夕食会の場所に着くと、ゲストに招かれたネヴィルス神父が椅子に座って夕食の盛られた皿を手に村人たちと話をしていた。私の姿をみると、「カオリ姉さん、ウェルカム」と言い、プラスチックのテーブルを挟んで自分の向かいに座るようにと勧める。ニャーナムが、「魚を食べるのよね」と、私の分のご飯を皿に盛ってきてくれた。

ネヴィルス神父は純粋に、私がどんなことをしているのか、何を食べているのか、何を考えているのかに興味を持っていたらしく、細長い体を私の方に傾けながら、いろいろな質問をした。彼は英語で質問し、私はタミル語で答えた。私たち二人を見上げるようにして床に座していた人びとは、延々と続く神父の英語での質問に飽きてきたようで、「ファーザー、英語で喋るのはやめてください。私たちにはさっぱりわかりません」と言い、皆で笑った。

私は皆に聞こえるようにタミル語で、「このファーザーに初めてお会いしたのは二〇〇三年です。したがって私たちは古い友です」と言った。しばらく最初に出会ったときの話をしていて、二人で漫才をしているようだった。

二〇〇三年の夏に、私が、本土側にあるマナー県の小さな農村、アラワッカイ村に滞在していたとき、ジャフナの神学校でカトリックの司祭になるための勉強をしていた神学生のグループが訪ねてきた。その夜は、小さな教会の裏庭に大きなステージが設けられ、神学生たちによる平和の祈りを込めた劇が演じられた。彼らは歌と踊りがとても上手で、私がタミルの人びとの独特な音楽と踊りの文化に接したのはそれが初めてだった。ネヴィルス神父もそのグループの一人だった。

二〇〇三年のその晩、夜遅くまで続いた催し物の後、若い神学生のグループは、大きなトラックの荷台に乗って帰っていった。私に「さよなら」を言うためにトラックが私の側で停まると、一人の細く背の高い神学生が荷台から身を乗り出して、黙ったまま私に蓮（ロータス）の花を一輪手渡した。私がそれを受け取ると皆がはやしたてた。

ふと思い出したように、私はファーザーに冗談まじりで聞いてみた。

「初めてお会いした夜、お帰りになるときに私に一輪の花をくれたのですよね」

ファーザーは吹き出しそうな顔をして、小さな顔の下の方に空気をいっぱいためて応える。

「よく憶えていますね」

前方に乗り出していた彼の体はひるがえり、後ろに倒れそうになった。

今度は私の方が驚いた。あの花を私に手渡した神学生がネヴィルス神父だったとは。

「あの花は薔薇の花、ローズでしたっけ？　何の花でしたっけ？」と彼。

「残念。蓮の花でした」

「あぁぁ、そうでした」

観客の村人たちが笑い出し、賑やかな夕食の会だった。

ビコーズ、ゴッド・ラヴズユー

――十一月七日

「ダーウィンによると、人間は水中のバクテリアから次第に進化して両足で立って歩く人類となった。

それではなぜ、そんな人間は、牛や犬のようにただ下を向いて草や餌を探し回るのではなく、上を向くのか。なぜ人間は神を必要とするのか？」

この日は雨。朝六時半からのミサで、ネヴィルス神父はダーウィンの進化論を用いながら質問をした。彼が「答え」として用いたのは、「神が人間を（あなたを）探し求める」ということだった。

「私はこの前、あの一番奥の家を訪ねました。するとおばあさんがいて、彼女はもう目が見えないのですが、次のような歌を歌ってくれました。それは私の知らない歌でした。私を探し求めてきた神……（エンナイ・テーディワンダ・カダヴル）」。神父は歌い出す。

歌い終えると、聖書からその文句がある箇所を引用した。

ミサが終わり、新しい教会建設のために、セメントが入った五〇キロの袋を運ぶ仕事を引き受けてくれた、村の若い男性数人を引き連れて私が教会の裏へ来ると、ネヴィルス神父は近づいてきて、「ハロー、スバウデーサック」。おはようございますとシンハラ語で、タミル語のアクセントで言った。

「おもしろいミサでしたね」と私がタミル語で話すと、「私の話した内容がわかりましたか？」と英語で聞いてきた。「全部わかりました」とタミル語で答えると、「ベリー・グッド」

「でも大切な問題である、「なぜ神が私たち人間を求めてやってくるのか」ということには触れなかったですよね」と私が聞く。「その「なぜ」を、今日ミサに出席した村人たちは、今日一日中考えることになるのでしょうか？」

自分ではそれなりにしっかりした質問だと思っていると、彼はあっさりと答える。

「簡単ですよ。それは、神があなたを愛するからです。ビコーズ、ゴッド・ラヴズユー」

戸惑う私をその場に置き去りにして、さっさと行ってしまった。

チェティクラムのキャンプからやってきた二人の女性の話

ニッティのキャンプ訪問とカラス

朝、一番早く起きた婆さんは、庭を掃き、昨日の夜から残したままになっていた食器を洗っていた。私がひどく散らかっていた台所をきれいに掃いて、床に落ちていた包丁と、昨日の朝ピットゥを作ったときに使ったまま床に投げ捨ててあったアルミニウムのコップを拾い、鶏に取り囲まれながら庭で食器を洗っている婆さんの所へ持っていくと、「台所をきれいに片付けて、洗わなければならないものは全部持ってきなさい！　ちゃんと出来るかどうかみてみよう！」と、小さな子どもに向かって命じるように言う。私は台所を掃いたばかりだったので、彼女を無視し、黙ってその場を後にして家の中へ入り、床を掃いた。

昨日、台所で昼食の準備をしていたときには、「これからくじを引きに、近所の母さんたちが訪ねてくるから、手を洗って良い格好をして台所から出て座っているように！」と言ってきた。私が彼女に命じられたとおりに、台所の床に座り、夜のうちに茹でておいた蟹から肉を取り出していたときだった（冷蔵庫がないため、夜遅くに誰かが魚やカニを届けると、ヴェラは塩茹でをしておいて、翌日料理する）。

「お前のこんな姿を近所の人たちが見て、仕事をさせているなんて噂をされたら困る」

そういう婆さんの顔を見て、私が吹き出すと彼女も一緒になって笑った。

それから、何がきっかけだったか、婆さんと口喧嘩になった。私が「出ていく！」と言うと、「出ていったら、泣いてやる」と、子どもみたいに言い返した。これにも笑ってしまった。

昼食は、ニッティが前日にチェティクラムのキャンプからもらってきた援助品のダール豆だった。

スリランカで普通に食べられるダール豆ではなく、どこか外国から届いた不思議な色と大きさのダール豆で、ヴェラも私も初めて見るものだった。

チェティクラムのキャンプでは、訪問時間は一回十五〜二十分しか許されていないが、その日、朝六時半のバスでキャンプに行ったニッティが、大きな袋をさげてハレルヤ村に戻ってきたのは最終の夜七時のバスだった。

「どうしてこんなに時間がかかったの？」

「今日は二回訪問した。一度目に二十分、それから、また訪問者の長い列の一番後ろに並んで、もう一度二十分」

その日、ニッティがキャンプから持ち帰ってきたのは、二種類のダール豆合計三キロ、ネッティリ魚（キビナゴ）の干物三キロ、赤い米三キロ、それにコーン・フラワーに他の栄養素を加えた世界食料基金が難民たちに配る粉二キロだった。ニッティは、これらを大きな袋に入れてサンタクロースのように帰ってきた。ヴェラに聞いた。

「こんなにもらってきて、ジーバ兄さんたち、キャンプで食べるものがあるの？」

「あるみたい。チェティクラムのキャンプに収容しているペルンカリパトゥの村人たちを、今度、母村に近い別のキャンプへ移す計画が軍にはあるらしく、たくさん食料を配っているみたい」

それから、ニッティにキャンプの話をするように頼むと、次のような話をした。

「キャンプができて、最初の頃は有刺鉄線がこちら側とあちら側にあって、お互いに手を伸ばしてもほとんど届くような距離じゃなかった。今は、鉄柵がこのように高く備え付けられていて、物のやり取りができないようになっている」

「じゃあ、どうやって、物をやりとりしたの？」

「鉄柵の上から。こうやって背伸びをして手を伸ばすと、なんとか物を向こう側に放り投げられる。むこうからも、そうやって物を渡してきた」

それから、ニッティはその日に目撃した光景を話した。

「キャンプの住民の一人が、訪ねてきた人に米の入った袋を鉄柵の上から渡そうとした。訪問者はその袋をうまく受け取れず、袋は砂の上に落ちて破け、中から米が出てきた。それを、その訪問者が拾い上げようとすると、近くにいた兵士が寄って行って、ゴム靴で踏みつけた。「物のやり取りを誰が許した！」と、兵士はどなったようだった。とにかく何かをシンハラ語で言った。それからその訪問者は怯えてその場を去り、そのまま放置された袋から飛び散った米を、空からカラスが降りてきて食べていた」

ニッティは言う。「兵士たちがどのような行動に出るのか、こっちはまったく見当もつかないから恐ろしい。昨日許されたことが今日は禁止され、今日は禁止されていることが明日は許可される。訳がわからない」

ノエルさんの話
「ちぇ」。チェティクラムのアルナーサラ・キャンプから昨日「解放」されてハレルヤ村へ来たノエルという女性は口を開いた。「人生がこんなになってしまった。生きていく意味も見いだせない」と付け足した。
彼女がヴェラの家を訪ねてきたのは夕方三時半。雨が降っていて、いつものように停電のため、家の入口に座り外の灯りでメモを取っていた私を目に留めると、微笑んで「家のひとは？」と声をかけ中へ入ってきた。

「どうぞ中へ入って」とヴェラが応え、ノエルさんは「少しお邪魔していいかな？」と、ヴェラが昼寝していたゴザのすぐ隣に座り込んだ。ちょうどそのとき、南部のムスリムのキャンプの友人から電話がかかってきたので、私は立ち上がって電話に出た。電波が悪く、電話はすぐ切れてしまう。後ろの方で、「彼女、タミル語が上手に話せるのね」と話しているのが聞こえた。私はプラスチックの椅子に戻ってメモを続けた。婆さん、ヴェラ、訪ねてきたノエルさんを椅子の上から見下ろすかたちとなった。

しばらくして、チェティクラムのキャンプの話をしていたはずのノエルさんが、「彼女はカレーでも何でも食べられるのか」と、私を指差して聞いた。その隙を狙って、私も彼女たちの輪に加わった。

「十七カ所も爆弾に追われるようにして移動したの。行ってテントを張って二週間で爆撃に追われ次の場所に移動する。移動にどれだけのお金がかかるかわかる？」と、ノエルさん。

「最後には誰も何も持っていなかった。政府軍側に抜けるために海を渡ったときに、金のネックレスをビニール袋に入れて渡った。でも、そのビニール袋を失った人たちもいる。死んだ人びとの首や指から金の飾りを奪ってきた人もいる。食料の値段が跳ね上がり、最後には、人びとは店や食料庫（虎が運営していた？）を襲って食料を手に入れた」

「最後には食べ物もなかった。食べていたのはただ茹でたダール豆。それしか食べていなかったから、立ち上がることもできない。そんな体力も気力もない人間集団の上に、毎日休みなくシュラップネル爆弾が落とされ、政府軍側へ渡るときには、政府軍兵士たちに「走れ！　走れ！」と言われても動く体力がなくなっていた」
ノエルという名前のその女性は、強い視線で私を見つめた。極度に日焼けした顔。赤く染まった目。切羽詰まった様子。
ノエルさんがヴァンニの戦場を脱出したのは四月二十日。その日、六万五千人が彼女とほとんど同じ時間にヴァンニから脱出したという。チェティクラムのアルナーサラ・キャンプにその後収容された。

アマラ姉さんの話
ノエルさんと同じように、その日、チェティクラムの巨大キャンプから一時的に外出を許されハレルヤ村にやってきたアマラ姉さんも、やはりヴァンニでの出来事について話した。彼女も目が褐色で極度に日焼けをしている。ノエルさんと同じように、合計十七カ所の村を点々と移動したという。移動日と移動した先の村の名前を彼女は記録していた。それらには、次が含まれていた。

二〇〇七年　十月二十一日　ペルンカリパトゥからヴェーランクラムへ移動
二〇〇八年　七月二十日　ムランカーヴィル
二十九日　ジェイプラム
八月四日　アマイティプラム
二十日　ウルトゥラプラム／セルヴァーナヴァル
九月二十日　ダルマークラム

二〇〇九年　一月十五日　ピラマンダナール／ヴィシュパマドゥ
　　　　　　二十日　スダンディラプラム
　　　　　二月四日　イダナパーライ
　　　　　二十二日　ヴァラニャーマダム
　　　三月二十八日　国際赤十字の船でヴァンニを抜ける

アマラ姉さんによると、最後ムラティヴの海岸にあるプドゥマータレで、米と砂糖は一キロ六千ルピーもした。モーターバイクを米と交換した人もいた。三月二十八日に、アマラ姉さんは爆撃で怪我をした家族の付き添いとして、赤十字社の船に乗る。負傷者には一人、付き添いが乗船することが許されていた。昼の十二時に乗った船は、午後三時に出発。この船で移動中に、二十一人が死んだ。船の中でビスケットをもらい食べた。

トリンコマレー県のプルモータイに船が到着したのは夜九時。翌朝、ヴェリ・オヤ小学校へバスで運ばれ朝食を取った。顔写真を撮られ、ビデオ撮影をされた。名前と住所と職業を記録される。昼飯ももらい、午後一時半にそこからバスに乗り、ヴァヴニヤ県のオーマンタイへ。オーマンタイで再び写真を撮られ、そこから再びバスで移動。夜中の十二時にパンパマドゥに設けられたキャンプに収容された。

二ヶ月半後、五月二十八日にパンパマドゥからバスでチェティクラムの巨大キャンプの第四ゾーンへ運ばれる。現在、パンパマドゥのそのキャンプには、虎の兵士と、虎の兵士だと疑いをかけられた人たちが収容されていると。

アマラ姉さんによると、政府軍側に到着しても、人びとを移動するバスの数が足りず、歩いて移動した人もいる。彼らは四、五日食べ物もなく歩いた。四〇キロ、六〇キロの道のりを歩いて移動した。「十万人の人間分しか食べ物を準備していなかったスリランカ軍は、三十万人を食べさせることはできなかった。そのため、多くの人は政府軍側へ抜けても四、五日、何も食べられずにいた」

チェティクラムのキャンプでの収容生活について

一つのテントのサイズは、三メートル四方。この一つのテントが十五人に割り当てられる。アマラ姉さんはブロックAの四番目の家で、そこに住む十五人の中の一人はカトリック司祭。司祭であろうが、副知事であろうが、ヴァンニのタミル人であれば皆が収容されていた。

毎日水を一人一〇リットル与えられ、食事は各ブロック（区画）に与えられた一つのキッチンで、十人ずつ交代で準備した。三百家族分の食事を作った。食事が足りないということで、毎回問題が起きた。

いくら重態でも、キャンプから外へ出て病院へ行くことはできなかった。

一ヶ月ほど前にキッチンでの料理は停止され、各々料理を与えられたテントですることになり、お金のない人びとは食べることができなくなった。そのため、一週間分の食料として、一人につき米一キロ、砂糖二〇グラム、小麦粉一キロ、ダール豆五〇〇グラム、油二〇グラムが配られた。キッチンでの料理が停止されてから、一度だけ玉ねぎなどが配られた。

ノエルさんとアマラ姉さんが家に訪ねてきた後、「彼女たち二人とも、チェティクラムのキャンプに収容されて六ヶ月も経つのに、六ヶ月前のヴァンニの戦場での出来事ばかり話していた。あたかも昨日の出来事のように」と私が言うと、「大変な経験を忘れられることができる？」とヴェラが応えた。

「一九九九年に村が爆撃を受けたときのこと、今でも忘れることができない。政府軍がマナー島に近いタッラーディ基地から爆撃してくる。虎も反撃する。そして私たち住民は両方に挟まれて身動きが取れない」

一九九九年以前にも、ペルンカリパトゥ村は何度も二つの軍隊の板挟みに遭っている。

「一度など、ちょうど夕食の準備が済んだときに爆撃が始まった。慌てて教会に避難してしばらくじっとしていると、息子が空腹で泣き叫び始めた。どうすることもできず途方に暮れていると、ニッティが立ち上がって、『夕食を取りに家に戻る』と言い出ていった。ニッティ、タンビのことをとても大切に思っているでしょ。爆撃の中を出ていったの。爆撃は一層ひどくなるばかり。私たち皆が心配して泣きながら待っていると、着ていた服がボロボロに破れ、泥まみれになった兄さんがカレーの鍋を抱えて戻ってきたの。その器も泥だらけになってしまっていたのだけど、中にはご飯もカレーと一緒にちゃんと入っていて、泥で汚れた部分をあきらめて、真ん中の白いご飯とカレーをタンビに食べさせて、その夜はそのまま教会で寝た」

「一般市民を板挟みにして、ロケット弾の撃ち合いなどするものではない！」と婆さんが横から言う。

ヴェラは続ける。

「一九九九年のときも、政府軍と虎の戦いの間に板挟みに遭った。当時の司祭はサッティヤ神父。戦闘が激しくなり、村人は全員教会の中に避難してきた。でも、神父のところには、虎から、赤い字で書かれた手紙がすでに何枚も届いていて、神父はそのことは村人には黙っていた。虎からの命令は、「村人をヴァンニの内陸部に避難させること」だった。この虎からの命令に加え、そのとき神父のところには、マナー司教から、「村人たち全員を近隣の漁村へ避難させるように」という命令が届いていた。ゲリラ軍のいう「ヴァンニの内陸部」はキリノッチ県を意味し、そちらへ移動したら、もはやマナー島への避難は難しくなる。村人たちが内陸への移動を望んでいないことを、神父は十分承知していた」

　ヴェラは続ける。

「私は、友人スティラと、この前家に十字架の祈りを捧げにきた白髪のおじいさんがいるでしょ、あのおじいさんと一緒に三人でサッティヤ神父のところへ行ったの。ゲリラ軍から赤字の手紙が来ていると他の村人から聞いて、確かめにいったの。爆撃はさらにひどくなるばかりだった」

「避難していた教会の隣の司祭館に着くと、神父は椅子に座って震えているの。「ファーザー、虎から手紙が来ていると聞いたのですが」と聞くと、「いいえ、そんな手紙は来ていない」と否定。私たち三人が、「ファーザー、本当のことを話してください。赤字の手紙が来ているのですよね」と聞いても、「いいえ、心配ない。そんなものは届いていない」と繰り返した。でも、実際は三通も届いていて、その日届いた三通目は、最後通牒（アルチメータム）だった」

「夜になっても住民たちは教会から移動しなかった。教会の中に避難したままだったから、教会は爆撃を受けた」とヴェラ。

　教会に落ちたロケット弾は、当然マナー島のタッラーディ海軍基地から発射されたと思って私が聞いていると、ヴェラは「違う。虎。しかも、相当近距離から打ち込んだ」と。

　マナー島では、司教がしきりにタッラーディ海軍基地の司令官に連絡を取り、教会へ爆弾を打ち込まないように、教会には住民が避難しているからとお願いしていた。政府軍司令官は、「教会へは攻撃していない。教会に住民がいることはわかっている」と答えていたという。「私たちの教会へ爆弾を打ち込んだのは、虎。それもひどいもので、中に住民しかいないとわかりきっての発砲だった。その爆弾で何人もの村人が死んだ。家族全員が死んでしまった家もある。そして最後の避難場所だった教会を攻撃されたから、私たちは逃げた。神父が両手を挙げて逃げるようにと指示したので、私たちは皆、両手を挙げて逃げた。もちろんマナー島の方へ。マナー島に近づくと、近くのパリムナイ村からボートがきて、私たちはそれに乗ってマナー島へ来た」

パリムナイの海岸に着くと、そこには司教がいて、聞いてきた。

「何度もタッラーディの政府軍司令部に電話をし、教会には村人たち全員が避難しているから攻撃しないようにとお願いしたのに。タッラーディからは「教会へ攻撃はしていない」と答えがあったのに。やっぱり政府軍が攻撃したのか！」

村人たちの答えは、「いいえ、司祭様。教会を攻撃したのは、虎です」

「単一民族、単一国家」

——十一月七日

ミサの後、ヴェラの家へ年配のライアップ神父が私を訪ねてきた。「いつマナーへいらしたのですか？　昨日の昼、ネヴィルス神父との会話の中であなたの名前が出てきて、それであなたがいらしていることを初めて知り、訪ねてきました」と。そして、神父は、内戦終了から半年経ち、初めてヴァンニを通過しスリランカ最北端のジャフナまで行ってきたと話をした。

「先日、ジャフナへ行ってきました。キリノッチを通ったときです、そこで目にしたのは完全に破壊された町でした。アーミー（政府軍）を除き、人っ子ひとりいない。それどころか、すべての建物がブルドーザーで潰されていました。以前は、海外から政府の高官たちが訪問しても滞在できる立派なホテルもレストランもありました」

　ゲリラ軍支配下での、一九九〇年以降のキリノッチの繁栄が記憶に新しいライアップ神父にとって、キリノッチの崩壊は強いインパクトがあったようだった。

「ジャフナ半島入口のエレファント・パスでは、スリランカ軍が大きな記念碑を建てていました。道路に、「単一民族、単一国家」（オルマッカル・オルナードゥ）とタミル語と英語で併記された大きな看板が建っていました」と。そして、この記念碑を一目見るために、南からシンハラ人がバスなどで観光に来ていること。この新たな観光ブームを受け、軍が小さな店などを設け、観光客相手に商売をしていること。一方で、ヴァンニの人びとは、未だチェティクラムなどのキャンプに収容されていて、これらの破壊された村への帰還は許されていないことなどを話した。

　別のとき、ジャフナの様子をジェイムズ神父は次のように話した。

「戦争が終わった後、ヴァンニの村では建物が多く残っていた。キリノッチ県やマナー県の村々の多くでそうだった。しかし、いざヴァヴニヤのキャンプから人々が村に帰ってくると何も残っていない。ブルドーザで村が壊されている。国道九号線から奥へ入った村々へ行けばそういった光景を目にすることになる。残っているのはトイレと井戸。これらは政府軍が自分たちの使用のために残したのだろうが、トイレだけで成り立っている集落、そんな光景に行き会う」

クエートから届いた柩（アイスクリーム屋とシッピの葬式の話）

――十一月五日　アルヴィッタル（訃報）

「チリーン・チリーン。チリーン・チリーン」。夕方に村の教会の鐘が鳴った。家の入り口に座り、ヴェラと話していたときだった。ヴェラは口を閉じ、黙って空を指差す。「死者の鐘よ。チリーン・チリーン。チリーン・チリーンと、二度ずつ間を空けて鳴っているでしょ。誰かが死んだ知らせ」

一瞬にして村は静まりかえる。通りで遊ぶ子どもたちの声も止む。それからゆっくりと、村人全員の考えが一点に集中するかのように、静かなざわめきが生じる。

「誰？」

「誰？」

あちこちで村人たちが囁いている。

「かわいそうに。きっと、あのアイスクリーム屋よ」とヴェラが言う。「あの事故の後、コロンボに救急車で運ばれ、クール・ルームに入れられていたみたいだけど、三日経っても意識が回復しなかったんだって」

「アイスクリーム屋」と呼ばれるその男性は、自転車でアイスクリームを売り歩くことを仕事としている。数日前に、彼はアイスクリームのコーンを買いにマナーの町からバスでヴァヴニヤへ向かった。国道沿いにあるムルンカンの町の近くを通過していたとき、スリランカ軍兵士数人が自分たちを乗せるようにと突然手を挙げてバスに停止の合図をした。バスが急停止すると、後ろから来た国土開発省のトラックに追突された。アイスクリーム屋は、バスの一番後ろの席に座っていたため、頭に大きな傷を負う。コロンボの病院へ運ばれ、「クール・ルーム」（集中治療室）で手術を受けても意識が回復していない、という知らせがハレルヤ村に届いていた。

ヴェラは言った。

「かわいそうに。六人も子どもたちを残して、あのアイスクリーム屋は死んでしまった」

それから私が黙っていると、隣の家の、いつも鶏の卵をめぐって喧嘩をしているおばさんに向かって聞いた。隣のおばさんは、柵の向こうで鍋を洗っていた。

「死んだの、アイスクリーム屋よね？」

「それが、どうやら違うみたい。死んだのは、サウジアラビアへ出稼ぎにいっているシッピ」

「えっ?!」

ヴェラは驚いた様子で、しばらく黙っていたかと思うと、呟くように言った。

「かわいそうに。シッピは夫の借金を返すために、ずっとサウジで仕事をしている。三人の子どもがいる。彼女の上の息子だって、うちのと同じ歳だから、今年で二十歳。家の借金を返すために、彼は地雷撤去の仕事をしている」

そのとき私は、この「地雷撤去の仕事をしている」ということが、生活苦からだということがわからなかった。給料は高いが、事故が多いため、シッピの息子以外、村の若者の誰もしない仕事だと、そのときは知らなかった。

その夜、ニャーナムの店を訪ねると、死んだシッピというのは、いつも店に顔を出している近所の青年の母親だということがわかった。私にむかって冗談ばかり言い笑わせていた、美しい顔の青年で、確かに彼は地雷撤去の仕事をしていた。この前、彼の働くＮＧＯの集まりに、「コロンボからカオリ姉さんみたいな顔をした外国人が訪ねてきた」と言っていたのを思い出した。

それから、ニャーナムの娘たちと一緒に、同じ通りにあるサウジで死んだシッピの家を訪ねた。小さな家の中には、シッピの夫が座っていた。泣き疲れたのか、大きなショックの後なのか、その大きな体から魂を吸い取られたように、一点を見つめ、床に座っていた。いつもは私のまわりを取り囲み冗談ばかり言うその家の子どもたちは、皆静かに黙り、シッピの夫のまわりに輪になって、要塞のように座っていた。まるで、大人が誰も彼に近づかないように、彼を守っているかのようだった。

しばらくしてその家を出ると、ニャーナムの娘たちが言う。

「今日、コロンボから電話があって、シッピの夫が戻ったらある番号に電話をするようにと言ってきたんだって。そして、その番号に電話をかけると、どうやら大使館みたいなんだけど、夫の名前と子ども三人の名前を確認して、「妻の〇〇はクエートで十月二十六日に死亡した」とだけ言って、むこうから一方的に電話を切ったんだって。その後何度もその番号に電話をしてみたんだけど、つながらず、どうして死んだのかもわからないんだって。十月二十六日に死んだということは、死んでから九日も過ぎている。シッピから最後に連絡があったのは一ヶ月以上前で、給料が少ないためメイドとして働く家を移ったと言っていた。それで、一度帰国をしたいが、チケット代がないので、一、二ヶ月働いてから帰ると言ったんだって」

「サウジアラビアじゃなくて、クエートなの？」

「うん。クエート。ボディ（遺体）は届くのかな？　外国って、ボディを送ってくれるのかな？」

「わからない。でも、クエートはイスラム教徒が多いから、ボディは残してあるんじゃないかな。日本だったら火葬だけど」

「燃やしちゃうの？」

「うん」

そう話しながら店に戻ると、ニャーナムは言った。

「いつも店に来て、母親みたいに自分を慕っていた子の母親が死んだというのだから悲しい。夫の借金が原因。もうだいぶ昔のことだけど、中東へ人を送る会社のブローカーから仕事を依頼され、彼は六人ぐらいの人からお金を集めたの。そしたら、そのブローカーが金を持ち逃げして、彼がその借金を返さなければならなくなった。裁判沙汰にまでなったの。でも、彼は病気がちで仕事ができないから、妻のシッピが「私が働いて借金を返す」と、中東へ出稼ぎに行くようになった。もう、あれから十二年も経つ。今年で十三歳になる一番下の娘が産まれてすぐに中東へ行ったから、あの一番下の娘は母親の愛を知らない。長男は長男で、高校へ行かずに働いている。これも父親の借金を返すため。この前、村の司祭が地雷撤去の仕事を勧め、給料が高いからと、今はその仕事をしている」

ニャーナムは続けて言う。

「どうしてあの家庭が、こう不幸続きなのかわからない。あの家にはたくさんの子どもたちがいるでしょ。シッピの三人の子どもたちの他にも、夫の妹の子どもたち。夫の妹家族は、シッピの家族もそうだけど、一九八九年に難民となってインドへ行ったの。それからずっとインドのキャンプにいて、夫の妹はキャンプで病死する。二〇〇六年にその死んだ妹の家族はインドからペルンカリパトゥに戻って暮らしていた。でも、夫は虎の兵士だと疑いをかけられ、政府軍に射殺されてしまう。その子どもたちは、両親が二人とも死んでしまったから、アントンの家族と一緒に暮らしているの」

——十一月七日

チリーン・チリーン。チリーン・チリーン。昼過ぎ、再び教会の鐘が鳴った。今度はアイスクリーム屋で、彼は意識を回復しないまま、ついにコロンボの病院で息を引き取った。

私は雨にもかかわらず、夕方、ネヴィルス神父に、教会の建設工事の砂を運ぶ仕事の手伝いに誘われ、砂だらけ、びしょ濡れの状態でニャーナムの家を訪ねた。ヴェラの家に帰ってもよいのだが、すでに夕方で息子が家に戻っているため、彼がいるときに水浴びをする気にはならなかった。

ニャーナムの娘たち四人は、びしょ濡れの私の姿を見ると、口を合わせて「イエス・ヴェー」（ああ、イエス様）と言い、私が髪を洗い、髪と体を乾かし、代わりの服に着替えるまで、何から何まですべて面倒を見てくれ、温かいミルクコーヒーまでいれてくれた。彼女たちにそこまで大事にされると、どうして自分は、わざわざ望んでヴェラの家に滞在しているのか、あそこではこんなに大事にしてはもらえないと、そんな考えにまた至る。いつものように、人類学調査というのは、やっぱり楽をして気を抜いたら駄目なんだ、厳しい環境、厳しい人間関係の中の方が、いろいろなことが見えてくると、自分に説教してみせる。娘たちが持っている洋服の中で一番すてきなものを着せ替え人形のように着せられると、恥ずかしいので肩からタオルをかけ、私はニャーナムが店番をしている小さな店の中に入る。ニャーナムは、私の髪は十分に乾いていないと、娘を呼んできて、さらに乾かしてくれた。

そうして、疲れ果ててニャーナムの店の中に腰掛けていると、街灯のない店の前の狭い道を、一人の白いシャツを着た男の影が通り過ぎようとした。私たちに自分の存在が気づかれないようにと、こっそりと店の灯りが当たらない暗闇を選んで歩いているようだった。

「こっちへ来なさい！　ちょっと、こっちへ来なさいってば！」と、ニャーナムと娘ティバは口を揃えて言う。すると、その影は、見つかってしまったと、少し困ったように店の前に立った。暗闇から出てきたのは、クエートで死んだという知らせが届いているシッピの長男ミカエルだった。ここ数日、地雷撤去の仕事は休んでいる。食事もとっていない。彼はそう言って、ティバが勧めた紅茶も、ヴァダイ（ダールの揚げ物）も、「喉を通らない。食べられない」と拒否する。無理に食べさせようとするティバに、「ティバ姉さんには、僕の中で起っていることがわからない。食べ物が口の中に入ると、母さんが恋しくなって涙が出てくる。食べられない」と言う。

　ちょうどその日は、パニトラというニャーナムの一番下の娘の誕生日だった。ティバや他の姉妹たちが妹の誕生日を祝うために家の中に入り、店の中にニャーナムと私の二人だけになると、ミカエルはまたどこからともなく現れて、少し混乱しているみたいだったが、とりあえずの笑顔を私の方へ向けて、「その服、よく似合うね」と言った。私は彼と彼の母親のことで頭がいっぱいだったので、突然着ている服のコメントをされ、我に返った。服を見ると、体のラインがよく見えるぴっちりした手作りのワンピースで、いかにも女性っぽい服装だった。さすがに少し照れた。

　それからミカエルは、ニャーナムに次のような話をした。

「ある人の話だと、ネットにクエートのニュースの記事が載っているんだって。一人の現地の女性、裕福な家庭の女性が遺体で発見されて、犯人は誰かと警察が調べていると、三人の女性が犯人としてあげられて、そのうちの一人がタミルなんだって。それで、警察が逮捕しようと行方を追っていると、首を吊ってかなんかで自殺して死んでいるのが見つかったんだって。そのネットの記事を見た人の話だと、その記事と一緒に写真が載っていて、その写真の女性が僕の母さんなんだって」

「……」

ニャーナムも私も黙っている。

「でも、その記事によると、犯人の女性の死体が発見されたのは十一月六日なんだって。大使館によると、母親が死んだのは先月の二十八日だから、その女性は母親ではないと思う」

「違う。違う」私たちは口を揃えて言う。

「ネットの記事を確認しようと、さっき行ってきたんだけど、ネットに接続するのに二〇〇ルピーかかるんだって。だからそのまま見ないで帰ってきた」

ミカエルは、その記事の内容が気になるらしく、落ち着かない様子だった。手に持っていた小さなキーホルダのような懐中電灯を指で何度も回転させている。そして呟く。

「なぜ母さんが死んだのかわからないから、皆がいろんなことを言う」

ニャーナムは覚悟を決めたかのように、身を乗り出してミカイルを見つめ、説教するように言った。

「皆がいろいろなことを言うが、お前の母さんがどうして死んだのかは、結局はカダヴル（神様）にしかわからない。お前はちゃんと食べて、しっかり生きていかなければならない」

毎朝、村の誰よりも早く起き、大雨が降っても教会へ行き、壁もない質素な教会の中でロザリオの祈りを捧げるニャーナム。そんな彼女に言われると、ミカエルには返す言葉が見つからない。

コンダータム（初潮の祝い）と葬式

——十一月八日

ハレルヤ村には普段より多くの村人たちが集まっている。アイスクリーム屋の葬式に出席するために、チェティクラムのキャンプからアイスクリーム屋の両親と親戚が、軍から外出許可を一日だけもらい、駆けつけたからだ。ちょうどその同じ日に、村ではある少女の「初潮の祝い」があり、村人たちは葬式の家と初潮の祝いの家の間を移動していた。

「アイスクリーム屋のボディ（遺体）が今、チェティクラムを出たところだって」

朝、私が台所で朝食の手伝いをしていると、ニッティが腰をかがめて台所の小さな入り口から顔を出した。それからまたしばらくして現れて、

「ボディが救急車で到着した！」

ヴェラと私は立ち上がり、朝食の準備を婆さんにまかせ、死んだアイスクリーム屋の家に向かった。葬式の家の前には救急車が停まっていて、入り口に張られたテントの中は大勢の人でごったがえしていた。家族は、救急車に遺体輸送費二万九千ルピーを支払ったという。

周囲にあまりにも人が多いので、背伸びをしても、私には柩もアイスクリーム屋の変わり果てた姿も見えなかった。ただ、まわりで村の女性たちが大声で泣き叫んでいて、その泣き声の恐ろしさに気が引けて、早足で逃げるようにして葬式の家を後にした。

だいぶ遅くなってから家に戻ってきたヴェラは、「カオリがあの場からすぐいなくなるってわかっていた」と言い、葬式の家では死んだ父親の娘たちがひどく泣き叫んでいて、とりわけ、死んだ父親に長ズボンをはかせてあったことが一人の娘の気に入らず、「父さんは、生きているうちは一度もズボンなんかはいたことはなかったのに、今日はズボンをはかされている。これはお父さんじゃない！」と叫んでいたという。そして、葬儀はいつになるかまだ決まっていない。アイスクリーム屋の姉と妹はカナダにいて、彼女たちがカナダから到着してから葬儀が執り行われるのだと言った。

私が水浴びをすると言うと、ヴェラは頷いた。

「うん。葬式の家に行って帰ってきたら、水浴びをしないといけない」

ヴェラはまた、葬式の家ではその夜、オッパール（鎮魂歌）を一晩中歌い続けること、そして教会で行われる葬儀でも、死者のために特別の歌を歌うのだと言った。正確には、神を讃える同じ歌なのだが、葬儀のときと通常ではテンポも音調も違うのだという。

初潮祝いが行われている家は、ヴェラの家と同じ通りにある。大勢の人がその家を贈り物を持って訪れるのを見て、ヴェラは言った。

「こんな立派な初潮の祝いがあるなんて。あの家は一人娘だからあれほど盛大にやっているんだと思う。同じ一人娘といっても、ジーバ兄さんの娘にも先月初潮がきたんだけど、チェティクラムのキャンプにいるものだから、訪ねていってお祝いしてやることもできなかった」

夜、ヴェラと息子が次のような話をしていた。

「あのアイスクリーム屋、毎日アイスクリームを自転車で売って回って、その収入だけで子どもを六人も育てたの？」

「うん。苦労して子どもたちを育てて、それで皆立派に育ったじゃない」

「そう、子どもたちはみんな良い人たち。それが凄いと思う」

「アイスクリーム一つで、子どもたちには苦労させないようにって、みんな学校に通わせて。偉いわよね。良い子どもに育ったのは父親の苦労を見て育ったからよ」

「でもさ、あのアイスクリーム屋の他の兄弟姉妹は皆、カネ持ってるじゃん。二人も外国に行っているし。それでも、あのアイスクリーム屋の家族だけ貧しくて」

「うん。で、いざ事故で彼が死んだら、みんな、以前は訪ねもしなかった彼の家にやってきて泣くの」

「俺も見た。あのアイスクリーム屋の兄にあたる人、立派な格好をしてやってきて、大泣きしているものだから、みんな驚いていた。死んでから泣いても仕方がない」

「カナダから姉と妹が来たら、きっと大泣きするわよ。彼が生きているうちに、あんなに苦労しなくてもいいように、すこし彼の家族を助けてあげればよかったって」

婆さんは「ふーん」という顔をした。私も「ふーん」と、あまり注意して聞いていないふりをした。アイスクリーム屋の葬儀は翌日、十一月九日にキャンプの教会で行われた。

「プラバーカランは死んだ」

——十月九日

この日、ヴェラの家のカレーは、タンビが近くの藪で捕まえた猪だった。友だち二人と藪の中を歩いていていたら遭遇し、アーミー（スリランカ軍兵士たち）の歓声の中、三人でその猪を石で撃ち殺したという。猪の方も三匹で、二匹の大きな猪は逃げてしまい、一番小さい体重三〇キロの猪をしとめたという。ヴェラはその猪の肉を食べながらとても美味しいと、私とタンビがその肉を食べられないのは残念だと言った。タンビは小さいときに犬に引っ掻かれ注射をしたため、猪の肉を食べられないという。

それから寝る前に「虎」の話になった。タンビによると、虎の最高指導者プラバーカランはまだ生きていて、死んだというメディアの放送は嘘。この前もマナーの病院にスリランカ軍兵士の頭が切断された遺体がいくつも運ばれてきたと村の人たちが噂していると言う。

「そんな噂、聞いたことない」とヴェラ。

「本当の話だって！」と息子。

私は口を挟んで、

「プラバーカランは死んだ。もう生きてない」

「違う、生きている。生きているとみんなが言っている」

「それはただの噂。死んだ」

「生きてるって！　十一月二十八日には、かならず出てきてスピーチをする。その日になれば、プラバーカランが生きていることがわかる」

そんなふうに言う。十一月二十八日は、プラバーカランが唯一、「タミル国家」の大衆の前に現れて、虎の兵士で戦死した「英雄たち」の霊を弔うスピーチをしてきた日。その日が近づいていたので、村ではプラバーカランがしばしば話題になった。

また、同じ日の夕方だったか、村の女性たちが数人集まって、こんな話をしていた。

「ニュースで聞いたけど、ムラティブの方でまた戦いが始まったんだって。だからタッラーディー（近くの海軍基地）からも軍隊が移動しているんだって」

「奴、あれだけの人間が犠牲になってもまだ満足しないの!?　また攻撃を始めるなんて！」

「そう。奴は、みんなが死なないと気がすまない。今に、チェティクラムのキャンプから解放されて、ヴァンニの人びとが自分たちの村に戻ったら、子どもたちを兵隊に取りにくる」

彼女たちが「奴（アヴァン）」と呼んでいたのは虎の最高指導者プラバーカラン。

――十一月十日

ヴェラの家を訪ねてきた知らない人の声で目が覚めた。ヴェラとニッティはその訪問客を「パーパー」と呼んでいた。どうやらアイスクリーム屋の葬式のためにチェティクラムのキャンプから昨日やってきたようで、これからキャンプに戻るようだった。ニッティは彼にシャツを分け与えていた。「これ、持っていけ。新しいシャツ。小さすぎるからお前にやる」。ニッティには二つしかシャツがない。この新しいシャツは、自分で着るために最近買ったばかりだった。

ヴェラが、そのパーパーに聞いている。

「今度、チェティクラムのキャンプにいるペルンカリパトゥ村の住民を、アダンパン村に移して、そこにしばらく収容するという話を聞いたけど、本当？」

「あの場所は、人の生きられる所でない。どこでもいいから、とにかくあそこから外へ出なくてはいけない」とパーパーが応える。

ムスリムの住民たちの話

数日して、ミカエルの母が死んだ理由は病気だったということ。彼女が死んだのは十月二十六ないし二十八日ではなく、十月六日だったということがわかった。シッピの行方をクエートで追ったのは、一九九〇年十月までペルンカリパトゥ村に住んでいたイスラム教徒の村人だった。

ゲリラ軍が支配していた一九九〇年十月、スリランカ北部からイスラム教徒の住民たちは、一人残らず追放された。ペルンカリパトゥ村に当時四百家族いた人口の半分はイスラム教徒だった。村の東半分に農業を営むイスラム教徒が住み、西半分の海岸に面した一方に、漁民のカトリック教徒が住んでいた。そして、両者の間に主に小さな商店を営むヒンドゥーが二十家族ほどいた。井戸を掘っても水が出ないペルンカリパトゥ村では、村の西の端にあった溜め池を、村人たちは共有で毎日利用していた。カトリックもイスラム教徒もヒンドゥーも皆一緒だった。だから、ハレルヤ村の住民は、皆が口を揃えて言う。

「私たちの村のムスリムの村人たちは、私たちの兄弟姉妹。彼らほど素晴らしいイスラム教徒は世界中探してもいない。私たちは魚、彼らは米、それらを交換し合って何百年も一緒に生きてきた。一緒に水浴びをし、一緒に飯を食い、全部一緒だった。ただ、二つの宗教の間で結婚だけはしなかった」

ハレルヤ村の四十代以上の全員が、誰に聞いても同じような答えを返すので、私は最初、彼らの言うことを信じなかった。というのも、ペルンカリパトゥ以外の村のタミル人たちは、イスラム教徒の人びとを大抵悪く言うからだ。「ただ、金儲けしか頭にない人たち」と、そんなふうに言うのが普通だからだ。

ある夕方、ニャーナムの店の中に腰掛けていると、六人ぐらいの男たちがスポーツバッグを肩にさげて、ニャーナムに、「おばさん、こんにちは！」と言いながら店の前を通り過ぎていった。皆、少し恥ずかしそうな人懐っこい笑顔を見せていた。私の存在には気付いていないようだった。

「今の人たち、誰？」とニャーナムに聞くと、

「うちの村のムスリムの人たち」

「？」

「カルピティヤからナマコを獲りにきているの」

カルピティヤとは、マナー県の南にあるプッターラム県のムスリム住民たちの避難先キャンプだ。しばらくすると、さっきの六人のムスリム男性たちが宿泊先のミカイルの家に荷物を置いて、ニャーナムに挨拶に来た。

「おばさん、たばこ」

ニャーナムが煙草を渡すと、店の前で火をつけて、私の姿に気付いたようだ。

「誰、この子？」

「うちの長女」とニャーナム。見知らぬ人間たちなので、私は黙っている。

「何も心配いらない。このカーカーたちは、みんなうちの村の人たち。とても良い人たち。カオリのことも大事にしてくれる。さあ、彼らと話をして」と。

ハレルヤ村の人びとは、イスラム教徒の男性を皆「カーカー」と呼び、女性たちを「ウンマー」(「母」の意)ないしは「ウンマー・クッティ」(小さなウンマー)と呼ぶ。小さなウンマーと呼ばれるのは結婚前の女性たちだ。

ヴェラの家に戻り、「さっき、ムスリムの人たちに会った。この村に泊まっているみたい」と言うと、ヴェラは、「うちの村のカーカーたち！」と、手を打ち鳴らし、目を輝かせた。

「カルピティヤから来ているの。去年もこの漁のシーズン(雨をもたらす風が吹く、十一月、十二月、一月)にマナーに来るんだけど、今年からこの村の中で寝泊まりするようになったの。同じ村の人間だから」

ヴェラはうれしそうに続ける。

「この前ね、あそこのグラウンドの木の下に立っていたら、一人のカーカーが近づいてきたの。前に来ると立ち止まって、「ヴェラさん？　僕が誰だかわかる？」って、そう聞くの。まじまじと見ると、懐かしい顔なの。「マタカラップ（バティカロア）のカーカー！」と私が答え、彼の両腕をこうやって撫でながら、「憶えているよー。もちろん」と言うと、彼、目に涙を浮かべてた。「ヴェラだとわかっていたけど、話をしてもらえるのか、無視されるのかわからなくて不安だったから、しばらく声をかけなかった。そこのオッチャンが、あいつは喜んで挨拶すると言ったから、声をかけた」。そんなふうに言うのよ、あのマタカラップ・カーカー」

「何年ぶりに再会したの？」

「何年ぶりって、彼らが村から追い出されてからだから、二十年近くになる」

「そんなに時間が経っても、顔見れば思い出すもの？」

「もちろん！」

それから、どうしてこのムスリムの男性を「マタカラップのカーカー」と呼ぶのかと聞いてみた。

「マタカラップ」とはタミル語で南東部のバティカロア県を指す。

「マタカラップ・カーカーのお父さんがマタカラップ出身だから。そのお父さんというのが、また、良い人でね。でも、虎に殺されたの。インドから平和維持軍が来ていたときだから、一九八八年頃だけど、水田をもっていたそのマタカラップ・カーカーのお父さんのところに、パトロール中のインド人兵士が水をもらいにきていたの。それで、インド人兵士に情報提供しているんじゃないかと疑いをかけられて殺されたの」

「インド兵は見れば区別できる？」

「うん。頭にターバンを巻いている」

ヴェラは続けた。

「そのお父さんが殺された日の夜、私は二人の虎の兵士たちが、彼を連行して村の海岸の方へ歩いていくのを見た。そしたら、その夜遅くに、誰かが家のドアを叩く音がするの。開けてみると、マタカラップ・カーカーと、お母さんが二人で立っている。私はすぐに何が起ったかわかったけど、怖かったから知らないふりをしたの。そのお母さんが、「夫が虎の兵士二人に連れていかれた。彼の身に何が起こったのかわからない。どうしたらいいかわからない」と泣き崩れるの。私たちは、「大丈夫、泣かないで。お父さんはちゃんと戻ってくる」と説き伏せて、その夜、マタカラップ・カーカーとお母さんは帰っていったけど、案の定、次の日、死体が海岸で見つかったの。頭に銃弾を受けていた」

「虎が殺したの？」

「他に誰が殺す？」

それからヴェラは、息子の一歳の誕生日の祝いに、村のカーカーたちが一頭の大きな牛を引っ張ってきて、それを村人みんなで祝いに食べたことを懐かしそうに話した。

「カーカーたちは、仕事から戻ると、いつも私たちの家にきて、お茶を飲んで話し込んで、それから帰っていく。そんな毎日だった」

「村のカーカーたち、ウンマーたちは一人残らず知っている！」

そう断言する婆さんは、こんな話をした。

「カーカーたちも良いが、ウンマー（ムスリムの女性たち）はもっと良い。十三人も子どもがいて、貧しかったうちの家族を食べさせたのは誰だと思う？　村のウンマーたち。私が彼女たちの家の方へ行くと、「こっちへ来い、こっちへ来い」と、藁を編んで作った野菜を入れる大きなバスケットの中に、米、砂糖、野菜と、家にあるものを何でも入れて、「持っていって子どもたちに食べさせるように」と言う。自分の家に帰る頃には、そのバスケットの中にたくさんの物が入っていて、こうやって頭に担いで帰る。そして、次の日、バスケットを返しにいくと、また同じバスケットの中に米、砂糖、タマネギなどを入れてくれる」

　さらに、婆さんは、自分の一番下の息子は一人のウンマーが預かって育ててくれたと言い、虎が彼らを一人残らず村から追い出したとき（一九九〇年十月）には、村中が大泣きしたと言った。

「こっち側では私たちが泣いて、あっち側ではウンマーたちが泣いた」

「でも、おばあちゃん、ウンマーたちが村を出ていくとき、ただ黙って見ていたんでしょ」と私が聞く。

「そう。黙って見ていたの。虎が恐くて、誰も何も言えなかった」

「……」

「ウンマーたちね、村から自分たちが追い出されるというのが、村を出ていく一週間ぐらい前からわかっていたみたい。私を家に呼び出して、「自分たちが村を出ていったら、持っていくように」って、鏡、臼、箪笥と、家の中に残していくものを持っていけと言ったの。それで、彼女たちが追い出されてしまった後、それらの物を取りにいこうとすると、虎の兵士に途中で見つかり、怖くて逃げ帰った。何も持ってこれなかった」

　ヴェラがまた繰り返す。

「うちの村のカーカーやウンマーほど良い人たちはいない。ずっと昔から、婆さんが生まれるずっと前から一緒に暮らしてきて、それでも、ただの一度も彼らの誰かと私たちの誰かが結婚したことはなかった。たった一つの溜め池で、毎朝一緒に水浴び、水汲みをする。向こう側が男でこっち側が女。ムスリム、カトリック、ヒンドゥー。全員が一緒。それでも、互いの女性を嫌らしい目で見たりとかいった悪い風習はまったくなかった。隣り合って暮らして、それでも結婚は一度もしたことがない。それほど素晴らしい村だった」

ここまで話を聞いて、私はやっと、「ただ、結婚だけはしたことがない」ということが、悪い風習のないという意味で村の皆が誇りに思っていることだと理解できた。

遺体の空輪の話

クエートで死亡したシッピの話に戻ると、彼女の行方をクエートで追ったのは、一人のムスリム・カーカーだった。ニャーナムの店に来ていたムスリムのカーカーたちは、シッピがクエートで死んだと大使館から連絡があったこと、それがただ死んだという連絡だけで、どこで死んだのか、どうして死んだのか、遺体はどこにあるのか、そもそも本当に死んだのか、そういったことがわからず、家族は困っていることを知った。そこで、クエートに移り住んで二十年ぐらいになる村人に連絡を取り、シッピの行方を探すようにと頼んだ。この「クエートに移り住んだカーカー」が、「わかった。探してみる。すぐにファックスで写真を送るように」というので、シッピの長男ミカエルはあわてて写真を送った。

そのカーカーは、ファックスを受けとると、シッピが以前メイドとして働いていたクエート人の家に行き、「スリランカの女性がここで働いていましたか？　彼女は死んだと聞いたが、行方を知っていますか」と尋ねた。そのクエート人の家族は、「死んだとは知らなかった。別の家にメイドとして仕事が見つかったからと、一ヶ月半ぐらい前に出ていった。その後の行方は知らない」と答えた。そのカーカーは、それから近所の病院をまわって、やっとシッピの遺体を見つけた。死んだ原因は病気だとわかった。

ミカエルの携帯電話に、カーカーから電話が入ったのは、ファックスで母親の写真を送って二、三日してからだった。カーカーは言った。

「お母さんの遺体が見つかった。お母さんはこっちの病院で病気で死んだ。遺体は今日、航空便で送った。以前メイドとして働いていた家のクエート人家族が、柩代を出してくれた。航空輸送費に五千ドル（米ドル）かかるが、それは私が出すから、金のことは心配しなくていい。ただ、コロンボの空港からマナーまでの輸送費に数万ルピーかかるみたいだから、それは払う準備をするように。柩をコロンボの空港まで受け取りに来るように。受け取りに必要な郵便物番号をこれから言うから、書いてメモするように」

ミカエルは、カーカーが電話で伝えた十数桁の番号を、村のグラウンドの砂の上に書いた。村で唯一携帯電話の電波が切れずに入るのは、このグラウンドの一角のみ。次の日、その番号のメモを手に、シッピの夫のアントンはバスでコロンボにあるカトゥナーヤカ空港へ向かった。

シッピの葬儀

クエートから送られてきた柩は、十一月十一日の夜、ハレルヤ村に届いた。次の日の朝、私はシッピの家を訪ねた。家の前にはテントが張られ、テントの中央から女たちの泣き叫ぶ声は聞こえるものの、ものすごい数の人がそこへ押しかけているため、背伸びをしても柩は見えなかった。柩どころか、柩にふさぎ込むようにして泣いている女たちの姿も見えなかった。ただ、テントの一番端で、鉄のポールに摑まり寄り掛かるようにして、やっとのことで立っているシッピの夫アントンの姿があった。彼の目は腫れていて、彫りの浅い東南アジア人のような平たい顔はよけいに腫れ上がって見えた。彼のまわりには誰もいなかった。彼の深い悲しみが人を近くに寄せ付けないような、異様なオーラを漂わせていた。私は彼の近くまで歩いていったが、やはりある一定の距離以上は近づけなかった。

遠くの方から私に手招きしている人がいた。見ると、それはジャフナから来ていた二人のひどく生意気な姉妹たちだった。彼女たちにも母親がいない。アントンの遠い親戚で、この家にここ一ヶ月ほど居候している。私は彼女たちを無視し、柩を取り囲んでいる人びとの大きな輪の外縁を少し行ったり来たりした。そうしてあたりを見渡すと、そこにはニャーナムの三番目の娘ソーバの姿があった。私は目で挨拶した。それから、また背伸びをしてテントの中央を覗いたが、やはり何も見えなかった。相変わらず大きな「ハーッ、ハハ、ハーッ、ハハ」という泣き声が渦巻いていて、女たちの熱が伝わってきた。

今度は、カレイアリシという名の、私と同じ年の四人の息子の母親の姿が目に止まった。彼女は妊娠九ヶ月。そのいまにも破裂しそうなほどに膨らんだお腹から、へそが盛り上がっているのが見えた。私は彼女の横に立った。

「柩は蓋が閉じられたまま。開けられてない」

彼女は私に、柩の中のシッピを見ようとしているのだろうけど、蓋が閉じられているから無駄な努力と言いたそうだった。

「どうして蓋が閉じられたままなの？」

「シッピが死んだのは十月六日。四十日近くも経っている。しかも、柩は蓋を鉄か何かで頑丈に塞がれているんだって、墓地に行ったら、ねっ、教会でのミサの後で墓地に運ぶでしょう、そうしたら開けるんだって」

　そうカレイアリシが早口で言うと、私にはなんだかはっきり意味がわからなかった。「何、死んだのは十月六日？　十月二十六日じゃなかったの？」

「違うんだって。ずっとクエートの病院に放置されたまま、行方がわからなくなっていたんだって。中身は腐ってしまっているかもしれないから、墓地へ行って開けてみて、皆に見せられるようだったら公開するんだって」

　それから私は、また背伸びをして人だまりの中心を覗こうとした。やはり無駄な努力だった。それでも、自分の中に、この場に残って、この葬式がどの様に執り行われるのかをしっかりと観察しようという意気込みがあった。どうしてそう考えるのかと、自分で内省してみたが、タミル独特の葬儀の様子を記録するためという、ありきたりの答えしか見つからなかった。ただ、ハレルヤ村では一秒一秒が貴重に感じられ、私はいつもノートを取るのに忙しかった。

　私は、またさっきのカレイアリシの隣へ戻っていった。どうやらテントの中を歩きまわっているのは私一人だけのようだった。すると突然、大人の人だまりの中から小さな女の子が出てきた。その小さな女の子は、グレーの生地に白の水玉模様のワンピースを着たシッピの娘のエミナだった。十三歳。テントの中には他に子どもの姿は見当たらなかったので、その小さな姿は異様だった。エミナは早足で家の裏の方へ歩いていった。皆が脇に避けて彼女が通れるようにした。泣きつかれてはいるものの、頭の中が何か一つのことでいっぱいのようだった。きっと水を飲みに行ったのであろうが、人だまりから離れて外に立っていた女たちの中には、彼女が消えていった家の裏の方をそのまま見続けている人たちがいた。きっとエミナのことが心配なのだろう。

　エミナはしばらくするとひょこっと現れて、また人だまりの中に吸い込まれるようにして消えていってしまった。大声で泣き叫んでいるのはテントの中心にいる女たちだが、その周囲に立っている女たちも皆、すすり泣きをしていた。カレイアリシが、私が最初に彼女の隣に立ったとき、「微笑んでは駄目よ」と言ったのを憶えている。たしかに私の顔はいつもかすかに笑みを浮かべたように見えるのかもしれない。だからその日は微笑んでいると勘違いされないように気を付けた。

　突然、柩を取り囲んでいた人だまりが割れ、中から矢のような速さで一人の女性が飛び出してきた。私は最初に何が起こったのかわからなかった。すると、ニャーナムの娘のティバが、私の方へ向かって早足で歩いてきた。ティバは緊張した顔でやってくると、私の存在を無視してそのまま通り過ぎていった。私は彼女の動きを目で追い、くるっと半回転した。テントの中心から聞こえる女たちの泣き叫ぶ声はとぎれずに聞こえてきた。どうやら、緊張が走っているのは人混みの外にいる女たちの中だけだった。ティバはすぐにまた早足で戻ってきて、やはり私を無視し通り過ぎた。さらに半回転して見ると、ティバは水の入ったステンレスのジョッキを手にしていた。彼女の動きが止まったかと思うと、ティバは床へ向かって勢いよくジョッキの中の水を振りかけた。少し近寄って覗き込むと、床の上にはシッピの娘のエミナが倒れていた。若いとき虎の兵士だったガオリ姉さんが、床にあぐらをかいて座り、少女の両足の膝から踝へ何度も手を動かし、必死にマッサージしている。ほんのわずかな人混みが小さなエミナのまわりにできていたが、どうやら傍観者は私一人だけで、他の誰もエミナの失神に気をとられることなく、テントの中心へ向かって立ち泣き続けていた。しばらくすると、エミナの意識が回復したようで、ガオリ姉さんはさっきの水の入ったジョッキを受け取ってエミナに飲ませていた。そしてエミナが起き上がれるようになると、彼女の手をしっかり摑み、引っ張ってその場から消えていった。私は床に敷いた青いビニールシートの上に倒れているエミナの姿を見たとき、かわいそうで涙が出そうになった。

　しばらくすると、突然、十人ぐらいの男たちが女たちの人混みを押し分けるようにしてテントの中に現れた。彼らがものすごい速さで、強引に柩をテントの外へと担ぎだすと、女たちの叫び声はいっそう激しくなった。それから柩が運び去られたにもかかわらず、彼女たちの叫び声は延々と続き、私もその場に五分ほど突っ立っていたが、運ばれていった柩の後を追って、その葬式の家を出た。私は次に何が起こるのかわからなかったが、教会へと続く人間の列に加わった。

　教会に着くとあまり人は集まっていなかった。村の女たちのほとんどは、まだ葬式の家にいて、男たちは集まっても、十分なスペースがない小さな教会の中に入ってまでミサに参加しないので、教会の中はガラガラだった。前方には柩が置かれていて、すぐ近くにアントン、ミカエル、次男、そしてエミナの姿があった。

　柩は何のデコレーションもないただの木箱のように見えた。同じような棺が、半年前に、マドワッチのチェックポイントを通過してスリランカ北部に山ほど送られてきたのを目撃したのを思い出した。「大人用の棺に加えて、小さな子ども用のも積んでいる」と、B氏がトラックの荷台を指して言ったのを憶えている。

この日、村の教会の前方中央に置かれた柩も、マドワッチのチェックポイントで見かけたのと同様であったが、二つだけ異なる点があった。一つは、シッピの柩は、三カ所に鉄のベルトのようなものがぐるっと巻かれていて、柩のふたを開けるには、その鉄のベルトに打ち込んである釘をすべて抜かなければ取り外せないようにできていたこと。この柩を他の村の男たちと担いだジャヤ兄さん（ヴェラの兄の一人）によると、柩は驚くほど重く、担ぐのがやっとこさだったという。もう一つの違いは、ちょうど遺体の頭が置かれている側の側面の右上にシールが貼られていて、そこに青い太字で、「エアカルゴ」（航空便の荷物）と書かれていたことだ。そして、そのシールの中央には手書きで後から記入された、十二桁ほどの郵便物番号が並んでいた。さらに、シールの一番左下には、スリランカ航空のロゴが入っていた。柩は、司祭たちが立つ教会前方に足を向けて置かれていた。ニャーナムの家の隣に住むコーモディが、近くに私の姿を認めると、隣に座るようにと私を呼んでくれた。そこからは、そのエアカルゴという文字がよく見えた。

　葬儀のミサが始まった。ペルンカリパトゥ出身のスティーヴン神父がミサを執り行い、彼の右側と左側に同じくペルンカリパトゥ出身の司祭が立っていた。

　ヴェラが葬式のミサの歌をリードして、合唱隊の女たちがそれに加わった。数日前のアイスクリーム屋の葬式の日の夜に、ヴェラが私に歌って聞かせてくれたので、聞き覚えのあるメロディーだった。泣き叫ぶ声は聞こえず、皆が啜り泣きをしていた。静かな葬儀だった。私は式の間中、「エアカルゴ」と「郵便物番号」、そして「エアランカ」と書かれた柩に貼られたシールに目をやっていた。柩はなんの飾りもなく、ただの木箱だった。その左側には夫と息子たちと他の親戚が数人いて、右側には小さな子どもたちが七人ほどいた。そして、柩の右側のちょうど遺体の頭の部分に肘をかけて寄り掛かるようにして、シッピの娘エミナが立っていた。ミサの途中で腰掛ける（床に座る）場面では、頭を柩にもたれかけてだるそうにしていた。彼女の隣にはさらに小さな女の子がいて、たまにエミナの腕を引っ張るようにして、彼女に式に相応しい行動を取らせようとしていた。ミサの終わりの方で、振《ふ》り香《こう》炉《ろ》から煙をもくもくさせてスティーヴン神父が柩のまわりを一回りする場面では、柩に左腕を乗せ体重を支えているエミナの右手を、先ほどの小さな女の子が引っ張って、神父が通れるようにしていた。エミナは素直に従っていた。

　柩は蓋が閉まっているので、ハエがたからないのだが、柩の右側に座っていた小さな子どもたちは交代でヴェーパマラムという木の葉の付いた枝を扇子のように振って、ハエを追い払う仕草をしていた。子どもたちが慣れた手付きで、手を休めることなく木の枝を振っていたので、見ている私の方が、もしかすると柩の中の遺体が腐り始めてしまっていて、それを察してハエが寄ってきているのではないかと疑い始めたほどだった。

　ミサの最後に、聖水を振りかけて神父たちが死者に祈りを捧げた。合計で五人の司祭たちが聖水を振りかけた。ヴェラが柩を送り出す歌を歌い始めると、勢いよく、しかし物音を立てずに、サンダルを履いたまま男たちが数名、教会前方へ入ってきて柩を取り巻いた。そして、啜り泣きが次第に大きくなる中、男たちが、遠くクエートから前日の夜にコロンボを経由して届いた柩を持ち上げ、教会の外へ出ていった。

　私は柩を目で追った。すると、教会の敷地内には大勢の村人が集まっていた。学校へ行っている子どもたちを除く、村人のほとんどが式に出席しているようだった。その日は、海へ出る日であったが、村のしきたりに従い、男たちは誰一人も海へ出なかった。

教会の外には、普段ハレルヤ村からコーンタペッティの船着場へ村の男たちが移動に利用するトラックが停めてあった。柩はその中へ運び込まれたようで、柩に続いて人びとがそのトラックの中に乗り込んでいた。私は、日差しを避けるようにして、教会の向かいの家の日陰に立った。大勢の人を乗せたトラックは動き出した。すると、あれほどたくさんいた人びとの姿が急にその場から消え去って、教会の外に残っているのは、わずか十人ぐらいになった。その中に、見覚えのある顔があった。それはセッラーンを抱いた、テェーバ兄さんの末娘ローズだった。見ると、教会の脇道から棘のある林の方へ向かい移動する人びとの列が見えた。皆、早足で歩いていて、行列の一番後ろも、すでにはるか遠くだった。ローズは、「みんな墓地へ向かっているの」と、私の視線を目で追って言った。私が「あなたも行くの？」と聞くと、「いいえ」と答える。村では、墓地へ行くのは通常は男性のみだが、この日だけは柩の蓋が葬儀で開けられず、シッピの顔が見られなかったので、女性でも希望する人は墓地まで行ってもよいということだった。「私は、行ってくるね」と言い、行列の後を追うように私が動き出すと、途中で「ひぇー、カオリも墓地へ向かっている」と声がした。さっき、葬儀のときに隣に座ったコーモディだった。

　私と一緒に遅れて墓地へ向かって歩いているのは、数人の男たちだけだった。すぐに、後方から手を叩く音がして振り返ると、コーモディたちが私を呼び止めようとしている。見ると、教会の方から一人の女性が歩いてくる。彼女と一緒に墓地へ行くようにとコーモディが言っているのだと理解し、私は足を止めて彼女を待った。

　その女性は、カルセル村に住むシッピの夫の親戚だった。二人で話しながら早足で墓地に向かったが、日差しが強く、棘のある木の林の砂の上を歩かなくてはならず、しかも、その女性も私も墓地へ抜ける道を知らなかったので、だいぶ時間がかかった。

墓地に着くと、二百人ぐらいの人がそこに集合していた。女たちは墓地の片隅にある木の下に。そして、男たちは女たちを挟むようにして、墓地と墓地に続く道路側に分かれて集まっていた。ちょうど、道路側には、先程のトラックが停まっていた。ネヴィルス神父が、その二つの男たちのグループの間を行ったり来たりし、柩の蓋を開けるか開けないかの論争でしばらく混乱した状態が続いたが、最終的に蓋を開け中を見て、皆に公開できる状態であれば公開し、それから埋めるということに決まった。

数人の泣き叫ぶ声が依然として続く、女たちの集団へ向かって、「女たちはこっちへ来るな」と、男たちが言った。女たちは、「私たちは、皆こっちにいる。男たちしかあっちにいないのに、なぜわざわざそんなことを言うのか」と呟いている。しばらくトンカチか何かで鉄を打ち壊す音がして、だいぶ後になってその音が止むと、突然柩のまわりにいた男たちがパッと柩から散るようにして離れた。「ガス」と、私のまわりの女たちは呟く。

それから、「遺体は見られる状態だ」と、男たちが私たちの方へ向かって手招きし、柩を墓地中央の井戸の脇に運んできた。女たちは皆、柩の中身を見に行った。私は怖くて見に行かず、少し離れたところから眺めていた。柩のまわりを暴力団のような恐ろしい顔つきの男たちが取り囲んでいて、遺体を見て女たちが泣き叫ぶと、「こいつを運んでいけ」と、まわりの男たちに指示していた。

柩を取り巻く集団の中に、シッピの長男ミカイルの姿もあった。彼は、井戸に腰掛けるようにして、まわりの人びとより一段高いところから母親を見下ろす状態で泣いている。彼の隣には、黒いシャツに長髪、それに首からロザリオや他の銀のネックレスをじゃらじゃらと付けた、いかにも人の悪そうな男が立っていて、シッピに別れを告げようと集まってくる女たちに、「うるせい、泣くな。早く行け！」と、怒鳴り散らしている。人溜まりの右側の方から、シッピの娘エミナが持ち上げられるようにして、柩の中の母親の姿を見にいくのが見えた。彼女は人溜まりの中に吸い込まれるようにして消えていって、それから姿は見えなくなった。

しばらくすると、長男ミカイルが泣き崩れ、私の立っていた方へ運ばれてきた。彼は、気を失ったような状態で、土の上にうつ伏せに身を投げ出し倒れた。まわりの男たちが、彼のそんな姿を立って上から見守っている。

シッピの夫は、私のように集団から離れて立ち、近くにある木に手をかけ、独りぼっちで泣いている。遺体を見る勇気などないようだ。すると、どこからかデェーバ兄さんが現れ、シッピの夫を抱くようにして支えると、木から彼の手を外し、しゃがませて肩に手を回す。

柩を埋めるとき、男たちはオッパーリ（鎮魂歌）を合唱していた。そして土をかけた。柩の中の遺体を見たニャーナムの話では、「シッピはムスリムのしきたりに従って、クエートのお金を握って一方を向いていた」という。そう言いながらニャーナムは、胸元でお札を握り、顔を一方へ向けて遺体の真似をする。

翌日、シッピの家を訪ねると、墓地で泣き叫んで足を捻挫したシッピの親戚の女性は、挫いた足に軟膏を塗りながら、「足まで骨折してしまった」と、墓地で骨折した出来事を笑いごとのように話していた。家の中は、前日の葬儀とはまったく違う雰囲気で、長男ミカエルは私に、「昨日は母のために来てくれてありがとう」と。そして、「五人も司祭たちが来て教会で式が立派に執り行われた」と、笑顔で言った。「五人も」と、司祭の数を強調していた。親孝行ができたと安堵したようだった。

第三部

シシリア婆さんの帰郷

五、不思議な行進——二〇一〇年三月

再びマナーへ／ニコラスとの再会／一〇〇万ルピーの結婚資金／医療の近代化／不思議な行進／少女を貪る犬

「昔むかし、お前が来た国のような遠い外国に、ある夫婦が住んでいた。子どもがいなかった。そこで彼らは金で十字架を作り海に流した」。婆さんは、「金で、金で」と言って、私の金の腕輪に触れ、「こういうの」と言い、今度は自分の手首を手探りするようにして、「ああ、金などどこにも付いていやしない。ハッハハ」と言う。

「するとその十字架は流れ流れて、着いた先がこの村、ペルンカリパトゥ。そして、その昔ジャフナのパーサーウール村、カラウール村からいくつもの小さな島々を渡り、木の船に乗ってきた人たちがいた。その人たちが、それらの島々を渡ってちょうどたどり着いたのが、その十字架が流れ着いた先のこの海岸。その十字架は、一つの大きな木の根元に開いた穴の中に立っていた。それを見た私たちの祖先は、神様の恵みの海岸だと、そこに村をつくることに決めた。当時、ここはヴィダッタルの木の林だった。だからこの村をヴィダッタルと名付け、十字架が立っていた所に、現在はクルス・コーヴィル（十字架教会）が建っている」

「その金の十字架はどうなったの？」
「外国から来た神父が、ローマに持ち帰った」

シシリア婆さん、二〇一〇年四月、母村ペルンカリパトゥにて

再びマナーへ

二〇〇九年の調査で、私はだいぶハレルヤ村についてはまとまった調査ができた。それでも心の中で、スリランカでの調査が終わった、博論を書き上げるための十分な調査ができたという実感はなかった。そんな私に、年が明けると、再びマナーを訪ねる機会が訪れた。

二〇〇九年十二月、スリランカ政府は、チェティクラムの巨大キャンプに収容していたヴァンニの村人たちを収容生活から解放した。その後いくつかのキャンプを経て、住民たちはヴァンニの村に帰還を許されている。マナー県では、ヴァンニへの陸路での入口となるウイリャンクラムのチェックポイントも、二ヶ月前から住民が通過できるようになった。私は、せっかくマナーに戻る機会が訪れたのだから、今回は、ヴァンニにあるハレルヤ村の住民たちの母村ペルンカリパトゥへ行き、自分の目で村を見てみたいと考えた。しかし、外国人は軍の許可なしではヴァンニに滞在することは認められていない。そこで、ニコラ・シスターに勧められるままに、マナー司教館を訪ね、ペルンカリパトゥ村での調査許可を軍に申請してもらう。許可が出れば訪問し、出なければ諦める。

ニコラスとの再会

——二〇一〇年三月十三日

ヴィー・ピー神父のアルコール依存症麻薬中毒者療養センターに到着すると、収容者の一人、ニコラスおじさんが迎えてくれた。彼に初めて会ったのは、半年前の二〇〇九年の十月。半年前に会ったときは、彼はとても具合が悪そうだった。

当時、世話係の一人のクラウスさんが言った、「ニコラスは今日、病院から連れてきたばかり。精神病と酒。薬をもらって飲んでいるから、少し休むようにと言ってある」

最初の二日間、ニコラスは寝て過ごしていた。三日目、病院からもらってきた薬が効いたのか、だいぶ元気そうで、私に話しかけてきた。

「自分は精神病。考え事が多すぎる。だから薬を飲んでいる」

「お酒も？」

「うん。酒も。病院からここへ来た」

それから、彼はインドで二十四年間暮らして、最近スリランカに戻ってきたばかりだと言った。マナー県のペーサーレに次いで二番目に大きな漁村、ヴァンカーレ村出身。一九八四年、近隣の村で百人ものタミル人住民が政府軍に殺される。恐怖から難民となってインドへ避難し、それから去年までインドにいた。妻と一人娘は自分よりも先にインドから帰ってきた。彼女たちがスリランカに戻ったのは、二〇〇二年の和平協定の後。自分はインドにいたために娘の結婚式には参加できなかった。ニコラスは言った。

「インドから戻って、自分の意志でこのセンターへ来た。しかし、しばらくすると弟が来て、無理矢理このセンターから連れ出した。ヴィー・ピー神父と喧嘩までして、弟は自分をセンターから連れ出した。それから、ヴァヴニヤにある父親の土地を二人で見に行き、それを売る予定。自分には土地がある。金には苦労しない。弟は十年間ロンドンに行っていて、帰ってきて今はペーサーレでガソリンスタンドを経営している。「金はやるから、しっかりしているように」と弟は言う」

また、これも半年前の話だが、ある朝、ニコラスは紙があるかと私に聞きに来た。何をするのかと聞くと、「算数のクイズ」と真面目な顔をして言う。

「ペンも必要？」

「うん」

日本から持ってきたペンをあげると、大事そうに胸のポケットに挟み、紙を手に消えていった。同じ日の昼過ぎ、算数のクイズをしないかとニコラスが私を呼びに来た。彼の寝泊まりしているセンターのホールへ私が付いていくと、二つ三つ、なぞなぞのような算数の計算を得意そうに説明し、「じゃあ、解いてみて」と。なかなか解けずに困っていると、ヒントをくれた。ものすごい記憶力を持った人だとそのとき驚かされた。算数のクイズが終わると、今度は紙に書いてあった冗談を立て続けに十五個読み上げた。朝渡した印刷用紙は両面、彼の小さな字で埋められ真っ黒になっていた。ニコラスは「まだたくさんある」と言ったにもかかわらず、突然とても疲れたように、「今日はここまで」と店仕舞いを始めた。「じゃあ、しっかり休んで」と、私はホールを後にした。

同じ日の夕方、ニコラスは私の部屋をノックして、私が応じると、「あなたが解き残した算数のなぞなぞがあるから」と印刷用紙を広げ、「この問題」と指差した。見ると、先ほど解いた問題とまったく同じ問題だった。

「さっき、この問題一緒に解いた」

「違う。まだ答えていない」

「覚えがないの？」

「覚えがない」

その日の夜だった。やせ細った体をふらふらさせながら、具合が悪いと私の方へ歩いてきた。「頭がふらふらする」と言うので、手を触れてみるとひどく熱があった。薬と水をあげ、寝るようにとホールへ返したが、歩くのも辛そうだった。

翌朝、ミサ（朝の祈り）が彼の寝泊まりしているホールであるから、どこか別の場所へ行って寝るようにと彼を起こしにいくと、やっとの思いで起き上がったようだったが、洗顔を済ませ、「もう元気になったから」と、ミサが終わる前にホールに戻ってきた。回復の早さに圧倒されてしまった。

「自分は芸術の才能に長けている」とニコラス。「芝居のアクター、とりわけ女性役をよく引き受ける。他のアクターたちは台詞を覚えるのに一生懸命で、台詞が書かれた紙を手に練習にやってくるが、自分は一度も台詞を覚える努力をしたことがない。台詞は自然と出てくる。どんな役を担当してもそう。以前に一度、酔っぱらいの夫の役を担当したとき、妻役が台詞の紙を手に必死になって演じている。自分は、「お前はさっきからその紙を大事そうに眺めているが、恋人からのラブレターか？」と、とぼけてみた。ハッハッハ！」大きく開いたニコラスの口から疎らな歯が見えた。

ニコラスはインドにいたとき、スピーチの才能を買われ、よく政治団体から選挙演説のためにスピーチの仕事に呼ばれたという。「一回五〇〇ルピー。スリランカ・ルピーではなくて、インド・ルピーだから大金。選挙演説のスピーチだって即興でできる。自分はそうして政治家とのコネクションがあったから、パスポートやスリランカへ戻ってくるための書類も簡単に手に入った。インド中回っていろいろな場所で仕事をしたから、ヒンディー語も話せる。言葉は一つの町に住み働けば自然と覚えるもの」

そんなニコラスに今回再会したのは、私がマナーに戻って最初の日。センター長のヴィー・ピー神父としばらく話をしてから、センターの奥にある台所へ行くと、そこには忙しく働くニコラスがいて、笑顔で私を迎えてくれた。

「やあ、カオリ、元気かい？」

センターの収容者たち四十五人分の料理を担当しているのは、体の筋肉を取り戻し見違えるように元気になったニコラスだった。

「お元気そうで」と私が言うと、「うん。ずいぶんと忙しくしている。料理担当になってから。ちゃんと月給も貰っているんだから、すごいでしょ」

「ニコラスさん、次は何を？」と、奥から料理の手伝いをしているジョセフおじいさんが指示を求めた。ニコラスは彼に素早く指示を出すと、久しぶりに自分の娘が帰ってきたというように、「この娘は自分が熱を出して倒れていたときに看病してくれた」と、得意そうに言った。

また、ニコラスは料理の途中で振り向き、うれしそうに、

「この前、クラウスさんと自分の生まれた村、ヴァンカーレに姉に会いにいってきた」

「クラウスさんとバイクで？」

「そう。道があまりにも悪いものだから、途中でひどくバイクに酔って、クラウスさんに何度も止め

てくれと言っても、運転していて、おまけにヘルメットをかぶっているものだから聞こえなくて、後ろに座っていた自分は吐いてしまって、自分のズボンと彼の服にかかってしまった。それでもヴァンカーレに着くと、そう、姉は大きなレストランを持っているからたくさん御馳走を出してきた。クラウスさんはそれを食べたけれど、自分はお粥（前日の残りの白米に水を加え、朝まで置いたもの）がいいと言い、それだけ食べた。そして、別の姉の家に行ったら、今度はソーダを飲むようにと出してきた。飲めない。おなかの具合が悪いからと言っても、わざわざ出してきて無理に飲ませるものだから、本当に大変だった」

「ハッハッハ」私は思わず吹き出してしまった。

「それから姉の大泣きしたこと。二十五年ぶりに弟と再会したと」

「二十五年ぶり？」

「そう。姉はヴァンニで自分はインド。自分がインドに避難したとき、姉たち一家はマドゥ教会に避難した。それからヴァンカーレに戻れずにヴァンニの奥に残ることになった」

次の日、ニコラスはまた姉たちの話をした。

「自分には五人の姉がいる。自分の父親に次から次に生まれたのは皆、女の子。そこで一番上の姉がタライマナー（マナー島最北端）にある教会へ行き、弟ができますようにと祈った。二十五年経って弟と再会し、元気な弟の姿を自分の眼で見た今、タライマナーの教会に感謝の祈りを込めて金の贈り物をしようと言った」。

その姉は今、七十五歳。「すごく元気。クラウスさんも驚いていた。家の中がとても綺麗に片付けられている。おまけに、まだ稲作の仕事もしている」

ちょうど収容者の皆が食べ終わり、ニコラスが昼食をとっているときだった。水の入った大きなペットボトルを片手に、私を見ると言った、

「人は一日に四リットル半の水を飲まなくてはならない。だから自分はたくさん水を飲む」

さらに、「人は一日に二十回は笑わなくてはいけない。カオリは六十回は笑っている。ハッハッハ！」

翌日、クラウスさんが私をハレルヤ村にバイクで送ってくれた。途中、クラウスさんは言った。

「こうやって、ニコラスをバイクでヴァンカーレまで乗せていったんです」

「彼から聞きました。それは嬉しそうに話していました」

「二度も送っていったんだけど、最初のときに具合が悪くなって、吐いてしまった」

「それも話していました。彼のお姉さん、ひどく泣いたんだって？」

「そう。二十五年ぶりに再会した弟は良い弟。二十五年前の弟はひどい酒飲みで悪い弟だったって！」

一〇〇万ルピーの結婚資金

――二〇一〇年三月二十四日、ハレルヤ村

ニャーナムの家。彼女は朝、教会にロザリオの祈りを捧げに行かなかったと言った。彼女が朝四時に祈りに行かなかったなどとは聞いたことがないので、どうしてかと聞くと、首筋の筋肉がひどく痛み、起き上がることができなかったからだと言う。見ると、彼女の首には大きな腫瘍のようなものができている。それでもニャーナムは店に出る。狭い店の中の奥の、土（砂）が固く、椅子を置いてもな

んとか安定して座れる方に私を座らせると、自分は砂の上に椅子を客が訪ねてくる方向へ向けて座り、振り向くようにして私と話をした。

「そうやって振り向いて話をしていると、ひどく首が痛むでしょう」

「私の心配はいいから、そこに座っていて」

ニャーナムは言った。

「この前、ティバの結婚相手の話をつけに、マナーの町に行ってきた」

「ティバの結婚相手？」

「そう。学校の先生。でも、結婚資金は一〇〇万ルピーだと聞いてきた。だから払えないと言ってあきらめた」

「一〇〇万ルピーもするの！」

「うん。学校の先生だから。五〇万だったら払えるだろうけれど、一〇〇万は無理」

「ペルンカリパトゥの人？」

「そう。マナーの町に住んでいるけれど、ペルンカリパトゥの出身」

「ティバはその人でいいって？」

「いいって言っていた」

ティバは現在二十六歳。いつも無邪気に明るく、それでいてしっかりと自分の意見を持っている彼女が、母親の選んだ結婚相手を謙虚に受け入れるのに私は驚いた。ニャーナムは続けた。

「で、今、また別の人に聞いている。ティバは「少し考えてみる」と答えている」

それから、私が、今回の滞在はペルンカリパトゥに行くことが一番の目的だと言うと、話題はペルンカリパトゥ村の話になった。

「チェティクラムのキャンプから解放され、村人たちがペルンカリパトゥに戻ってから、すでに私は三回村を訪ねた。家の中には木が生えていた。十年という年月が過ぎると、家の中に木も生える」

「何の木？」

「あの木の名前はわからない。インド平和維持軍が村に来たときに、ヤギをたくさん連れてきた。自分たちが食べるようにと、そのときインドから持ってきて植えたのがその木。その繁殖力といったらすごくて、村は今、その木が生茂るジャングルになってしまった。刺のある木で、背が高くなる。薪にはなるが、他には何の使い道もない木。村に行ってみたらわかる」

「私たちの家の中には、その木が三本も立っていた。それも、幹の直径は二五から三〇センチもあった。一九八三年から建て始めたその家の一部はまだ床にコンクリートを敷いてなかった。その砂の床から、三本も大きな木が生えていた。それを最初に行ったときは人を雇って全部切り倒して、その次に行ったときに火をつけて燃やした。変わり果てた自分の家を目にして涙が出た。家の構造は残っていたが、屋根はなくなっていた。当然、家の中にあったものはすべてなくなっていた」

「涙が出たのはどうして？」

「だって何年もかけて、たくさんお金をつぎ込んで建てた家。まさかこんなことになるなんて、当時は考えもしなかった。だって、家の他に、一つの場所に動かずに立っているものなんてないでしょ。だから、あれほどのお金をつぎ込んだのだし」

ニャーナムは店の商品の売り上げの計算に使っているボールペンで、いくつもの数字が走り書きされているノートを開き、ペルンカリパトゥの自分の家の設計図を書いてみせた。一度目はうまく書けず、三度目になんとか私に説明するのに、満足できる図ができ上がったようだった。

　ここハレルヤ村でニャーナム一家が暮らす家は一部屋しかなく、広さも六畳ほど。しかし、母村に当時建設中だった家は、リビングルーム、台所、寝室、客間、祈りの部屋、物置と計六室あって、各部屋八畳ほどの広さがあった。ニャーナムは言う。

「商売をやっていたから、大きな家だった。物置もあったし、コロンボから訪ねてくる商人たち用の客室も備えていた。よく考えて設計した家。だから、あの家の無惨な姿を目にしたとき、それまでのすべての努力が無駄になったという実感があった」

「そして、もっとひどいのはムスリムの村人たちの家。二十年も人が住んでいなかったから、雑木林になってしまった。生えている木々は家よりも高く、家の中に木が生えて雑木林になったのだが、雑木林の中に家の構造が生え上がったよう。二つあるモスクのうち、一つを片付けて、その中に村に戻ったムスリムの人たちは皆一緒に現在生活している。蛇が多くて。とにかく、彼らの住んでいた村半分が雑木林になってしまったものだから、どこから蛇が出てくるかわからない。だからまだ誰も家に戻っていない。ムスリムの彼らの家は、それは大きな家だった」

医療の近代化

　次にニャーナムは、インドから平和維持軍が村にやってきたときの話をした。

「ラジフ・ガンジー（インドの元首相。一九九一年にタミル・イーラム解放の虎に暗殺された）がこの国に来たのは、一九八七年七月二十九日。七月三十日に下の息子が生まれたから、その日をよく覚えている。当時、インド軍（「クルカース」と呼ばれていた）がすでに村に来ていて、彼らは病院を占拠していたため、病院へ行くことができなかった。看護婦が医者と連絡を取り、家に来てくれ、その息子は家の台所で生まれた」

それから、出産の話に話題が移った。ニャーナムによると、昔は皆、体が丈夫だったから、子どもも家で産めた。病院へ行って産むようになったのは三十年ぐらい前から。

「私が十八歳になる頃までのペルンカリパトゥ村での生活は、今とは正反対。今から四十年前までは、米も野菜も新鮮なものが手に入った。牛やヨーグルトも十分にあった。ペリヤマドウ村という新しい村の開拓が近くで始まったのを覚えている。政府が新しい村を作るからと、ペルンカリパトゥから希望者たちを集め、農業指導をした。うちの村のムスリムの人びとが大勢移り住んだ。そうしてできた村がペリヤマドウ村で、この村はとても発展した。ペルンカリパトゥにはいつもこのペリヤマドウから新鮮な野菜と果物が運ばれてくるようになり、村人たちはそれらを自分たちが釣った魚と交換した」

「今みたいにお金じゃなくて、物々交換だからお互い満足のいく交換ができた。交換の後に満足感が残る。でも今は全部お金だから、誰がどれだけ持っているとか、そういうことで心に悪い気持ちが残るような交換。だから当然人間関係も変わってくる」とニャーナム。

「以前は、それはたくさんの牛がいたから、牛乳も、ヨーグルトも尽きることがなかった。どこの家にもこれらがあった。今の子どもたちはそれらが食べられない（値段が高すぎる）。それどころか、見たこともない。昔、村人たちは牛乳を飲み、ヨーグルトと新鮮な野菜を食べていたから、身体がそれは丈夫だった。村へ行ったらわかるだろうけれど、毎朝二マイル歩いて貯水池まで行かなければ、飲み水も水浴びの水も手に入らなかった。女たちは毎日貯水池から村まで水瓶で水を運んだ。だから体が

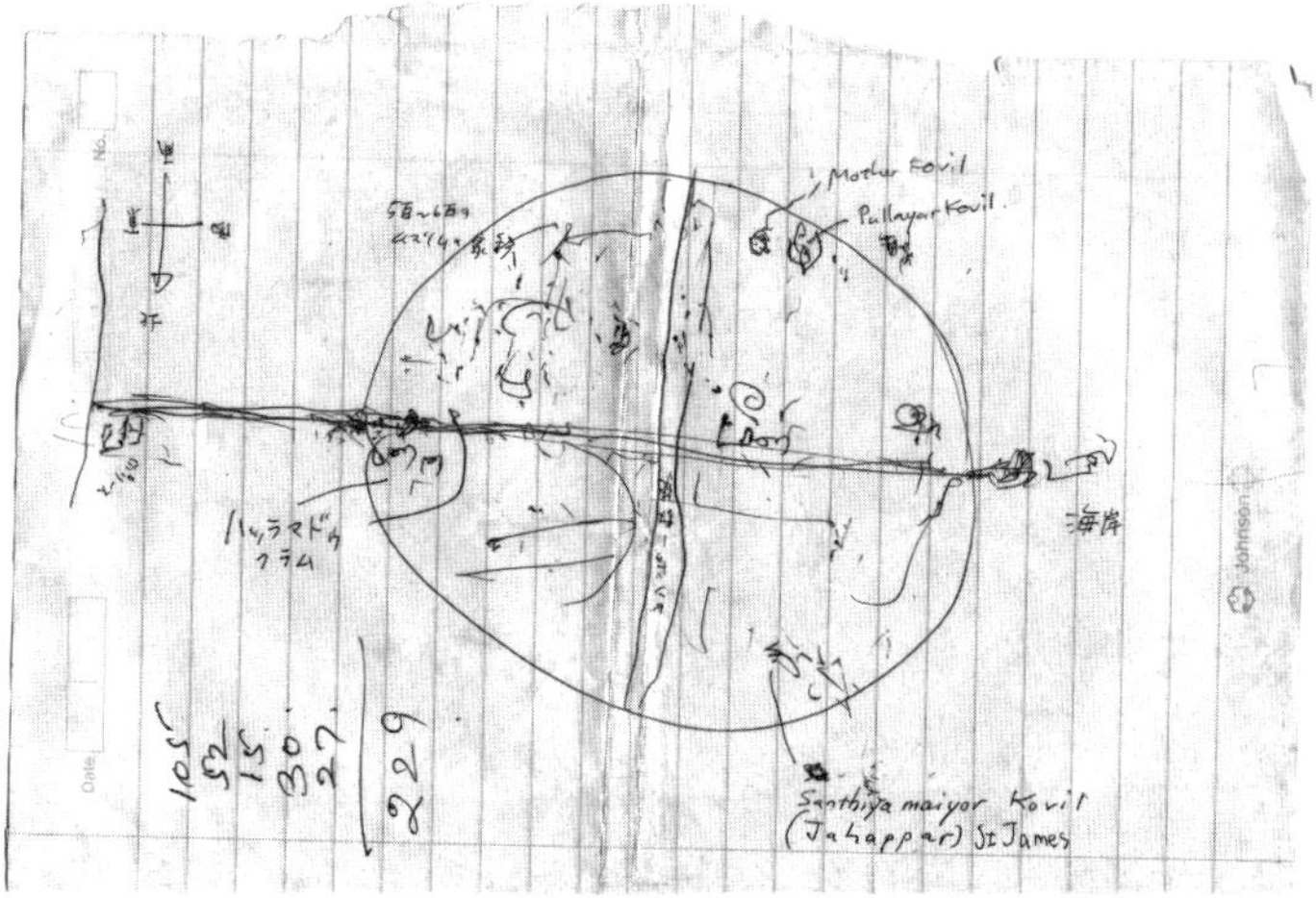

ニャーナムが書いた母村ペルンカリパトゥの地図

鍛えられた。子どもを産む力があった。今は陣痛が来なくても薬を打って病院で産ませてしまう。昔は産婆が家に来て、五日間（子どもが産まれた日から四日間）は泊まり込みで子どもを産んだ母親の世話をした。昔は子どもを産んですぐは辛いものは食べなかった。ニンニクと生姜と他の薬草をすり潰して団子状にしたものを最初の四、五日、朝晩母親に食べさせる。自分の姉も産婆だった。しかし、近代的な病院ができてからは、産婆たちのこういった昔からのやり方で子どもを産ませるのは禁止になった」

ニャーナムは、「村の地図はこう。描いてみるから、見ていて」と、私のノートにペルンカリパトゥ村の地図を描く。まず、大きな円を描き、それを縦に半分に割って、「東側はムスリム住民の居住地域。そして、西側。この海に面した側にカトリック住民が住んでいた」と。それから今度は同じ円を横に割るように、左から右に（西から東に）長く線を引っ張り、右側の線を円からはみ出すように引っ張って、「これが村の中心を走る一本の道。カトリック居住区からスタートして、ムスリム居住区を突っ切って、そして村人たちが毎日利用した貯水池と井戸に至る道。ちょうど、カトリック居住区の西の端から往復二マイル（三・二キロ）離れている」

不思議な行進

——三月二十六日

ヴィー・ピーのアル中センターでは、パン工場がうまく回っていて、最近ではヴァンニにまで配達しているという。このヴァンニへの朝のパン配達に便乗して、私は、ウイリャンクラム・チェックポイントを通過し、ヴァンニに足を踏み入れる機会を得た。ただし、滞在許可はないため、朝のパン配達の時間にヴァンニの村を回るだけ。

　朝八時半にパンと私たちを積んだバンは、ウイリャンクラムのチェックポイントを通過。旧タミル・イーラム解放の虎支配地域、ヴァンニに入った。運転しているのは、白い司祭服を着た、司祭になったばかりの若いロビンソン神父。他にパンの販売担当のスタッフが二人。最初に目に飛び込んだ風景は、放棄された田んぼに草が伸び放題の干上がった大地だった。半世紀前は、ここがスリランカ屈指の稲作地帯であったことが信じられない光景だった。人が生きている証がほとんどなかった。さらに内陸に進むと、遠くから人の長い行列が私たちの方向に歩いてくるのが目に入った。ヴァンニで最初に目にした人間たち。もちろん、駐在しているスリランカ軍兵士たちを除いての話。

だんだん集団の姿が近付いてくると、それが七十人ぐらいの老若男女のグループであることがわかった。すべてタミル人だった。シンハラ人であれば、スカートにブラウス姿の女性がいるものだ。でも、この集団の女性たちは肩からくるぶしまでの長いワンピース姿だ。炎天下の中、行列を組んで進んできた。

日に焼けた肌と貧しい服装から、私の目には、彼らは避難民のように映った。けれども彼らは皆、毅然として視線はただ一点を見据え、辺りの様子には無関心。とても急いでいる様子だ。行列の最後尾には、先端が壊れた牛車の荷台の部分だけがあって、その上に老人と体力の弱い人たちが乗せられ、人の手で引かれていく。行列の一番前には、白い神父の服を着たカトリックの若い司祭がいる。

「彼らは一体、誰ですか？」と、私は運転席のロビンソン神父に聞く。

「ペルンカリパトゥ村の人たちですよ。一番前に司祭がいたでしょ、彼がセバマーレ神父です。ペルンカリパトゥ村から歩いているんですよ。復活祭の前の、ちょうど今が四旬節にあたるから、その時期にこのようにマドゥ聖母教会まで歩くのが伝統なんです」

このとき初めて、私はヴァンニの最後の戦場を生き延びたペルンカリパトゥの村人たちのグループに出会った。私たちのパンを積んだ車が、このグループと行き違ったのは、ペルンカリパトゥ村から少なくとも一三キロ南へ降ったところだった。そこからマドゥまではまだだいぶ距離があった。

戦争を命がけで生き延びた彼らが、どうしてまた無理をしてまで大変な行進をしているのかが、私には理解できなかった。彼らがヴァンニで、キリノッチ県とムラティヴ県のジャングルの中を爆撃に追われながら逃げ回っていたときから、まだ一年しか経っていない。戦後収容されたチェティクラムのキャンプから解放されてから、まだ三ヶ月も経っていない。荒れ果てた大地から湧き上がる不思議な巡礼者の行進。どうしてあれほど戦争で大変な思いをした人たちが、また大変な行進なんかをするのだろうか？　私にとっては、この巡礼という行為と、そもそも、そのようなことをしようという発想自体が、まるでシーシュポスの岩の話のようだった。

少女を貪る犬

——三月三十一日

マナー県のあちこちに張り巡らされたチェックポイントでの検査の頻度が少なくなり、私は以前より自由に移動できた。

アリップ村。本土側にある村だ。N神父という一人の若い神父に会った。長髪で、髭も伸ばし放題。使い古した白い司祭服を着ている。戦争中はずっとヴァンニにいたという。戦争終了より二ヶ月前に、マナー司教から、当時ヴァンニに残っていた教区の五人の神父たちに「直ちに撤退するように」と、通知が届いた。彼もその通知を受け取った神父の一人。しかし、彼は、自分はヴァンニから立ち去ることができないと、はっきりそのとき感じたという。これだけの人を残して自分たちがその場を立ち去れば、彼らは迷い行き場どころか、精神的な支えをも失ってしまう。それは神父になるときに自分が約束したことと違う。ヴァンニから去るということは、司教からの命令であったから、自分は司教に、「ヴァンニに残らせてください」と願い出なければならなかった。司教からは「残るのは許可するが、いつでも避難したくなったらヴァンニから出てくるように」と返事が届いた。二〇〇九年三月の話。それからもう一度だけヴァンニから出るチャンスがあったが、その後はヴァンニを脱出したくても脱出できない事態になった。

「忘れられないことが起きた」と、N神父は一つの話を私にした。どうしても、心に引っかかっている出来事のようで、しばらく私に話すべきか躊躇しているようだった。それは、戦争終了宣言が出される約二ヶ月前に、ヴァンニのムラティヴで起きたこと。ちょうど一年前の話だ。

「三月二十四日、ヴァランニャーマダム村の教会で、タミル・イーラム解放の虎が強制徴兵をした。そのとき、ヴァンニに残っていたカトリックの神父たちは皆、ヴァランニャーマダムの教会(とはいってもとても小さなもの)の隣に建てた小屋にいた。百人ほどのゲリラ軍兵士たちが教会を包囲した。そのとき、教会の中には五百人ぐらい(実際の数は不明)が徴兵を逃れるために避難していた。皆、少年少女たちだった。教会へ行けば助けてもらえる。助かると、そう考えて宗教に関係なく、皆が教会に避難していた。虎は教会の中で発砲し、それは脅しのための発砲で、若者たちを直接狙った訳ではないが、少女二人が怪我をした。最終的に、虎は、その場にいた若者全員を強制的に連れ去った。神父たちは虎と交渉したが、無駄な努力だった。そのとき、自分たちは集まっていた若者たちに何もしてあげることができなかった。それは、何というか、虎が犯した一つの悪、決定的な過ちだった」

N神父は、二〇〇九年四月二十六日、ヴァランニャーマダムからムッリヴァーイカイへ行き、二十四日間いた。その間に四カ所空爆から逃げるように場所を移動したという。

「こうして向き合って座って話をしていた相手が爆弾を受けて死ぬ。ちょうど君が座っているところに、それほどの近距離にいた人間が話の途中に死んだ」

「目の前にある少女が倒れ死んだかと思うと、一匹の犬が近づいてきて彼女の上半身を食いちぎって食べた。目の前で、犬が少女の体半分を貪って食べた」

「もう辺りは死体でいっぱいだった。死体がこうやって目の前にゴロゴロしていた」

ヴァンニを抜けたのは二〇〇九年五月二十日。生きてヴァンニを脱出した人間の一番最後の組だった。皆カトリックの神父たちだった。孤児たちも一緒だった。そのうちの一人は心臓発作で死んだ。

戦後、N神父は、他の生存者たちと一緒にチェティクラムの巨大キャンプに百日間収容された。「あそこに収容されてから、髪と髭を伸ばすことにした。もう一人、若いM神父も、髭を剃ることも髪を切ることもやめた」

「どうしてですか？」

「プロテスト。人間をあそこまで醜いかたちでキャンプに収容していたことへのプロテスト」

六、イエスの柩——二〇一〇年四月

母村ペルンカリパトゥへ／ペルンカリパトゥ村に到着／十二人の村人たち／ハレルヤ祭の夜／十字架の道の行進／射し貫かれた救世主／ハレルヤ土曜日／徹夜祭／地上の軍隊は虫けらのように／聖母教会（マーダー・コーヴィル）へ／十字架教会へ

母村ペルンカリパトゥへ

——四月一日、聖木曜日

アリップ村。友人のダニエルと妹クインズイーの家。昨日の晩は深夜近くまでN神父と話していたのに、今朝は早く目が覚めた。時間はまだ五時前。驚いたことに携帯電話にヴィー・ピー神父からの不在着信が二件あった。夜十二時に寝て、毎朝四時には起きて仕事をしている人だから、すでに神父は起きているに違いないが、電話をするのはミサの準備が始まる五時四十五分まで待つことにする。

朝五時四十五分、電話口に出た声は眠そうな疲れた声だった。普段からそういう声なので、すぐにヴィー・ピーだとわかった。

「かおり、ヴァンニ司令部からヴァンニに滞在する許可証が届いている」と。私は、本当に許可が下りるとは考えていなかったため驚いた。

それから、その朝はダニエルとクインズイーと彼らの母親にさようならを言い、ダニエルにナーナータン村までモーターバイクで送ってもらう。ちょうど私たちのモーターバイクがナーナータンのバス停に到着したときに、朝八時半のヴァンカーレ経由マナーの町行きのバスが出発するところだった。ダニエルはバイクのクラクションでバスの運転手に待つように合図し、私はバスに飛び乗った。それからダニエルの姿はすぐに見えなくなった。

バスは穂がいっぱいに膨らんだ緑の田園風景が両側に広がる道に沿って進み、しばらくすると、水田のわきに立って手を振っているダニエルの姿が見えた。それはちょうど私が、この大地に豊かな稲作の恵みがこの先何年も訪れますようにと祈り始めたときだった。なるほど彼は自分の水田を私に見せようと、バイクで先回りしたのだとわかった。彼はまだ二十五歳。父親のいない家庭で、長男として母親を立派に支えている。

バスがマナーの町に到着すると、マナー教区の司教総代理とすれ違った。チェティクラムからバイクでマナーの町に戻ったところだという。「アーミー（軍）から滞在許可証が届いているから取りにくるように」と。「はい。こちらの仕事が済んだらすぐに向かいます」と私は答え、Ｂ氏の事務所を訪ねた。Ｂ氏は、ほぼ寄付同然の値段で、これまでマナー島での仕事の間、事務所で使ったベッドや机などを何台も私に売り渡してくれる。私はそれを大きなトラックに積み、ヴィー・ピーのセンターまで移動した。

アル中センターに、ベットや机などを山積みにしたトラックで到着すると、ロビンソン神父が駆けつけて、荷をどこへ置くのかとスタッフに指示を出した後、私にゼリーと水を冷蔵庫から取ってきてくれる。まだ昼前だった。

今日、これから司教館へ行き、滞在許可証を受け取った後、どうやってペルンカリパトゥ村まで行こうかということを私は考えていた。早く移動しなくては、日が暮れてしまう。何度考えても、「これは無理にでも八十四歳のシシリア婆さんに一緒に来てと頼むしかない」ということしか思い浮かばなかった。ニッティは、最近選挙で忙しく、家にいるのかわからない。ちょうど戦後最初の地方選挙がマナー県で行われるところで、兄さんは選挙活動のサポートに忙しかった。また、ニッティは男性だから二人だけで行ったら彼が私の世話に苦労する。ヴェラは聖歌隊のリーダーで、ちょうど今週はイースター（復活祭）の週だから、ハレルヤ村の教会の仕事に忙しく、それどころではない。私と一緒にペルンカリパトゥ村へ行くことができる人は、やはり婆さんしかいなかった。

　ロビンソン神父は、センターのバンで私をハレルヤ村まで送り、婆さんに私と一緒にペルンカリパトゥへ行くようにお願いしてくれるという。私たちがハレルヤ村に到着すると、婆さんはちょうど一人で水浴びをした後で、腰巻き姿で、タオルで髪の毛を乾かしているところだった。「おぅ、カオリ、よく来た」と私を見ると言い、ロビンソン神父に、「じゃあ、この娘を大事に預かります」と言った。神父と私が、「違う、違う。おばあちゃんに一緒に来てほしい。一緒にペルンカリパトゥ村に行ってほしい」と言うと、「もちろん。で、いつ行く予定か？」と。婆さんは、ヴァンニに村人たちが戻れるようになってから、まだ一度も村に戻っていないが、一度は帰って自分の目で村を見てみたいと考えているようだった。

　私たちは口を揃えて言う。

「今から」

「はっ、今から?!」

婆さんの開いた口は塞がらなくなった。私が無理にお願いすると、彼女は、ヴェラはちょうどマナーの町へ買い物に行っていて留守だから、帰ってきてから聞いてみると言った。すると、ちょうどマナーの町からのバスが到着し、ヴェラがバスから降りて帰ってきた。

ロビンソン神父と私は、ヴェラに婆さんの荷造りをお願いし、「じゃあ、午後三時に婆さんを迎えに来るから」と伝え、ペルンカリパトゥ村を後にし、大急ぎで司教館へ行き、軍からの許可証を受け取り、またアル中センターへ戻り、昼飯を食べた。そして、再びバンに飛び乗り、ハレルヤ村へシシリア婆さんを迎えに行った。

「母は持っているサリーをすべて詰めた」と、ヴェラが壊れかけた小さなスーツケースを私に手渡し、私はサリー姿の婆さんの手を引いて家を出た。

ロビンソン神父は、マナーのバス停まで私と婆さんをバンで送り、バスの時間をチェックし、バスを待っている間に飲むようにとジュースを買って手渡すと、チェティクラムへ出かけていった。

バスは四時半までなかった。出発まで一時間もあったので、私は婆さんをバス停のベンチに残し、野菜を買いに行った。野菜は、ヴァンニの戦禍を生き延び、最近ペルンカリパトゥ村に戻った息子ジーバの家族にあげるのだという。「二人も泊めてもらうんだから、何か持っていかないと」と、婆さんはボソッと言った。

私は、野菜を袋いっぱい買った後、婆さんのためにベテルの葉と煙草の葉とベテルナッツ（ビンロウジュの実を乾燥させたもの）を買った。婆さんは、ベテルの葉にベテルナッツと石灰をほんの少し一緒に包んで噛むのが日課だった。ガムのようにしばらく噛んで、真っ赤な唾と一緒にペッと吐き出す。「お前もやってみるか？」と言うので試してみると、スーッと爽快な味がした。

ちょうどペルンカリパトゥ行きのバスが到着したので、空のバスに乗り込む。後からバスに乗り込んできた人びとの大半が婆さんのことを知っているらしく、婆さんは皆から、「お久しぶりです」と挨拶をされていた。彼らのほとんどはペルンカリパトゥ村の隣のペリヤマドウ村出身で、チェティクラムヤのキャンプから解放され、つい一週間前に村に戻ったばかりだという。「みんなお婆ちゃんのこと知ってるんだね」と言うと、「ペリヤマドウ村はペルンカリパトゥ村の人間が半世紀前に移住して開拓した村。みな親戚」と応える。

買ってきた野菜の袋の中をのぞいて、「茄子を買ってこなかった?」と婆さん。

「茄子必要?」

「うん。干し魚と一緒にカレーを作ったらおいしい」

「買ってこようか?」

「うん」

そう了解すると、私は立ち上がって、先ほど買ってきたベテルの葉と煙草の葉とベテルナッツのセットを婆さんに手渡した。彼女はそっと中身をのぞくと、私に一本取られたような顔をして、今にも吹き出しそうな仕草をした。私はバスを降りて茄子を買いに行った。大きな茄子を八本買ってくると、「よし、エイの干物と一緒に、お前の大好物のカレーを作ってやる」と言った。私は婆さんが作る、ナスと青唐辛子と干し魚のココナッツカレーが大好物だ。

バスが出発する。この日、マナーの町にあるバスの中で良いものはすべてヴァヴニヤに借り出されていたため、私たちの乗り込んだバスはひどく古く、ガラクタのようなバスだった。運転手は荒馬を操るように運転席にまたがって、必死にハンドルを取られないよう、エンジンの激しい動きに体を揺すられながらバスを進めた。

　開通したばかりのマナーの橋を通る。広く大きく美しい橋が、マナー島から本土に架かっている。北側の海には、フラミンゴたちがいつものようにピンク色の帯をなしている。南側には、二十年近く前にゲリラ軍が破壊した列車の線路の鉄橋が、海の中に突き刺さったままだ。

　ヴァンニへの入口となるウイリャンクラム・チェックポイントに到着すると、バスは一時停止し、チェックポイントに到着したと私にもわかった。運転手が皆に下車し徒歩で検問所を通過するようにと命じたが、半分ぐらいの乗客はバスの中に残った。とくに年配の女性たちの多くは座ったままだった。

　しばらくすると一人の兵士が乗り込んできて、バスに乗った人びとの身分証明書のチェックを始めた。私は自分のパスポートを手にして、窓際に座っている婆さんに身分証明書を持ってきたかと聞くと、

「持ってこなかった。聞かれないよ。見ててごらん」とあっさり答える。

「どうして？」

「歳だから」と、自分をよく見なさいと、シワだらけの顔と開いた手を私に見せる。

　婆さんが身分証明書を所持していないため、兵士に何か言われるのではないかと私がドキドキしていると、驚いたことに、その若い兵士は私たちの方を向くこともなく、私の横を通り過ぎていく。私はまるで自分が透明人間になったような気がした。

「だから言ったでしょ、問題ないって」と、婆さんが言う。

　このときに検問所で起きたこと、つまり、誰よりも色が白く、バスに残っていた中でも一番若い私

を、どうしてそのシンハラ人兵士は目にも留めなかったのか、今になってもわからない。私は、頭からショールを被っていたわけでもなかった。

ウイリャンクラム・チェックポイントからペルンカリパトゥ村に続く道は、赤土の砂漠のようだった。村々はブルドーザーで潰されたように破壊されていて、住民たちがチェティクラムのキャンプから戻ってまだ日が浅いのか、皆がビニールシート暮らしだった。ただ、沿道に数百メートル置きに並ぶ軍の見張りポストだけは例外で、小さな建物にもかかわらず、すべて屋根は瓦葺きだった。この瓦葺きの軍のポストのまわりは土嚢で何重にも覆われ、中は小さな防空壕のようになっていて、わずかに開いた隙間の見張り穴から機関銃が顔を覗かせていた。

ペルンカリパトゥ村に到着

ペルンカリパトゥ村に到着したのは四月一日、木曜日の夕方六時。自分のリュックサックを背負い、婆さんのスーツケースを左手に、そしてマナーの町で買った野菜を右手にバスから降りて、聖ヤコブ教会の前に立ったとき、ちょうどセバマーレ神父が教会の奥から出てきた。私の姿を見て驚いたような、少し困ったような顔をしたが、しかたなく私たちの方へ急ぎ足で歩いてきた。

「こんにちは、神父様。私が訪ねてくるという連絡を受けていますか？」とタミル語で聞くと、少しほっとしたような顔をして、「いいえ」と。ヴィー・ピー神父に連絡を頼んでおいたが、やはり電話は繋がらなかったようだ。

セバマーレ神父は私をまじまじと見つめ、「あなたには以前お会いしたことがある」と。私が驚いていると、「二〇〇三年にアラワッカイ村で」と。

「ああ、ではあなたはダグラス神父やネヴィルス神父の同級生ですね」と私が応えると、神父は頷いた。

「軍から許可証を得ていますので。一週間ほどこの村に滞在させていただきます」と私は言った。セバマーレ神父は、ペルンカリパトゥ村で唯一水があり、屋根があり、ドアがあった聖ヤコブ教会に隣接する自分の宿舎、司祭館に婆さんと私を案内すると、とりあえず荷物を置くようにと言った。水浴場があるから案内すると、彼の部屋を通り過ぎて、奥にある大きな貯水槽を見せてくれた。それから、「ミサに行ってくるから、ミサが終わったら話をしよう」と、婆さんと私を残して行ってしまった。

　私は、朝にアリップ村を出発してから移動ばかりが続いていたので、体も服も砂埃と汗で汚れていた。大きな貯水槽の中に溢れるように入っている水を目にすると、婆さんは手を叩いて喜んだ。というのも、村には水がないため、彼女の息子の家にこれから行ったとしても、私が水浴びをできるだけの水がない。しかし、ここには神父のために用意された十分な水がある。私に向かって、「すぐに水浴びをするように！」と言い、自分は水浴場の入り口に立って外から人が来ないようにと見張ってくれた。私が水浴びを終えると、今度は婆さんが顔を洗い、足を洗い、そして手と腕を洗った。

「急いでいるの？」

「ミサに行くんだから。もうミサは始まっていて、私たちは遅れている」と婆さん。水浴びの後は、生まれ変わったような気持ちよさだった。

十二人の村人たち

聖ヤコブ教会は、マナー島に多く見られる砂糖菓子のようにカラフルなコンクリートでできた教会とは対照的に、古い作りの質素で大きな白い教会だった。小さな赤黒い煉瓦をいくつも積み上げて建てられたことが、壁の白い色が薄くなり、表に姿を現した煉瓦の赤色から伺えた。教会のドームはここ何十年も建設途中で、天井部分がまだでき上がっていないのだが、その半分まで建設されたドームの姿が逆に爆撃で破壊された教会のような印象を生み出している。

教会の中には大勢の村人たちが集まっていて、前方中央の祭殿では、先ほどのセバマーレ神父が正装し、小さな男の子たちを両脇にミサを執り行っていた。左側前方には聖歌隊がいて、太鼓の音も聞こえてきた。

婆さんと私は本堂と中庭の間の廊下（縁側）に腰を下ろした。そこは、教会の中に置かれた美しい花で飾られた小さな机からそう離れていなかった。私がプラスチックの椅子を持ってくると、婆さんはそれに座り、私は婆さんの横の床に腰をおろした。ちょうど私たち二人はミサに出席している人びとからはみ出した状態になった。他にも、そんな状態で座っている老女や、先ほどバスの中で一緒だったペリヤマドウ出身の赤ん坊を抱いた女性がいた。知らない顔ばかりがまわりにあり、私は心細くなりハレルヤ村が恋しくなった。

それまで祭壇の後ろに立っていたセバマーレ神父は、祭壇の前にサポート役の侍者の少年たちと歩み出た。最初の少年は手にバケツを提げていて、二人目の少年は水の入った瓶を、そして三人目はタオルを持っていた。祭壇を背にして前進し、それからぐるりと後ろを向いて立った。彼らと祭壇の間には、十二人の男たちが椅子に腰掛けていた。白髪の人もいた。この十二人の村人たちは、自分たちが持っているシャツと腰巻の中で、一番上等な物を選んでその日着用していたことが見て取れた。すべての衣類を内戦で失った後、最近手に入れたわずかな衣類の中から選び出した上等な服だった。

セバマーレ神父はタオルを腰に巻きつけると、バケツの中に水を流し入れ、椅子に座った村人たちの足を洗い、タオルで拭き始めた。私は婆さんを見つめ、この不思議なミサについての説明を求めようとしたが、婆さんはミサに集中していて私の方に見向きもしなかった。それは、「主の晩餐のミサ」と呼ばれるミサで、ちょうどセバマーレ神父が執り行っていたのが、イエスが弟子たちの足を洗ったシーンを再現する「洗足式」と呼ばれるものだった。

椅子に腰掛けた十二人の村人たちは、日焼けし、顔はシワだらけで、髪には白髪が混ざり、実に、イエスの弟子のようだ。ただ、彼らのそのような姿は、決して歳を重ねた結果ではなく、ヴァンニでの経験から生じたものだった。その日、ペルンカリパトゥ村の教会を埋め尽くしていた五百人ほどの村人たち全員が、イエスがこの世を去る直前まで彼を慕って集まってきていた人たちのようだった。彼らは皆、想像を絶する悪夢を生き延び、爆撃の中で死を目の当たりにした人たちだった。戦後ヴァヴニヤのキャンプに収容され、自由を奪われてきた人たちだった。そして、わずかな所持品しかなく、この世に対する執着もわずかしか残っていなかったのかもしれない。私がこの夜、ペルンカリパトゥ村で自分の居場所がないと寂しく感じる理由は、ここが不慣れな場所だからではなく、村人たちが共有しているヴァンニでの経験を自分は共有していないからだ。

わたしは　仕えられるためではなく　仕えるために来た

心おごり高ぶるとき　思い起こす主の愛
わたしは　仕えられるためではなく　仕えるために来た
人すべてのつぐないとして　主はその身を渡された

典礼聖歌四〇二番「仕えられるためではなく」

十二人の村人の足を洗い終えると、セバマーレ神父は祭壇に戻り、福音書を読み上げる。イエスが地上に来たのは、仕えられるためではなく、かえって仕えるため。多くの人のための、贖いの代価として、自分のいのちを与えるため。

セバマーレ神父は聖体（パン）を両手で支え、掲げて祈り聖別すると、それを手に行列になって待つ村人たちに配り始めた。最後の方は、セバマーレ神父自身が年老いた村人たちのところまで配って回った。「キリストの身体」と言って神父が手渡すと、「アーメン」と、婆さんも舌で一つ受け取った。

祈りの後、十字架を掲げた侍者の少年を先頭に、神父は聖体を運んできた。後ろには香煙とロウソクを持った少年が二人続いた。教会の真ん中の通路を通り、それから私たちの方へ曲がると、近くにあった、綺麗に飾られた小さな机の前で止まった。普段であれば、聖体は、祭壇の後ろに置かれた聖櫃に入れられるが、主の晩餐のミサの後に限っては、聖体は別にあらかじめ用意された場所に安置される。イエスがポンテオ・ピラトの宮殿で裁かれるために拘束されたことを村人たちが思い出すため。セバマーレ神父は一礼すると香煙を捧げ、小さな机の上の安置所の扉を開けると、その中に聖体を置いた。

神よ　深い淵から　あなたに叫び
嘆き祈る　わたしの声を　聞いてください

あなたが　悪に目を　留められるなら
だれが　み前に　立てよう
しかし　あなたのゆるしの　ために
人は　あなたをおそれ　とうとぶ

神は　わたしの　希望　心の　望み
わたしは　みことばを　待ち望む
夜明けを　待ちわびる　人にも　まして
わたしの　心は　主を　待ち望む

典礼聖歌一一七番「主は豊かな　あがないに満ち」

ミサの後で、多くの人たちが小さな机に移された秘跡（サクラメント）のところへ来て、感謝を捧げ祈った。多くの人がすぐ近くに立っている私の姿を目にしたが、私に話しかける人も、私を知っている人も、私の存在に関心を示す人もいなかった。私は必死で婆さんから離れないようにした。すると、婆さんに一人の老女が近寄ってきて、婆さんの顎の下に手を器のようにして持っていくと、その手で何度か婆さんの顎をなでる動作を繰り返した。「久しぶりね」と、挨拶をしているのだとわかった。ここペルンカリパトゥ村はヴァンニに位置する。これまで私の研究にとっても、スリランカ政府軍にとっても「未開」だった地についに足を踏み入れたためか、私にはその老女の動作がとても原初的なものに見えた。婆さんは、顔見知りの相手のようで、笑顔でそれに応えた。その老女は、長年探していた宝物をやっと見つけたかのように感無量で、しばらく婆さんから離れなかった。懐かしい顔を見つけ、昔を思い出しているようだった。

　あたりは真っ暗だった。ただ教会だけはジェネレーターがあり、明かりに照らされていた。

「ジーバの家族がいるかちょっと見てくる。ここにいるように」

　そう言うと、婆さんは、村人たちが向かっている教会の敷地の出口の方へ消えていった。しばらくして戻ってくると、「ジーバの家族はもう帰っちゃったみたいだから、一人の知り合いにジーバの家に行って呼んでくるように頼んできた」と言った。それから私たちは、セバマーレ神父が先ほど案内した司祭館の中で椅子に腰を降ろし、神父が村の人びとと話し終えるのを待った。明日は聖金曜日でキリストの受難を記念した日であるため、その打合せで忙しそうだった。神父は、厚さ一〇センチもある典礼についての書物を百科事典のように広げ、村人たちに指示を出している。

　婆さんは、近くに息子ジーバの姿が見えたらしく立ち上がり、暗闇の方へ歩いていった。私が後についていくと、そこには初めて見るジーバ兄さんの姿があった。意外とぽっちゃりしていて、痩せ細った婆さんの他の息子たちとは対照的だった。

「電話で連絡してから来いよ。なんでこんな夜遅くに突然やってくるんだ」と、ジーバの一言目は自分の母親を叱りつける調子だった。

「この娘にこの村を見せるために、自分も一緒に来た。ヴェラの家の電話は金を払っていないから切られている」

そう相手をなだめるように言うと、婆さんは振り返って、

「じゃ、ジーバの家に行こうか？」と私を誘った。

「神父に知らせてから行こう」と私は言い、神父が村人たちと話し終えるのを待っている間に、ジーバは「自分は待っていられない。帰って妻と娘を送る。パンは食べるのか？」と言い、帰ってしまった。先に連絡をくれていれば、婆さんと私の分の夕食も準備しておいたのに、と私たちの夕食の心配をし、店が開いているうちにパンを買おうと急いでいるようだった。

セバマーレ神父に、「ジーバの家に泊まります」と言うと、「水やトイレに不自由したら、いつでも自分の宿舎に来るように。ヴィー・ピー神父にあなたが無事に到着したと伝えておく」と、親切だった。

教会の方へ戻ると、ちょうどデーバの妻メーナハと娘ニシャンティが私たちを迎えに来ていた。この二人もデーバのように少しぽっちゃりした真ん丸い笑顔で、「さあ、行きましょう」と、婆さんの荷物を手に、私たちを教会の外へ連れ出した。辺りは真っ暗で近くにあった店のわずかな灯りが街灯の代わりだった。一つの懐中電灯を前方へ照らしながら私たちは教会を背にまっすぐ進み、しばらくして右に曲がった。すると今度は本当の暗闇だった。

「あっ、気をつけて。有刺鉄線があるから」と、私のすぐ横を懐中電灯で照らした。なるほど、私のすぐ横には有刺鉄線が張ってあり、その数が突然増えたかと思うと、

「さあ、着いたわ」と、メーナハが言った。

奥に立っているデーバの家は、ちょうど家の入り口に面した側の屋根はすべてはぎ取られていて、入り口のドアも窓も抜き取られてなくなっていたため、建設中の白い家のようだった。

シャーンティという名のとても痩せた小学校の先生も、デーバの家で寝泊まりしているようで、その夜、彼女は私たちと一緒に寝た。家の後ろの屋根は煉瓦の代わりにトタンで覆ってあり、そのようにして屋根のある部屋が二つあった。そのうちの一つはドアがあり鍵がかけられるようになっていたので、私たちは皆その部屋の中で寝た。もう一つの部屋にはわずかな食料の蓄えとセメントの袋がいくつか置いてあった。「ちょうど今日、この部屋のドアを取り付けたんだ」と言うジーバは、一人でビニールシートの下で寝た。

ハレルヤ祭の夜

——四月二日、聖金曜日（イエス・キリストが十字架の上で処刑された日）

私にとっては、これまでしてきたペルンカリパトゥ村の調査の集大成のような日だった。

朝起きると、私が床から起き上がる前にシャーンティ先生は部屋から出て行ってしまった。私の横で寝ていた婆さんは、私が起きた気配を感じたのか、自分も両手で体を支えるようにして、「よっこいしょ」と上半身を起こして床に座り、いつも携えている祈りの小さな冊子を手探りで探し始めた。メーナハの姿は見当たらなかった。ニシャンティはぽっちゃりした風船のようなお腹を出して寝ていた。

祈りを始めた婆さんをそこに残し、私は抜き取られてドアがない家の入り口の外に出た。プラスチックの洗面器がいくつか並べてあり、その中に残っていた水で顔を洗い歯を磨くと、家の裏へまわりトイレを使い、それから着替えて、台所へ行った。ジーバ一家が村に戻ってもうすぐ四ヶ月。立て直したばかりの台所（乾燥したパーム椰子の葉を編んで作った小屋）の中で、メーナハは朝食前の紅茶の準備をしていた。彼女は昔からの伝統に従い、今日は断食だという。まだ辺りは暗かった。

「今朝は六時からミサがある。一緒に行こうか？」と、メーナハが聞いてきた。私は「もちろん」と答えた。

「婆さんもミサに行くのかな？」

「婆さんは歩けないから。今朝は十字架を持って村人たちで行列を組んで、村の中をぐるりとまわるの」

メーナハの言うとおり、紅茶を飲みながら婆さんは、

「お前、行っておいで」と言う。

そこでメーナハと私は、婆さんとジーバを残して家を出た。教会にはすでに村人たちが集まっていて、十三歳になるニシャンティは友だちを見つけ教会の中へ消えて行った。

十字架の道の行進

聖ヤコブ教会に集まった百人ほどの村人たちは、行列をつくり教会を出発した。まだ辺りは薄暗く、霧が一面に漂ったように先方を塞いでいた。出てすぐ右手の教会の塀には、聖人ヤコブの小さくカラフルな像が設けられていて、聖人が馬に跨がり刀を振りかざす姿をモチーフにしたものだった。この像の前で私たちの行列は一時停止し、十字架の道の第一節を一人の村人が読み上げ、もう一人が自分

の体よりは二倍も大きな十字架を背負って立ち、残りの私たちは皆、道にひざまずいた。

同じ日の午後、婆さんと教会の前を通ったとき、「この像は何か？」と聞くと、「聖人ヤコブはこうして馬に乗り、刀を振りかざしてイスラム教徒と戦い勝利した」と説明した。イスラム教徒を打倒した聖人の像が、十字架の道のスタート地点なのが、イスラム教徒の住民をこよなく愛するこの村のカトリックの村人たちのあり方とあまりにも対照的で面白かった。

像の前で祈りが終わると行列は動き出し、教会を背にしてさらに進み、また停止する。今度は、そこには小さな机が置かれ、美しい花飾りが置かれている。行列は、十字架の祈りの第二節を読み上げ、先ほどとは違う村人が今度は十字架を背負った。砂利道の上にひざまずくのに私が苦労しているのを見たのか、隣からメーナハが、「サンダルを膝の下に敷けば、膝に体重がかかっても痛くない」と、教えてくれた。次からそうするようにと言う。そうして私たちの行列は再び動き出し、教会を背にして東へ走る道が終わる、ちょうど角のところで、十字架の道の第三節を読み上げる。なるほど、サンダルを膝の下に敷くと、砂利の上でも痛みがない。

行列は次に右に曲がった。私は目の前に広がる光景にハッとした。そこには、屋根がすべてはぎ取られた、窓やドアのない、ただ壁のみが並んで立つ奇妙な裸の家の列が道の両側に広がっていた。半分ぐらいの家は古く、十年ぐらい前に破壊された、ないしは放棄されたようで、家の中から木が生え、銃弾の跡が黒ずんだ壁にしみ込んだようになっている。私たちはその家の屍骸の中で、十字架の祈りの第四節を読み上げ、ひざまずき、さらにその道を南へ向かって進んだ。今度十字架を担ぐ役にまわったのは、一人の若い女性だった。

途中で、小さな屋台が二軒並ぶペルンカリパトゥの町、「タウン」にさしかかり、そこからまた東へと続く道が左手に見えた。ここから東側はムスリムの居住区だ。近くに草木が生い茂ったイスラム教徒の小中学校の無残な姿があった。建物は破壊され、ただ敷地が残っている。このムスリムの学校は、この地域で一番大きな学校で、一九七〇年代には高校もあった。カトリック教徒の学校は小学校しかなかったので、カトリックの生徒たちは、中学生になるとこのムスリムの中学校に進学し、村のイスラム教徒の生徒たちと机を並べ一緒に勉強した。近隣の村からも子どもたちがこの中学校に通っていた。皆の思い出の場所だった。

私たちの行列が進む道で、村は東と西に二つに分かれ、十字架の道の行列が一回りするのは、昔からのしきたりに従いカトリック教徒の居住区の中だ。

その空っぽの学校を通り過ぎてしばらく進んだところで、私たちの行列は十字架の祈り第五節を読み上げるために止まった。それから道は右に曲がり、その曲がり角でまた第六節のためにひざまずく。セバマーレ神父の姿はどこにも見当たらない。あくまで村人たちだけで「十字架の道」は演じられていく。

道沿いには小さな掘っ建て小屋のような家が並び、数十家族が一緒に暮らしている場所のようだ。左手に並ぶ家の向こう側はマングローブの林で、そこから先は海だった。

それが海岸に並行して走る道だと私が気付いたとき、また行列は停止し、花で飾られた小さな聖母像の前で、十字架の祈り第七節が読み上げられる。そこから先は、左手に家はなくなり、行列は小さな橋を渡った。橋の下には、水路が流れていて、水は村の中からマングローブの林へと向かっていた。近くにはボートが何台か停めてあり、メーナハは、「海よ」とささやいた。でも、マングローブが生い茂り、そこから海は見えない。釣ってきた魚を取引するために設けられた小屋が一軒だけそこに立っている。そこで、十字架の祈り第八節を読み上げた。

さらに二〇メートルほど進むと、今度は乾燥したナツメヤシの葉を編んで作った柵と、コンクリートの高い塀に囲まれた異様なものが姿を現した。「スリランカ海軍キャンプ」と書かれたその敷地の入り口には、私たちの行列の異様な足音に警戒したのか、銃を持った若い兵士たちが集まってきた。行列の、群衆が一斉に足を引きずるような足音は、確かに異様であったに違いない。中にはあっけにとられたような顔をして、私たちの方を壁に開いた穴の陰から覗いている兵士もいる。もう霧は晴れ、辺りは明るくなってきた。

私の心のどこかから、「この兵士たちは怯えている」と声が聞こえてきた。確かに十字架の祈りの行列に参加した村人の数の方が、若い兵士たちの数より勝っているだろう。でも、彼らは私たちの人間の数にというよりも、一言も言葉を発さず、ただ無言で十字架を担ぎ、足を引きずるようにして進む行列の異様さに怯えているようだ。今朝は、誰もシンハラ軍兵士など恐れていない。自分たちの行列は、神の行列だ。地上の一国の軍隊など虫けらにすぎない。そう私たちに直感させるものが、確かに行列の中にあった。

ちょうど海軍が大きなキャンプを設けている場所が、本来この村の漁師たちが海に出る場所だった。そこから角を曲がると、行列が出発した聖ヤコブ教会の後ろ姿が見えた。スリランカ軍のキャンプから、教会に続く道の途中でも十字架の祈りを行い、私たちの行列は教会へ戻ってきた。今朝はこれで解散だという。

お昼を食べた後、私は寝なかったが、婆さんは一眠りして起きた。ジーバ兄さんの壊れた家の入り口の床に腰を降ろしている私に、婆さんはペルンカリパトゥ村にある教会の話を始めた。

「普通は一つの村には一つ教会があるのだが、ペルンカリパトゥ村には二つある。聖ヤコブ教会と聖母教会。二年に一度ずつ交代で復活祭が執り行われる。今年は聖ヤコブ教会だから、来年は聖母教会で行われることになる。聖母教会はこの家の近くにあるから、明日連れて行ってやる」

それから婆さんは付け足して、「もう一つ村のはずれに十字架教会（クルス・コーヴィル）というのがある」と言う。

「どこら辺に？」

「村の外と言った方が正しい。河口《かこう》を歩いて行かなくてはならないから、潮の満ち干によっては、膝まで水につかるときもある。ここから歩いて四十分ぐらい。潮の状態によっては、それよりも長くかかることもある」

十字架教会への交通手段は徒歩のみで、辺りには誰も人が住んでいないとのことだった。

「お婆ちゃん、一緒に見にいこうか！」と私が目を輝かせて言うと、婆さんは自分は高齢だから無理だと言う。

「もし行くとしたら、俺が婆さんを担いで行くことになる」とジーバ兄さん。どうやら兄さんは私たちの会話を聞いていたようだ。

「お願いします。お婆ちゃんを担いで、みんなで行きましょう！」と言うと、ジーバは、自分は冗談を言ったのだと笑う。メーナハが紅茶を持ってくる。

紅茶を飲み終えると、婆さんと私は、聖ヤコブ教会の隣の司祭館へ行き、神父のために用意された水桶の水で、神父に内緒で、婆さんは水浴びをした。神父のための水だから、村人たちが使うことは許されていない。ただ、私となると例外で、訪問者だから使ってもよいということだった。婆さんがスカート（腰巻）の下に着ていた下着で胸から下を覆い隠すと、私は婆さんの小さな背中を水で流し、石鹸で洗ってあげた。それからまたジーバの家に戻った。

夕方五時半頃、ミサが始まる三十分前にメーナハと娘ニシャンティは教会へ出かけて行った。「もの凄い人混みになるから」と、メーナハは、ドアと屋根があり唯一戸締りができる部屋に鍵をかけ、鍵をジーバ兄さんに手渡した。彼女たちが出かける前に、婆さんはメーナハに、彼女が手に持っていた白い糸を少し分けてくれと言い、糸を半分もらった。婆さんによると、その糸は手首に巻きつけるためだという。

家の外を見て、といっても、屋根も窓もドアもない家なので、外にいるも同然なのだが、私はジーバに、どうして兄さんの家はたくさんの有刺鉄線で囲まれているのか聞いてみた。

「この有刺鉄線は全部、隣の家を守るためだった。隣の家は「虎」が占拠していた」

「隣に虎がいて、そのとき、兄さんたちはこの家に住んでいたの？」

「そう。でも、虎の兵士たちが話しかけてくることは一度もなかった。というのも、虎には厳重な規則があって、上の者からの命令がないのに村人たちと話をすることは禁じられていたからだ。隣の家にいた虎の兵士たちは、みんな遠くから来ていた。バティカロアとか」。バティカロア県はスリランカの南東部。北西部にあるマナー県からは最も遠い地域だ。

ジーバに、どうしてペルンカリパトゥ村にある家は、すべて屋根がなく、窓がなく、そして一番驚くことに、ドアがないのかと聞いてみた。

「もちろん、爆撃によるのも一部はあるけれど、ほとんどは略奪による」

「略奪って、誰に？」

「スリランカ軍。村を占拠した後で、自分たちのキャンプや検問所、防空壕や家を建てる材料が必要だった。それがここで起きたこと」

つまり、戦利品として軍が没収した。

ジーバの家の向かいには大きなスモモの木がある。婆さんと私がミサに出かけようと家の敷地を覆う有刺鉄線の塀を抜けると、その木の下に女の子が二人、枝を手に立っていて、その枝でスモモの木の枝を叩いて実をとっている。

「早く戻ってミサに行く準備をしなさい！」と、婆さんはまだ着替えていない女の子たちに言った。婆さんにとっては初めて出会う子どもたちだったが、信仰心の篤い村の長老として、子どもたちを叱りつける立派な権利が彼女にはあると私は思った。女の子たちは、落ちたスモモを拾うのをやめた。二人とも色あせたTシャツと汚れた長スカートを着ていて、髪の毛には降ってきた葉っぱや枝がまみれていた。そして口はスモモの紫色だった。

「家に帰って、すぐ準備しなさい！」と婆さんが言うと、二人の女の子たちは婆さんに何か言った。私には意味がわからなかった。

「ペンテコステ？　お前たちペンテコステ派か？（サバイ？　ニー、サバイ・アー？）」婆さんは驚いたようだった。

女の子たちは、あたかも何か悪いことをしたのを見つかったかのような声で、「はい、お婆さん」と頷いた。婆さんは驚いて開いた口を手で塞いだ。それから、「そうか。わかった。ならばお母さんのところに帰りなさい。良い子たちだから、家に帰りなさい」と、彼女たちが悪く感じないように婆さんは優しく言った。教会でミサが行われているときに、子どもたちが外で遊んでいることは避けたいと思ったようだった。それから、婆さんは、女の子たちに聞いた、「お前たちは誰の子だ?」子どもたちの答えた名前は、婆さんが聞いたことがない名前だった。彼女たちを後に残して、婆さんと私は聖ヤコブ教会へ向かった。

私は二〇〇七年に、初めてヴェラの家を訪ねたときに、婆さんが私を家の中に導きながら、「お前もカトリックだよね?」と聞き、私が「いいえ」と答えたときのことを思い出した。そのとき、婆さんは振り向いて、開いた私の口を覆った。そして、「この村の誰にもそれを明かしちゃダメだから」と忠告した。

聖ヤコブ教会に到着すると、婆さんと私は前日の夜に座った近くに場所を確保した。教会の真ん中の、聖体（キリストの身体）が安置された小さなテーブルの前だった。私たちは教会に到着するのが遅かったのだが、聖櫃の近くに先に到着していた村人たちは、婆さん（と私）が近づくと、少し後ろに下がって場所を空けてくれた。教会にはベンチや椅子がなかったから、私たちはコンクリートの床の上に座った。履き物は教会の入り口で脱いだ。

ミサが始まると、祭服を羽織ったセバマーレ神父が侍者の少年たちを率いて入場し祭壇へ向かった。聖歌隊はこのミサでは歌わない。セバマーレ神父は祭壇に着くと、その前に平伏した。驚いて私が婆さんの方を見ると、婆さんは「見えるか?」と言い、祈るように、と顔の前で両手を合わせて祈る仕草を見せた。私は他の村人たちと同じようにひざまずいた。婆さんは床に座ったままだった。

射し貫かれた救世主

村人たちが敬意を表し、ひざまずき忠誠を捧げるのは、彼らのために自らの命を犠牲にした十字架の上の救世主。

あざむかれて　不幸の木の実を食べ、人祖は死を身に受けた
その姿をあわれに思い、
造り主なるわれらの神は、
罪の木のわざわいをゆるす木を、その日すでに示された

高くそびえる十字架の木
釘づけられた主のからだを、枝を垂れてやさしく抱き
幹の堅さをやわらげて　偉大な王の手足を包め

十字架賛歌（クルクス・フィデーリス）

「キリストは人間の姿であらわれ、死に至るまで、しかも十字架の死に至るまで、自分を低くして従う者となった。それゆえ神はキリストを高く上げて、すべてに勝る名をお与えになった」。フィリピの信徒への手紙二章六節から八節に続いて、ヨハネの福音書から主の受難の箇所が読み上げられ、セバマーレ神父の説教が続いた。

静かな祈りの後、白い布で覆いが掛けられた九〇センチほどの高さの十字架が、祭壇の後ろに立っていた神父のところへ運ばれてきた。皆が運ばれてきた十字架に見入っていた。覆いが外されると、セバマーレ神父は十字架を手に取り、村人たちに向けて掲げた。十字架の上には、釘打ちにされたイエスの像があり、浄瑠璃人形のように、人間の手によって作られた一メートルほどの小さな人形で、表情も決まっているのだが、見るものの心によっては、人類至高の神秘を演出するものだ。

あたかもイエスがたった今、十字架の上で処刑され、その遺体を大切に運び下ろすかのように、十字架が祭壇の前まで運ばれてきた。侍者の少年二人が十字架のそれぞれ一方を支えて立ち、十字架が彼らにもたれかかるようにして置かれた。村人たち、老若男女皆が教会の真ん中に、イエスの足元まで列をつくり並んだ。一人ずつ村人たちはイエスの前にひざまずき、傷ついたイエスに歩み寄った。女たちはイエスの足に触れ、その手で頭から胸に、それから左右に十字を切った。彼女たちの愛おしさの表現は、あたかもマグダラのマリヤが安息日明けの早朝に、イエスの墓を訪ねたときのような必死な愛おしさだった。男たちは、イエスの足にキスをすると、一緒に連れ立ってきた子どもたちにも同じようにするようにと促した。小さな子どもたちを胸に抱いているのは男たちだった。村に若い男たちがこんなにいたのかと、そのとき私は驚いた。

私はシシリア婆さんを見つめて、皆が何をしているのかと聞いてみた。婆さんは、まるで小さな子に話すように言った、「いいか、よく見ておきなさい。イエス様がお前のために死なれた。わしのために、ここにいる皆のために。主が死に、私たちにいのちが与えられた。だから、みんな、ああやって主に感謝の気持ちを表している」

村人たちは、イエスの前に身を低くして従順だった。しかし、イエスに見せる彼らの従順さと身の低さは、村に駐在している軍の兵士たちを前に見せる従順さとはまったく異なるものだった。

酢と苦肝をさしだされ
よしでたたかれ　つばかけられて
刺し貫かれた主のからだから
あまねく宇宙を洗い清める
血と水とが流れ出た

けだかい十字架の木
すべてにまさる　とうとい木
その葉　その花　その実り
いずこの森にも見られない
うるわしい幹　幸いな釘
とうといからだを　担った木

十字架賛歌（クルクス・フィデーリス）

　村人たちは、この最も荘重なミサのために正装を身にまとっていた。皆が堂々としていて威厳に満ちていた。たった数ヶ月前、有刺鉄線に囲まれてチェティクラムのキャンプに収容されていた姿とは、まったく異なる姿だ。

十字架の木の上のイエスにキスをすると、人びとは白い紙に包んだお金を十字架の横に置かれた白い袋の中に入れた。これが、すべての村人が十字架の木のところへ行き、主の前に従順を誓うまで続いた。立つことのできなかった婆さんと私以外の村人皆が十字架の木まで行った。

主の祈りの後、聖体が配られ、人びとは教会を出て行った。皆が家に帰るのだと思って見ていると、教会前方の祭壇の上にあった物がすべて取り除かれ、祭壇となっていた机がむき出しになった。それから祭壇に、四つのロウソクと十字架の木が置かれた。

「おばあちゃん、行こうか？」と私が聞くと、婆さんは、「お前は行ってきなさい」と言う。そして、サリーのブラウスの中から祈りの冊子を取り出すと、祈りはじめた。婆さんは大切なものはブラウスの胸の中にしまってある。

すぐにメーナハがやってきて、「さあ、一緒に行くわよ」と婆さんを残して私を連れ出した。

教会の外には、村人が勢揃いしていた。辺りは真っ暗だった。ロウソクを一本ずつ手渡され、火のついたロウソクを手に行列をつくった。「こっち、こっち」と、メーナハが私の手を引いて、私たちも行列に加わった。インドの大都市ムンバイの夜を走る列車のように長い行列だ。十字架の道のときと同じように、村の半分のカトリック居住地を一周する。

最初は無言の行列だった。私たちの前も後ろも女たちと子どもだけだった。風があったので、私たちは手の中のロウソクに気を取られていた。しかし、最初の道を曲がり、ヒンズー教徒の村人たちが店を構える角まで来ると、後ろの方から歌声が聞こえてきた。すぐに、私のまわりの女たち、とりわけ年配の女たちが歌詞を口ずさみはじめた。ムックバー族の伝統的なカトリックの哀歌、オッパーリのメロディーだった。

私は歩みを緩めた。男たちの歌声を聞きたかった。ヴェラはいつも、オッパーリは男たちが歌うもの。彼らが歌うからこそ、心に響くと言っていた。メーナハは私の足取りが遅くなったのを察し、自分のところまで早く来るようにと仕草した。私は姉さんに先に行ってほしかったため、ゆっくり歩いていた老女のところへ行き、メーナハに自分はこの婆さんと一緒に行くと合図した。姉さんは了解したようだ。

その老女は私の腕に摑まった。私たち二人の歩調がとても遅いため、村人たちが一人ずつ追い抜いていく。追い抜かれながら、私は村人一人ひとりを観察した。すると、一度どこかで見たような光景が目の前を通り過ぎた。盲人とその妻。私は彼らを実際に見るのは初めてだった。しかし、一年前戦禍の中、ムラティヴの海を渡るとき、この盲人の妻が死んだと言うニュースがハレルヤ村に届いた。後から誤報だったと知ったが、村人たちはそのとき、死者の鐘を鳴らし、彼女の「死」を嘆き悲しんだ。

この盲人の妻は、その後生きていることが確認された。当時、村人たちが私に話してくれたように、確かに、彼女の身体には多くの腫れ物がある。確かに、彼女は盲人の夫の手を引いている。盲人は、哀歌を大声で、全身で歌い、頭が左右に曲に合わせて大きく揺れている。

神が民に問うている。

民よ　わたしに答えよ
わたしはあなたに何をしたか
何をもってあなたを悲しませたか

わたしはエジプトの地からあなたを導き出したのに
あなたは救い主に十字架を負わせた

わたしは四十年の荒れ野の日々　いつもあなたを伴い
マンナを降らせてあなたを養い　豊かな土地に導いたのに
あなたは救い主に　十字架を負わせた

民よ　わたしに答えよ
わたしはあなたに何をしたか
何をもってあなたを悲しませたか

とがめの交唱（インプロペリウム）

村人たちは、合唱で答える。

ハギオス・ホ・テオス　聖なる神よ
ハギオス・イスキュロス　力ある聖なる神よ
ハギオス・アタナトス・エレイソン・ヒマス
不滅のいのち　聖なる神よ　わたしたちにあわれみを

歌声が徐々に大きくなる。もう男たちの集団が後ろに迫っているのがわかる。真っ白いシャツを着た前唱者が哀歌を前唱しているのが見える。その真後ろには、二つの電灯に照らされた大きな透明なガラスでできた柩を大勢の男たちが担いでいる。柩の中には、横になったイエスの像が入っている。「アイヨー、アイヨー」と前唱者が悲しみの声をあげると、まわりの男たちが「アイヨー、アイヨー」と続いた。彼らの声の合間に、電灯に電気を送るジェネレーターの機械音が聞こえる。

わたしのなすべきことで　しなかったことがあろうか
わたしはあなたを美しいぶどうの園に植えたのに
あなたは　わたしのために青い実しか結ばず
わたしの渇きを　その酢で癒やし
あなたは槍で救い主の脇腹を貫いた

ハギオス・ホ・テオス　聖なる神よ
ハギオス・イスキュロス　力ある聖なる神よ
ハギオス・アタナトス・エレイソン・ヒマス
不滅のいのち　聖なる神よ　わたしたちにあわれみを

ハギオス・ホ・テオス

男たちの低い声は荘厳で雄大で、ハレルヤ村でしばしば耳にした女たちの嘆き声とは対照的だ。電気が通っていない真っ暗闇の村の中で、イエスの柩は、まるで闇の中のオアシスのように照らし出されている。悲しみ嘆く村人たちのキャラバンが、廃虚となり崩れかけ、銃弾で黒ずんだ跡があちらこちらに残る家々の間を通り抜けていく。この行列の見物人は、海兵たちを除いては誰もいなかった。村人の四分の一しか参加しなかった朝の十字架の道の行列と異なり、この行列には村全体が、正確には、カトリック側の村全体が悲しみと喜びに満ちていた。歩くことのできない病人と年寄りは教会で待機していた。誰一人、取り残されているものはなかった。

行列が聖ヤコブ教会まで戻ってくると、婆さんはまだ同じ場所に座り込んでいた。柩も戻ってきて、教会の中央に置かれた。村人たちは、柩のところまで行き、祈り、白い糸を柩の中に置いて、各々の家に帰って行った。それでも、女たちの中には、家に帰らず教会に残る人も多くいた。横に列になって、コンクリートの床にひざまずき泣いている。私はまるで子どものように彼女たちを見つめ、こんなにたくさんの女たちが一斉に泣いているのを見て驚く。

婆さんが私に白い糸を手渡し、「わしは立ち上がれないから、わしの代わりにお前が十字架の木まで行って、祈ってきなさい」と、私に祭壇まで行くようにと言った。

「私はキリスト者じゃないから、お婆ちゃんが自分で行った方がいい」と私は答えた。

すると婆さんは、「ああ、娘よ、お前はいつになったらわかるのか」というようなため息混じりの表情をして、立ち上がろうとする。でも、同じ場所で何時間も地面に腰を下ろしていたため、立ち上がれない。

私は仕方なく白い糸を手に立ち上がり、村人たちがしていたように柩まで行き、糸を中に置き、多くの白糸に埋もれるようにして横たわっているイエスの像を見た。実際の遺体を見るかのように少し恐くなった。それから、自分が入れた白糸を取り出し、十字架の木まで行き、祈った。「イエス様、私をここペルンカリパトゥ村まで連れてきて下さり感謝します。婆さんのために祈ります。どうか、彼女に健康をお与えください」

婆さんのところに戻ると、婆さんは、白い糸の半分を私の手首に巻き付け、残りはヴェラのために持って帰るという。それからしばらくして、私たちはジーバの家に戻った。まだ多くの人が教会の中に残っていた。多くの人が泣いていた。すべてが終わったのは深夜だった。

ハレルヤ土曜日

——四月三日

朝、時間はまだ五時前、隣で寝ていた婆さんを残して、メーナハ、娘ニシャンティ、隣の家の小学校の先生と私の四人は、村から一・六キロ離れたパッラマドゥにある溜め池に水浴に行った。私たちは着替えの服を、メーナハは家の洗濯物を手に持って行った。そう、この村には地下水がないため、井戸を掘っても水がない。女性たちは溜め池まで行って洗濯をする。辺りは真っ暗。懐中電灯を手に進む。途中、近くで何かが動く気配がしたので振り向くと、私たちの姿は大きな懐中電灯の光に照らし出され、光の向こう側にはスリランカ軍兵士がいた。私たちが足を止めると、「行ってよい（ヤンナ、ヤンナ）」とシンハラ語で言った。

溜め池に着くと、バス通りから男たちの水浴び場まで登る階段があった。メーナハは、「男性の側の方が、水がきれいよ。女性の側は水草が生い茂ってしまっているから」と言った。でも、軍の兵士たちが男性側で水浴びをしているかもしれないから、と私たちは女性側へ行った。草が生い茂る貯水池の崖を、足を滑らせながらやっと登り終えると、女たちの水浴び場に着いた。確かに、水が少し臭った。

メーナハは大量の洗濯物を石けんで洗った。ニシャンティはティーチャーと男性側へ水浴びに行った。村の男性陣は誰も来ていなかった。

私はメーナハの隣で水浴びをした。村の女たちがするように、腰巻を脇の下まで上げて上半身を隠すように巻き、貯水池の水をバケツで頭からかけた。それから持ってきた石けんで髪と体を洗った。男性陣の水浴場のすぐ後ろに位置する軍と警察のキャンプの中で、兵士たちが動くのが見えた。ちょうど私たちが水浴びを終えたとき、若い母親が五人の子どもたちを引き連れてやってきた。貯水池に到着すると、子どもたちは皆、一斉に水の中に飛び込んで遊び出した。その母親は、一人ずつ子どもを呼ぶと、頭から足まで洗ってやり、洗い終えると子どもはまた水に飛び込んで石けんを洗い流した。

水浴びをして、一・六キロ歩いて帰るのは気持ちがよかった。家に戻ったのは朝七時過ぎだ。溜め池から戻ってくると、婆さんは庭を掃いていた。メーナハは朝食の準備にかかる。彼女は、夫と娘と彼女の三人がチェティクラムのキャンプに収容されていたときに、ニッティが何度も訪ねてきてくれたと言い、その彼の行為を忘れないと言う。

昨年の十一月、チェティクラムのキャンプから、イルパクラムにあるキャンプにジーバ一家が移動させられたとき、ニッティはその新しいキャンプに一家を訪ねた。訪問から帰ってきたニッティは、私に言った。「どこへ行っても、この人がやってくる。もう恐れる必要はない」と言われたと。「エンゲーポーナールム、アールヴァルム」。五ヶ月後の今日、あのときニッティにそう言ったのはメーナハだったとわかる。

　朝ごはんを食べ終え、私たちは、空のリビングの床の上に青空を見つめながら座った。メーナハに、虎が過去に娘のニシャンティを徴兵にやってきたことはないかと聞いてみた。メーナハは、娘が一人っ子だったことと、まだ十一歳だったから、徴兵されたことはないと答えた。

「でも、父親のジーバを連れに来たことはあったわよ」とメーナハ。

「ジーバ兄さんを？」

「そう」

「兵士として？」私は驚いた。というのも、ジーバの歳は五十近かったからだ。

「違うわよ。クーリー。奴隷のような労働者として」

　当時、虎はこの村の海岸一帯に防壁を建設するために労働者が必要だった。だから、ジーバを連れにきた。でも、ニシャンティがそれを許さなかった。

「ジーバを連れにきた虎の兵士たちに向かって怒鳴っていたの。「お母さんは高血圧で具合が悪いの。父さんを連れて行ったら、誰がお母さんの面倒をみるのよ！」って。そのときにはすでに、ジーバは虎の車に乗せられていて、車の中には、虎に他にも強制的に連行された労働者たちが入れられていたの。虎の兵士が彼らが逃げないように銃で脅していたの。でも、ニシャンティは恐れずに叫び続けていたわ。「父さんを返して！　父さんを解放して！」って。ついには、虎の兵士の方がびっくりしたようで。なんでって、小さな女の子が必死に叫んでいるんだもの。それで、最後には兵士たちの方が諦めたの」

そう話すと、メーナハ姉さんは笑った。確かに、今となっては笑い話だ。

今度は、ジーバ兄さんが話し始めた。一年ほど前、戦禍に追われるようにして、娘ニシャンティを抱えキリノッチ県やムラティヴ県のジャングルを逃げ回っていたときの話だ。今度の戦争のもっとも無残な一面は、人びとがパン屑一つほどのわずかな食物をめぐり争い、奪い合うことになったことだった。「空腹に耐えられず娘が泣く。でも、与えられる食べ物なんて何一つなかった。俺は、毎日、毎日、食べ物を見つけるのが必死だった。この子に食わせるために、あっちこっち食べ物を探し回っていたんだ」

ジーバの娘のための食料狩り、食料の奪い合いは、ヴァンニの戦場を生き延びた後も、収容された先のチェティクラムのキャンプで八ヶ月も続いた。ここまで話すと、ジーバはニシャンティを腕に抱き横になった。

それからジーバは、最後にムラティヴの戦場から逃げて政府軍側に避難し、バスに乗ったときに、同じバスに赤ん坊を抱く若い母親がいたという。

「赤ん坊に着せるものが何もなかったんだと思う。赤ん坊は真っ裸で、自分はそのとき着ていたシャツを破って、赤ん坊に被せるように、その母親にあげた」

その赤ん坊のために破ったシャツが、当時、ジーバの唯一の所持品だった。

昼過ぎ、私はメーナハが水を汲みにいくのを手伝った。バス通りに設置された貯水タンクから、プラスチックの容器（日本の灯油入れのような大きさのもの）に水を入れて家まで運ぶ。プラスチック容器の一つに、「ジーバ・メーナハ、〇〇〇番」と記名があった。チェティクラムで使っていたものだという。

ペルンカリパトゥ村には水がないが、今は、飲み水はトラックで運ばれてくる。以前は、村人たちは飲み水も一・六キロ離れた貯水池の隣の共有の井戸まで汲みに行っていた。しかし、井戸周辺は現在、軍と警察に占拠されているため住民は使えない。二〇〇二年に和平協定が結ばれた後、貯水タンクが村の中に建設されたが、六年後に内戦が再開し、政府軍が村に迫ってくると、虎によって破壊された。虎が村から撤退する前に貯水タンクを破壊したのは、もちろん、政府軍に容易に水が渡らないようにするためだった。

夕方になって教会に行くと、ちょうど給水車が来ていた。ペルンカリパトゥ村と周辺の村に水を配給しているというその男は、マドワッチ出身のシンハラ人だ。あたかも水が、彼によって善意でタミル人たちに与えられているかのように、自分の水を配る仕事を偉そうに語っていた。水は、村人たちが生きていく上でもっとも基本的なものだが、今やそれさえもシンハラ人の業者の手中にある。飲料水は来週から有料になり、村人たちは金を出して買わなければならなくなるという。

また、水だけでなく、漁獲した魚の輸送も、シンハラ人の魚輸送業者の手に今や移っている。ペルンカリパトゥ村の漁師たちは、もう誰も魚を運搬するためのタンクロリーを持っていないため、シンハラ人の業者が毎日ペルンカリパトゥ村の海岸まで魚を買いにきている。

教会の外では、数人の村の男たちがジェネレーターを稼働させ、村中に聞こえるようにスピーカーを使い聖書から詩篇（ダビデ王による賛美の詩）を読み上げていた。また、もう一つ別の男たちのグループが、クラフト色の大きな紙を黒色のスプレーで塗っていた。何をしているのかと尋ねると、「今夜のハレルヤ土曜のミサのためだ」と、私がハレルヤ土曜日の意味がわかることを前提に答えた。

私はハレルヤ土曜日が何かわからなかったが、わかるようなふりをして顔を横に揺らして（「わかりました」の意）、「これらの紙を何に使うんですか？」と聞いた。

「イエス様が生き返られるだろう。そのお祝いのため」と、その五十歳近い男性は答えた。

それから、黒色になった大きな紙を今度はおむすびのように丸めて握りつぶし、投げ捨てるのかと思うと、それらのしわくちゃになった紙を教会の中へ運んで行き、教会右側中央に置かれた小さな机のアレンジを始めた。その机は、ここ二日間、聖体が安置されている場所だ。男たちは、黒い紙で高さ一メートルほどの洞穴を作った。ルルドの聖母が安置されている洞穴の形をしていた。

「出来はどうだい？　上出来かい？」と男たちが私に聞いた。私は、「はい」と答える。でも、しわくちゃの紙でできた洞窟よりも、前日までの花で飾られた祭壇の方が美しかったと思った。

夜七時頃に教会に戻ってみると、机の上の洞穴の穴が、ちょうどカーテンがかけられたように、上から別の紙で塞がれていた。洞窟の近くには三人の女たちが、互いに距離を保ちながら座っていて、洞穴を見上げながらすすり泣いていた。彼女たちは、深夜のミサまで、ずっとその場にとどまった。

徹夜祭

この日、シシリア婆さんはとても疲れていたため、深夜十一時半からのミサには参加できないと言った。メーナハはミサに参加したかったが、ニシャンティが深夜過ぎまで起きていることができないため、参加できないとのことだった。そこで、私はその日は教会で夜を過ごした。

教会には、セバマーレ神父の料理人として働くマリアとその子どもたち、そしてもう一人年配の女性がいた。ミサが始まる時間になると、村人たちは教会の入り口に集まった。時間は深夜近かったが、百人以上の村人が集まっていた。侍者の青年たち以外には子どもたちはいなかった。女性たちの方が数が多かった。男性たちは家で子どもたちと留守番をしているようだった。灯りはほとんどなかった。セバマーレ神父が大きなロウソクを抱えていた。ロウソクに火が灯されると、突然、神父と彼を取り囲む村人たちが灯りで照らし出された。司祭とその大きな「復活のロウソク」に続き、私たちは教会の中へ行列になって入っていった。マリアが私にも小さなロウソクを手渡してくれた。

教会の中で、私たちは、司祭に続いて「キリストの光。主に感謝！（カダヴルク　ナンドゥリ！）」と歌い、復活のロウソクの火を、各々が手に持っていた小さなロウソクに分けてもらった。

永遠の王の輝きは地を照らし、世界を覆う闇は消えうせた。

復活賛歌が始まった。

キリストはわたしたちのために血を流して
永遠の父に　アダムの罪の負債を返し
その重荷を解いてくださった

きょうこそ　まことの過越の祝い　神の小羊がほふられ
信じるものはその血によって神の民となる

この夜　キリストは死のかせを打ち砕き
勝利の王として　死の国から立ち上がられた
いつくしみ深い父よ　あなたの愛は限りなく
奴隷の民を救うために　ひとり子を渡された
アダムの罪　キリストの死によってあがなわれた罪

復活賛歌

歌が終わる頃になると、私たちの手の中のロウソクは溶けて小さくなって消えそうだった。燃え尽きるまで待っていようと見つめていると、マリアが手が火傷する前に消すようにと吹き消す仕草をした。

聖書朗読が始まって、旧約聖書から朗読があった。モーセが海を二分して、その間をイスラエルの民が通り抜け海を渡り、エジプト王から逃げた話だ。その同じ海が、イスラエルの民に続いてやってきたエジプト軍を飲み込んだ。

主がエジプト王ファラオの心をかたくなにされたので、王はイスラエルの人びとの後を追った。イスラエルの人びとは、意気揚々と出て行ったが、エジプト軍は彼らの後を追い、ファラオの馬と戦車、騎兵と歩兵は、ピ・ハヒロトの傍らで、バアル・ツェフォンの前の海辺に宿営している彼らに追いついた。

ファラオは既に間近に迫り、イスラエルの人びとが目を上げて見ると、エジプト軍は既に背後に襲いかかろうとしていた。イスラエルの人びとは非常に恐れて主に向かって叫び、また、モーセに言った。「我々を連れ出したのは、エジプトに墓がないからですか。荒れ野で死なせるためですか。一体、何をするためにエジプトから導き出したのですか。我々はエジプトで、『ほうっておいてください。自分たちはエジプト人に仕えます。荒れ野で死ぬよりエジプト人に仕える方がましです』と言ったではありませんか」

モーセは民に答えた。「恐れてはならない。落ち着いて、今日、あなたたちのために行われる主の救いを見なさい。あなたたちは今日、エジプト人を見ているが、もう二度と、永久に彼らを見ることはない」

出エジプト記十四章八～十三節

「地には善意の人に平和あれ！」と聖歌が始まると、ゴーン、ゴーン、ゴーンと外で教会の鐘の音が響いた。そして、聖書朗読が終わると、私たちは皆立ち上がり、司祭に続いて叫んだ。

アレルヤ
アレルヤ
アレルヤ！

アレルヤ！
アレールヤ！
アレールヤ！

このとき初めて、私には、どうしてこの日が「ハレルヤ土曜日」と呼ばれているのかがわかった。祭壇の後ろに立っていたセバマーレ神父が、祭壇の前に歩み出て、会衆を背に、祭壇の上の復活のロウソクに向かってお辞儀をする。そして、今度は会衆の方へ向くと、侍者の青年たちを引き連れて、その日の夕方に村人たちが準備した洞穴の方へ歩いてきた。

家造りの捨てた石が
隅の親石となった
これは神のわざ
人の目には不思議なこと
アレルヤ　アレルヤ　アレールヤ
アレルヤ

セバマーレ神父は洞窟の入り口を塞いでいた紙を取り払った。すると、そこには六〇センチほどの背丈で、砂糖菓子でできたようなカラフルなイエスの像が、白い花に囲まれて置かれていた。右手に青色の旗を掲げていた。復活した救世主・キリストだ。

祭壇に戻ったセバマーレ神父は、洗礼のために水を祝福し、「洗礼の約束の更新」が始まった。外は冷え込んでいたが、まわりの女たちの熱に温められ、私は汗ばんできた。私のまわりで、女たちは皆、長い間泣いたことがなかったかのように大泣きしていた。でも、私が感じた熱は、彼女たちの体の熱ではなく、内戦によって言葉に言い表すことができない苦しみを味わった彼女たちが、そんな悲惨な体験の後でも、それでも生きたいと願う、つつましさが放つ熱だった。

彼女たちは皆、今日のミサに自分たちの経験から応答していた。ヴァンニを生き延びた経験から応答していた。まさに、生きる勇気の更新の瞬間だった。

地上の軍隊は虫けらのように

ここまできてやっと、私には、どうしてペルンカリパトゥ村に来て以来、ずっと自分が異邦人だと感じてきたかがわかった。私はヴァンニの戦場の生存者たちに囲まれていたのだ。彼女たちのこれまで二年半に及ぶ戦争体験の苦しみは、普通の言葉では表現することができないものだ。ジーバの話だと、彼をクラスター爆弾から救ったのは一本の木だったという。ここにいる村人一人ひとりに、戦争の最終局面を生き延びた経験がある。ムラティヴの海岸を抜けてきた体験がある。

私の横に立っている未亡人マリアの話では、ムラティヴの海岸を政府軍側に抜けるとき、ゲリラ軍と政府軍の両方の砲撃から逃げまどう群衆の波に飲み込まれ、子どもたち五人が全員行方不明になってしまう。子どもたちが全員無事であると確認できたのは、数日経ってからだった。

「すべてが主のみわざ」と、チェティクラムのキャンプに収容されたジーバから、ヴェラに届いた最初の手紙にあったことを、私は思い出した。ちょうど一年前の話だ。

　こっちは皆、元気だ。お前たちは皆、元気か？　愛するヴェラ、ムラティヴ海岸を逃げてきたとき、首のところまで水に浸かっていた。着の身着のまま逃げてきた。見守ってくださった神にどうやって感謝したらよいか、言葉もない。この手紙を急いで書いている。どうか食べ物を送ってくれ。

　ジーバの家族のように、今、この教会に集合している一人ひとりは、生きてヴァンニの戦場を脱出してきた人たちだ。政府軍による空爆に追われながら、わずかな食べ物を探し回り、脱出の機会を待ち続けた人たちだ。つねに自分の身を優先しなければならない状況に追い込まれ、すべてを後に残してきた人たちだ。力尽きた者たちを、後に残してこなければならなかった人たちだ。
　彼女たちは、後に残してきた人たちの可哀想な姿を忘れられないでいた。今でも、戦場に残してきた愛する家族の思い出と夢の中に生きていた。そして、ヴァンニの戦場とムラティヴの海岸を生き延びた後も、チェティクラムのキャンプで政府軍の監視のもと、惨めな生活を強いられてきた。今も、ペルンカリパトゥ村は軍の占領下にある。
　でも今日は、軍の兵士たちがちっちゃく虫けらのように感じられた。村人たちの王・イエスの御前では、何もかもが小さく弱々しく映った。

主は　万有を　支配され　アレルヤ

神である主は　王となられた　アレルヤ
今　小羊の　宴の時　アレルヤ
今は　花嫁も　支度を　終えた　アレルヤ

勝利と力は神のもの

女たちは、まるで子どものような単純な確信に満ちていた。政府も、虎も、神の前には塵のようだと。今年の聖なる過越の三日間は、例年以上に、村人たちに彼らのルーツについて思い起こさせるものとなった。自分たちがどこから来て、どこへ行くのか。

神がイスラエルの民をエジプトから救い出したのと同じように、彼らをヴァンニの戦場から救い出した。主が唾をかけられ、鞭打たれ、偽りの証言によって咎められ、十字架の刑にかけられた。主がそのように苦しまれたのは、彼女たちの罪のゆるしのためであった。彼女たちが永遠のいのちを受け取ることができるためであった。彼女たちは主の死を嘆き悲しんだ。そして、今、主が死から復活された。

次の瞬間、教会の中で、村人たちの罪の意識、恐怖、失望、これら一切が、洗礼水によって清められた。セバマーレ神父は、器を手に私たちの横まで来ると、水を含ませた木の枝を私たちの頭目掛けて勢いよく振りかざし、たっぷり洗礼水を振りかけていった。

子羊は　羊をあがない

罪のないキリストは　罪の世に
神のゆるしを　もたらされた

死といのちとの戦いで
死を身に受けた　いのちの主は
今や　生きて治められる

そこには、すべてを包み、すべてを理解し、すべてを許すキリストの姿があった。実に、村人たちは勝者の側なのだ。悪魔が罰せられた瞬間を、彼女たちは賛美した。

マリアよ　わたしたちに告げよ
あなたが道で見たことを
開かれたキリストの墓
よみがえられた主の栄光
あかしする神の使いと
残された主の衣服を

主キリストは復活された
勝利の王キリストよ

いつくしみをわたしたちに
アーメン　アレルヤ

復活の続唱

その夜、村人たちが集まったのは、主に感謝と賛美を捧げるため、そして、残りの人生を主に祝福してもらうためだった。

聖母教会（マーダー・コーヴィル）へ

次の日、聖日曜日（復活の主日）、まだ太陽が南の空高く昇る前に、婆さんは言った、

「おい、マーダー・コーヴィルを見に行こう。それからヴェラの家も見せるから」

そう言うと、婆さんは、数日前に私がハレルヤ村にある彼女の小さな家で、一つひとつ大事に畳んでしまってあげたサリーの一つを着始めた。どうやら彼女は、自分の持っていたサリーをすべて持ってきたらしい。私は自分の三着しかない服の一つを着て、日焼け止めを顔に塗って出発した。

マーダー・コーヴィルとは聖母教会で、約八十年前に村のカトリック教徒の間で仲間割れがあり、その際に聖ヤコブ教会から分離独立するかたちで建てられた。ちょうど教会が二つに分かれると同時に、村のカトリック教徒も二分したため、どっちの教会に属するかというのが村人たちの仲間意識を分けてきた。シシリア婆さん家族はこの聖母教会に属するそうだ。

聖母教会には聖ヤコブ教会のような古い歴史を刻む赤煉瓦の壁はない。教会の横の入り口から中に

入ると、婆さんは、横になったイエスが柩に入れられている像の前で祈り、立ち上がると、今度は教会前方の出入り口から、私を教会の外へ連れ出した。そして、廊下を指差して、「ここは村人たちでいっぱいだった」そして、「こっちへ来い。ここで何が起こったのかを聞かせてまわるから」と言う。私は、何が何だかわからず婆さんの後ろについて歩く。

最初に教会の裏の、今では廃虚となった古い貯水槽に私を連れて行くと、

「ここから「奴ら」が大砲を撃って、タッラーディー（マナー島の政府軍キャンプ）から政府軍が応戦した。ここに二台、大砲台があった」

だんだん状況が読めてくる。婆さんは「奴ら」、つまりタミル・イーラム解放の虎が教会を占拠していたときの話をしている。それは、婆さんがこの村を去ることになった、一九九九年の、今から十一年前の出来事だ。

それから、教会の表の方へ向かって歩きながら、

「ここも、あそこも、教会の中と外は避難してきた村人たちでいっぱいだった。そして、教会に村人たちが避難していたにもかかわらず、奴らはこの教会からタッラーディー海軍キャンプに向かって大砲で攻撃した。タッラーディーに向かって、ここから大砲を撃ったらどうなる？」

「……」私が黙っていると、婆さんは、さあ、答えてみなさい！と言うように私に迫るが、私はなぜか答えられない。

「アーミー（スリランカ軍）は応戦する。でも、アーミーはまず、マナー司教に電話をした。アーミーの偉い人が司教に電話して聞いた」。ここまで言うと婆さんは、電話をかける真似をし、「ペルンカリパトゥの聖母教会から虎が大砲攻撃を仕掛けてきた。教会の中には村人たちが避難している。どうしま

しょうか？」と、スリランカ軍の司令官の真似をする。「しかし、司教は答えようがなかった。だから、黙って、うつむいてしまった」と、今度はマナー司教がうつむく真似をする。

「それから？」

今度は私が質問を浴びせ始めた。

「それからは、虎が立て続けに大砲を教会の中に近距離から三発も打ち込み、教会の中は村人たちの悲鳴でいっぱいだった。皆が、「ああ、聖母、マリア様！」と。それからアーミーがタッラーディーから応戦して、その大砲があっちの教会（聖ヤコブ教会）に落ち、三人の村人が死んだ」

「あっちの教会に発砲したのは誰？」と私が聞くと、

「虎がこっちから発砲したらどうなる？　アーミーは応戦するしかないだろう」

そして、婆さんは、教会に向かって立つと、左側にある廃虚を指差し、

「ここが神父がいた司祭館。ちょうど、この場所に私たち家族はいた。周囲はすべて避難してきた村人たちでいっぱいだった。ヴェラはここにいた。よく聞け、ヴェラが何をしたか。虎は十五分間だけ攻撃を停止すると言った。だからヴェラはここから村人たちに向かって言った、「急いで、どこへでもいいから逃げて避難するように！」村人たちは四方八方へと逃げた。そして、ここ（司祭館の片隅）にアイヤー（シシリア婆さんの夫）はいた。自分も側に立っていたが、ヴェラの息子を抱えて逃げなければならなかった。ニッティがヴェラと私に先に行くようにと言い、父親は自分が連れて逃げると言った。それからニッティは知人の男性を連れてきて、神父の持ち物と一緒に父親アイヤーもリアカーに乗せ、この教会から立ち去った。神父は、自分はどうなっても構わない、村人たちが全員逃げてから最後に自分がこの場から去ると言い、皆が逃げた後で、モーターバイクでイルパ・カナヴァーイ村へ向かっ

た」

「そして、自分とヴェラは息子を抱えて、海岸からマナー島へ逃げようと海岸へ行くと、ちょうど一つの木舟が夫婦と子どもを乗せて漕ぎ出すところだった。「自分たちも乗せてくれ」と言うと、「この舟は底に穴があいているから乗せられない」と。他にはもうボートも木舟もなかったから、赤ん坊の息子を見せて、どうか乗せてくれと言うと、「仕方がない」と乗せてくれた。そうして舟が動き出すと、舟の中に水が入ってきて、それを着ていた服で舟の外へすくい出し、そうやってマナー島へ向かった。これが自分たちの人生。アッパディ・ダーン　ナーマ　ヴァールカイ」

　それから婆さんは、あのとき夫のアイヤーが座っていたという司祭館の木の下に立つと、

「あれから何年になる？　十一年か？　こうして今日、同じ場所に立っている。あのときこの場所から逃げて、こうして今日、この場所に戻って立っている。わしの気持ちがわかるか？　ヴィラングダー？」

　そして、「さあ、行こう。ヴェラの家を見て、それから十字架教会への道も教えてやるから行こう」と、私たちは聖母教会を後にした。

「ヴェラの家」というのは、草の生い茂った小さな空き地で家の跡も何もなかった。一番村はずれにあり、十字架教会へと続くマングローブ林と、海に侵食されたような塩っぽい砂浜が後ろに広がっていた。その空き地に接するようにしてチェティクラムのキャンプから戻ったばかりの、ある未亡人の壊れかけた家があった。ヴェラの家の敷地は、ところどころ壊れかけた古い木の柵で囲まれていた。婆さんはその柵を支えている丸太に手を伸ばし、外側へ動かそうとした。「誰も住んでいないと、こういうことになる」と、誰かが知らないうちに勝手にヴェラの土地の目印を動かし、ヴェラの土地がど

んどん狭くなっていっていると心配しているようだった。

それから、婆さんと私は、先ほどきた道とは違う道を通って帰った。小さなヒンズー教の寺院が聖母教会の近くにあり、それは村の中心の「町（タウン）」と呼ばれる一本の通りに小さな店を構える、ヒンズー教徒の村人たちのための寺院だという。この村のヒンズー教徒は多くても十家族ほどだ。

さらに進むと、今度はある家の前で、一歳半ぐらいになる女の子が外でお婆ちゃんと一緒に遊んでいた。よく見ると、ニッティの友人ロビンソンの母リータだった。ちょうど一年前に、ハレルヤ村で、彼女がヴァンニから出てきたばかりのとき、私は彼女にインタビューした。当時は心も体も疲れ果てた様子だったが、今日は少し元気そうだった。私を見ると、小さな孫の女の子を指差して、「この子が、キャンプに収容されていた子」と言った。当時、私はリータのこの孫娘のために、コロンボからビタミン・シロップを買ってきて、ロビンソンがキャンプに姉の家族を訪ねるときに、ビタミン・シロップを渡し、この子にあげていた。私は女の子の元気そうな姿を見てほっとした。

リータは、女の子を見つめている私を見ながら、「良い人柄（ナッラ　クナム）」と、シシリア婆さんに言った。婆さんは、私を見つめると、あたかも自分の娘がほめられたかのように、満足気に、「オーム（その通り）。良い人柄」と返した。

それから、帰りに聖ヤコブ教会に寄り、セバマーレ神父に会いに行ったが、彼は留守だった。教会から帰ってくると、婆さんは、「昔は復活の主日に、村人たちは皆果物や野菜を持って神父のところを訪ねたのに、今朝は教会に何も届いていなかった」と呟いた。

夕方は雨だった。十字架教会へ行くといって、結局、雷で中止になった。「明日の早朝に行こう」と、婆さんは、トタンが張られた屋根の下、山積みになったコンクリートの袋の隣に横になった。

ちょうど、小さな祈りの冊子を手に、セバム（祈りの文句）を読み上げた後で、疲れたようだった。婆さんは、その後ずっと横になったままだった。

十字架教会へ

――四月五日、復活祭明けの月曜日

朝起きると、婆さんは、海岸にある十字架教会へ向かってロザリオの祈りを捧げながら、砂浜の上を膝まで水に浸かりながら歩く自分の姿を夢に見たという。そして、決心したように言う、「十字架教会へ行こう」

婆さんとメーナハと私の三人は、ニシャンティを学校へ送り出すと、炎天下、十字架教会へ向かった。そこは塩の浜だった。婆さんは、夢で見たように、膝下までサリーをめくり、細い筋肉の塊の足を、メーナハに支えられながら、一歩一歩踏み出して進んだ。舌でロザリオの祈りを捧げながら進んだ。

途中、婆さんは、「昔はこの辺りでよくエビを取った。手で捕まえる。こうやって、えいって。娘たちと一緒に。娘の一人、ローズは若くして病気で死んでしまったが、彼女が上手だった。ムスリムのお母さんたち（ウンマーたち）も、エビ取りに来ていた。食べ物も金も何もないとき、ここへ来てエビを捕まえて、それを村で売る。そして、その金で米を買う。そんな毎日だった」。辺りは乾いたマングローブの林だった。

やっと小さな教会に着くと、屋根ははぎ取られて、外枠がわずかに残っているのみだった。近くにゲリラ軍が設けたのか、途中で建設が放棄されたような防壁が海岸に沿って続いていた。すぐ近くがもう海だった。

ちょうど前日の雨が、壊れた水桶の中に溜まっていて、婆さんが「ちょうどよい」と、その水で足を洗い、私たちも婆さんに倣った。

それから、私たちは屋根も壁もない教会の中へ入り、祈りを捧げた。

参考文献・読書案内

スリランカ現代史

川島耕司『スリランカと民族　シンハラ・ナショナリズムの形成とマイノリティ集団』明石書店、二〇〇六年

Hoole, Rajan.
2001. *Sri Lanka: The Arrogance of Power: Myths, Decadence and Murder*. Colombo: University Teachers for Human Rights (Jaffna), accessed 17 November, 2021, https://www.uthr.org/Book/Content.htm.

Spencer, Jonathan.
1990. *Sri Lanka: History and the Roots of Conflict*. Edited by Jonathan Spencer. New York: Routledge.

United Nations.
2011. "Report of the Secretary-General's Panel of Experts on Accountability in Sri Lanka." United Nations, accessed 17 November 2021, https://news.un.org/en/story/2011/09/386332.

スリランカと南インド（タミルナドゥ州）の文化人類学

中村沙絵『響応する身体　スリランカの老人施設ヴァディヒティ・ニヴァーサの民族誌』ナカニシヤ出版、二〇一七年

Bloomer, Kristin C.
2019. *Possessed by the Virgin: Hinduism, Roman Catholicism, and Marian Possession in South India*. New York: Oxford University Press.

Brown, Bernardo E.
2020. "Vocation for travel. Catholic priestly training in Sri Lanka." *Religion*, 50:4, 636-652.

Daniel, E. Valentine.
1996. *Charred Lullabies: Chapters in an Anthropography of Violence*. Princeton: Princeton University Press.

Esler, Dominic.
2019. "Under the Giant's Tank: Village, Caste, and Catholicism in Postwar Sri Lanka." Ph.D. diss., University College London.

Fernando, Oshan.
2011. "Evangelical Christianity & Sri Lanka State Formation." Ph.D. diss., University of California, Santa Barbara.

Lawrence, Patricia.
2000. "Violence, Suffering, Amman: The Work of Oracles in Sri Lanka's Eastern War Zone." In *Violence and Subjectivity*, Edited by Veena Das, Arthur Kleinman, Mamphela Ramphele, and Pamela Reynolds, Berkeley: University of California Press.

Mosse, David.
2012. *The Saint in the Banyan Tree: Christianity and Caste Society in India*. Berkeley: University of California Press.

Obeyesekere, Gananath.
1984. *Medusa's Hair: An Essay on Personal Symbols and Religious Experience*. Chicago: University of Chicago Press.

Raghavan, M. D.
1961. *The Karava of Ceylon: Society and Culture*. Colombo: K.V.G. de Silva.
1971. *Tamil Culture in Ceylon: A General Introduction*. Colombo: Kalai Nilayam.

Ram, Kalpana.
1991. *Mukkuvar Women: Gender, Hegemony and Capitalist Transformation in a South Indian Fishing Community*. North Sydney, NSW: Allen & Unwin.

Roberts, Nathaniel.
2016. *To Be Cared For: The Power of Conversion and Foreignness of Belonging in an Indian Slum*. Berkeley: University of California Press.

Spencer, Jonathan.

1990. *A Sinhala Village in a Time of Trouble: Politics and Change in Rural Sri Lanka*. New Delhi: Oxford University Press.

Stirrat, R. L.

1992. *Power and Religiosity in a Post-Colonial Setting: Sinhala Catholics in Contemporary Sri Lanka*. Cambridge: Cambridge University Press.

Tanaka, Masakazu.

1991. *Patrons, Devotees and Goddesses: Ritual and Power among the Tamil Fishermen of Sri Lanka*. Kyoto: Kyoto University Institute for Research in Humanities.

Thiranagama, Sharika.

2011. *In My Mother's House: Civil War in Sri Lanka*. Philadelphia, PA: University of Pennsylvania Press.

Trawick, Margaret.

2007. *Enemy Lines: Childhood, Warfare, and Play in Batticaloa*. Berkeley: University of California Press.

Hewage, Thushara.

2013. "Genealogies of the Postcolonial State: Insurgency, Emergency and Democracy in Sri Lanka." Ph.D. diss., Columbia University.

その他

［CD］高田三郎「混声合唱のための典礼聖歌Ⅱ」（豊中混声合唱団による高田三郎作品集vol.7）、ジョヴァンニ・レコード、二〇〇八年

日本聖書協会『新共同訳聖書』日本聖書協会、二〇〇八年

日本カトリック典礼委員会『典礼聖歌』（伴奏用・新装版）カトリック中央協議会、二〇一九年

パウロ・コエーリョ『アルケミスト　夢を旅した少年』（山川紘矢、山川亜希子訳）角川文庫、一九九七年

宮沢賢治『新編宮沢賢治詩集』新潮文庫、一九九一年

あとがき

人は美しいものに惹きつけられる。数学者は、数の世界ほど美しいものはないという。昆虫学者は、昆虫の幾何学的な姿形が美しいという。私の場合は、内戦の続くスリランカ北部で出会った人びとの、一見単純な信念の世界が美しいと思った。自分の力に頼るのではなく、他の大きな力を頼り生きること。そして、その力が絶対の善であると、すべてを委ね疑わないこと。それが、日本で育ち、自分中心に生きていた私にとって、スリランカで出会った新鮮な生き様だった。

　スリランカ北部では、政府軍とタミル・イーラム解放の虎（ゲリラ軍）の間で、それまで三十年近く続いていた内戦の最後の戦いが、二〇〇六年八月から二〇〇九年五月にかけて、一般市民を巻き込んで繰り広げられていく。最も死者が多く出たのは、二〇〇八年十二月から二〇〇九年五月の最後の六ヶ月間で、この間だけで国連発表によると政府軍の空爆により四万人が死んだ。実際の死者の数は不明で、行方不明者も含めると、十万人もの人が最後の戦場となったヴァンニ地域から生きて出てこなかった。

　ちょうどそのとき、私は大学院生として、このヴァンニ地域について調査をしていた。タミル語を学び、人びとの生活の中に身を沈め、我慢する。そして、そこから見えてくる周囲の観察を通して、相手の思いや考え、習慣や趣向、直面する問題などを記録する作業。さらに、彼らを取り巻く、もっと大きな、国の経済や政治、教育政策、諸外国の経済・軍事援助、気候変動などが、人びとの日常に与える影響について調べる。この一連の作業が、文化人類学のフィールドワーク。当時の私は、これに専念し、最終的にはその苦労と努力が、ハレルヤ村の人びとについての理解に繋がると考えていた。

正直なところ、それが成功したかどうかはわからない。他者を理解することほど難しいことはなく、その道を極めた人はまずいない。それでも、シシリア婆さんやヴェラの感性の世界に近づくことはできたと思う。私が美しく新鮮に感じ、惹きつけられていった彼女たちの信念の世界、それを垣間見ることはできたと思う。彼女たちが何を頼りにしながら生きているのか。私が彼女たちと信頼関係を築き、互いに自分を少しずつ曝け出せるようになって、ようやくこの理解が始まったのだと考える。遠距離から望遠鏡で眺めたような調査だったら、きっと難しかったと思う。

研究成果の一部は、博士論文『War and Grief, Faith and Healing in a Tamil Catholic Fishing Village in Northern Sri Lanka（内戦と憂い、信仰と癒し　スリランカ北部のタミル・カトリック漁村の民族誌）』にまとめた（コロンビア大学、二〇一二年）。この調査のための助成金を、アメリカ国立科学財団（The National Science Foundation）と、アメリカのスリランカ研究機構（The American Institute for Sri Lankan Studies）より頂き、本書を執筆するための助成金を公益財団法人りそなアジア・オセアニア財団から頂いた。ただし、本書に収録されていることはすべて私の限られた体験によるもので、これらの研究機関や財団の見解ではない。

まず、ハレルヤ村の人びと、ヴェラ、シシリア婆さん、ニッティ兄さん、ニャーナム、そしてニコラ・シスターとヴィー・ピー神父。他にも、調査にさまざまな形で協力してくださった方々に、こころから感謝します。本書の中では、主要な人物と地名は架空の名前を使っています。

コロンビア大学の恩師のバレンタイン・ダニエル博士は、私をフィールドに送り出すとき、「こころの導きに従うように(Follow your heart.)」とアドバイスをくださった。故バーナード・ベイト博士は、博論を読み、「難しい議論ではなく、エスノグラフィーのもっと自由な表現を通して伝えたいことを伝えられるだろう」と助言をくださった。りそなアジア・オセアニア財団への出版助成申請にあたり、京都大学の中村沙絵先生が推薦書を書いてくださった。

　本書の執筆にあたり、友人の中村裕紀子さんが原案をすべて読み、「私だったらこう書くのかな」と構成を一緒に考えてくださり、そうやって出来上がった原稿を、今度は米谷季子さんが読み通してくださった。本書はそうやって、最初から最後まで女性たちに助けられ、励まされて生まれた。最後に、本書の構成・推敲を担当し、最後まで伴走してくださった左右社の東辻浩太郎さんに感謝します。

初見かおり（はつみ・かおり）

一九八〇年生、文化人類学博士（コロンビア大学）。九州大学サイエンスコミュニケーター。論文に「Beyond methodological agnosticism: Ritual, healing, and Sri Lanka's civil war（方法論としての不可知論を超えて）」（*The Australian Journal of Anthropology*）などがある。他者を理解するための方法としての文化人類学の魅力を発信することに関心がある。

ハレルヤ村の漁師たち
スリランカ・タミルの村　内戦と信仰のエスノグラフィー

二〇二一年十二月三十日　第一刷発行

著者　初見かおり

発行者　小柳学
発行所　株式会社左右社
〒一五一－〇〇五一　東京都渋谷区
千駄ヶ谷三－五五－一二　ヴィラパルテノンB1
TEL　〇三－五七八六－六〇三〇　FAX　〇三－五七八六－六〇三二
http://www.sayusha.com

カバー写真　Etienne Boulanger
トビラ装画　古賀春江「煙火」1927
装幀　五十嵐哲夫
印刷・製本　創栄図書印刷株式会社

 ISBN978-4-86528-067-8